U0552636

基金资助

中国社会科学院语音学与计算语言学重点实验室

国家自然科学基金重点项目（6113200）（61132009）

国家自然科学基金面上项目（31271337，2013）

国家社科基金重大项目（12&ZD174，2013）

中国民族语言研究与应用

第一辑

龙从军　燕海雄　主编

中国社会科学出版社

图书在版编目（CIP）数据

中国民族语言研究与应用. 第1辑 / 龙从军, 燕海雄主编. —北京：中国社会科学出版社, 2016.6
ISBN 978-7-5161-7252-0

Ⅰ.①中… Ⅱ.①龙… ②燕… Ⅲ.①民族语-研究-中国 Ⅳ.①H2

中国版本图书馆 CIP 数据核字（2015）第 283392 号

出 版 人	赵剑英
责任编辑	任　明
责任校对	朱妍洁
责任印制	李寡寡

出　　版	中国社会科学出版社
社　　址	北京鼓楼西大街甲 158 号
邮　　编	100720
网　　址	http://www.csspw.cn
发 行 部	010-84083685
门 市 部	010-84029450
经　　销	新华书店及其他书店

印刷装订	北京市兴怀印刷厂
版　　次	2016 年 6 月第 1 版
印　　次	2016 年 6 月第 1 次印刷

开　　本	710×1000　1/16
印　　张	14.5
插　　页	2
字　　数	318 千字
定　　价	68.00 元

凡购买中国社会科学出版社图书，如有质量问题请与本社营销中心联系调换
电话：010-84083683
版权所有　侵权必究

编委会

本辑主编

　　龙从军　燕海雄

编委会（音序）

　　黄晓蕾　江　荻　龙从军　王　锋　王海波

　　燕海雄　尹蔚彬　张　军　周学文

心智层次与深度学习
代 序

  当代社会，信息技术是如此快速地渗入我们的工作与生活，从孤立的个人电脑到全球网络数字移动系统，人类身处的世界已再度翻篇。忆往昔，数千年前，庄子的混沌天地万物一体，无数据可言，唯思绪可鹏程万里："风起北方，一西一东，有上彷徨，孰嘘吸是？孰居无事而披拂是？敢问何故？"察现今，拜大数据之福，世界万物关联的曙光初现，从孔仲尼到今天的你已没有那么远的时间距离，喜马拉雅山离你地理上亦不再遥不可及。工程师笑了，我有数据可计算了；哲学家笑了，我有事物可辩证了；语言学家也笑了，我有词语可聊了。大数据的精髓并非数据之多之大，实为数据之多之广，无论哪个领域、无论何种范畴，凡世界凡人类之数据之集合方可称为大数据，大数据为万物的联系本质提供了比较和计算的可能。

  数据的生命在于解读，解读的方法是语言表达。可是，大数据的建立同时又带来数据芜杂难以萃取的困难，这就是大数据陷阱。好在一物降一物，人总是有办法。据我所知，在大数据概念形成过程中，人们已经发展出一种叫作深度学习的算法，这是一种机器学习的模型，具有 AI 性质。它的认知模型来源于心理学领域，即人脑具有深度心智结构，因此可以让机器模拟人脑神经网络，构建逐层深度学习模型。究竟何为心智深度？又如何建立深度学习模型？且举一个藏语案例。[[skad]$_N$[yag-po]$_{ADJ}$]$_N$ 结构上是典型修饰型名词短语[N+ADJ]$_N$，意为"好声音"，这是该结构的表层意思；可是在隐喻作用下该结构词汇化为形容词，充当其他名词的修饰语（还可做谓语，例略），即[[bu-mo]$_N$[skad-yag-po]$_{ADJ}$]$_N$，意为"[嗓子好的]姑娘"，这就是所谓深层结构。也就是说，字符串 skad yag po 即可理解为名词短语，也可理解为形容词，在真实文本中如何识别和处理呢？对于这个不难也不易的问题，我乐于建议当代年轻学者不妨利用大数据尝试解决，创造这个问题的深度学习模型。

  经过 20 余年艰辛努力，我所自然语言处理从理论到实践、从基础到应用，以藏语文为探索对象，紧随中文信息处理主流研究领域的发展，越过了数次观念的和技术的门槛，成长为中国中文信息处理领域一支重要研究力量。我相信，这股力量仍将保持活力，迈向新的高峰。

这本论文集由龙从军博士、燕海雄博士负责主编,他们联系国内藏语文自然语言处理和基础研究领域多位青年学子共同编撰,又得到部分长辈学者赐稿,我为他们的成长高兴。从军博士请我写一篇短文代作序言,我也欣然领命。目前,研究所机构发生变动,藏语文研究领域重组到应用语言学研究室,该室主任王锋教授提议组成新的编委会,继续编撰出版这个系列集子,是为学科发展之长远之策。

江　荻

2014 年 12 月于北京

目 录

计算语言学研究

现代藏语的机器处理及发展之路
　　——组块识别透视语言自动理解的方法 ············ 江　荻　3
基于条件随机场的藏文分词方法 ········ 刘汇丹　龙从军　吴　健　17
藏语分词研究的再认识 ···················· 龙从军　康才畯　37
基于网络资源的藏文未登录词识别
　　方法 ····························· 诺明花　刘汇丹　吴　健　48
基于统计的藏语分词错误分析 ············ 龙从军　兰义湧　赵小兵　59
藏语词语语义相似度计算软件的设计及实现 ········ 邱莉榕　姜新民　68
我国藏文网站的发展现状研究 ············ 王志娟　冯迎辉　赵小兵　82
基于 SVM 的藏语功能组块边界识别 ········ 李　琳　龙从军　赵维纳　94
现代藏语语气词结尾句子边界识别方法 ················ 赵维纳　103
基于部件的融合统计和结构特征的联机手写藏文字丁的
　　识别方法 ························· 马龙龙　吴　健　110

基础研究

藏语元音的 Z-Norm 归一化研究 ······················ 周学文　129
书面藏语的集合化环缀 s-d 和 s-n ···················· 邵明园　140
古藏语非音节性名词化派生后缀的类型与功能 ············ 江　荻　156
藏语甘孜话的数词 ································ 燕海雄　167
藏语动词 byed 的发展和虚化初探 ···················· 张济川　175
敦煌吐蕃汉藏对音研究·绪论 ························ 周季文　188
西藏洛扎吐蕃摩崖石刻的语法特征及翻译 ················ 江　荻　203

名 著 翻 译

藏文标准转写方案 ······Turrel Wylie 著　李茂莉　江荻译　215

计算语言学研究

现代藏语的机器处理及发展之路

——组块识别透视语言自动理解的方法

江 荻

[提要] 本文对现代藏语机器自动处理方面所涉及的藏文编码标准、句法分析、计算研究各个方面做了简略的回顾性概述，认为藏语计算研究在基础研究不足、经验累积不够、研究成果零散的情况下，应该积极调整思路，结合藏语自身句法特征，发掘新的研究方法。文章指出，在藏语处理尚未经历成熟的自动分词和语料标注条件下，可以直接尝试一种藏语组块分析和分词同步进行的方法，即利用藏语句法形式标记直接识别组块和进行块内分词的策略，同时还提出抽取句法语义信息为下一步实现句法关系的识别铺垫基础。

[关键词] 藏语；究现状；形式标记；句法组块；句法关系；语言计算

1 藏语研究现状

挑这个话题应该是有感而发。虽然不同的语言在机器处理和自动识别上可以有其相同的一面，都一定程度上遵循着普遍的算法规则和语言规律的共性，可论述的范围和焦点以及具体的操作方法却可能千差万别。

就自然语言处理领域而言，藏语差不多还是块处女地，真正作为自然语言处理核心内容的研究和论述还很少，涉及的范围也有限。不过，与这个领域相关的前期研究还是需要论及的。首个相关话题是藏文编码标准或者藏文平台建设，这种百米跑道起点的问题，大概汉语、英语现在不必多谈，藏语处理中还是很重要的内容。更关键的话题是，在藏语的计算处理中，已有的经验是什么，开展了哪些句法分析和算法研究，并解决了哪些形式识别和基础建设问题。

1.1 藏文编码标准及平台建设

藏文平台建设涉及两个主要内容，一是标准，国际标准化组织的 ISO/IEC 标准和中国国家标准（GB），二是实际的藏文应用系统。藏文国际标准是 1995 年依据中国提出的方案在斯德哥尔摩会议通过的［ISO/IEC 10646-1（1993/P.DAM.6-ISO/IEC JTC1/SC2/ WG2 N 2627:1995)］，中国国家标准是 1998 年正式发布的《信息技术 信息交换用藏文编码字符集 基本集》（GB16959—1997），与此同时，国家标准《信息技术 藏文编码字符集（基本集）24*48 点阵字形 第一部分：白体》（GB/T 16960.1—1997）也正式发布。

可是，建立在 ISO10646-1 的基本平面 00 组 00 平面的藏文《基本集》（即 UCS 的基本多文种平面，机内码 0F00-0FBF，占用 192 个码位）只提供了 168 个编码字符。就藏文的二维构造方式（字母在纵向和横向两个维度上构字）来说，这样小规模的字符根本就没有实用的可能性。这就导致了利用 B 平面的设想，提出建立信息交换用藏文编码字符集辅助集的办法，把辅助集放在 UCS 的拼音文字辅助平面。2000 年以后，ISO/IEC 10646-1:2000 为藏文编码追加了部分空间，从 0F00 到 0FCF，但仍不能完全解决空间需求问题。不过，近年关于 ISO 10646/Unicode 的持续发展为藏文编码带来了全面实现的可能。

另外，近二十年来，藏文的计算机实用技术一直在不断发展，国内外开发了多种藏文字库和应用软件，最有名的是北大方正的藏文排版系统，包括键盘输入和打印输出。最近，西北民族学院研制的同元藏文系统实现了 Internet 网浏览功能和其他辅助功能。值得指出的是，虽然国外的系统多采用小字符集，但像方正这类的藏文实用系统都是另外设计了中字符集（600—700 字符），这似乎说明已有的标准与社会实际需求存在着差距。

把藏文平台建设作为藏语计算处理的家当是历史的现实，只有有了标准或者有了平台，藏语的计算处理才谈得上可能。举例来说，藏语语料或机器词典的排序、检索以及统计都需要依据一定的序性规则[13]，而这样的规则无法从内码编码中获取。因此，一方面要依据藏语的编码结构和字的构造特征，另一方面要设计恰当的算法予以解决。这些研究就需要依靠编码标准或者在应用平台上来实现[4]、[12]、[13]。

1.2 藏语语法研究

尽管藏语文的计算机处理已有二十年的历程，但绝大部分力量集中在编码和平台建设方面。真正作为自然语言处理核心内容的藏语自然语言处理或者计算语言学研究似乎只有一些零散的表述和对浅层形式的认识。

就现有的研究状况来看，最基本的困难是，缺乏一套现代意义的完整藏语语法体系，甚至缺少至少可以"照猫画虎"的操作起点。有着1000多年历史的传统藏语文法研究不能说没有成就，学龄的藏族蒙童都是从这里起步。但就自然语言机器处理而言，这样的体系犹如月光普照大地：轮廓似乎可见，什么也无法看清。传统藏文文法主要包括两项内容，一是虚词用法，主要包括各类词格、语气词和连词等的用法描述，二是字性语音分析，主要围绕动词语音形态论述动词的用法。这两项内容基本维系了吐蕃时期藏文创始人吞米桑布扎编撰的《三十颂》和《字性组织法》[26]格局，虽然历代学者不断纾难释疑，基本内容不断调整和补充扩展，但传统体例没有变化。

传统文法之外，近当代还有不少现代藏语语法论述，包括历代西方学者出版的一些藏语语法专著和国内学者的语法研究。例如匈牙利学者乔玛（Csoma de Körös）1834年出版的 *A Grammar of the Tibetan Language*，其后英国学者 H. August Jäschke 和印度学者 Sarat Chandra Das 等人也分别于19世纪后期和20世纪初叶出版了藏语语法专著，最新的论著有 Philip Denwood 1999 年的 *Tibetan*。汉族学者在20世纪50年代中期开始陆续展开藏语语法研究，如张琨、金鹏等人。其中最有特色的研究是胡坦等人主编的《拉萨口语读本》，既是教科书又可以称得上拉萨口语语法论述。其他还有一些单篇论文对藏语语法现象做了较深入研究，涉及范围包括名词、动词、形容词以及各类虚词和一些语法范畴，如胡坦《拉萨藏语几种动词句式的分析》(《民族语文》1984年第1期)，张济川《藏语的使动、时式、自主范畴》(《民族语文》1989年第2期)，周季文、谢后芳《藏文阅读入门》(云南民族出版社，1998年)，等等。但总体上说，大多数的论著或者系统性不强，或者只是一个描写的粗框架，语法的分类专项研究基本没有。

词汇研究方面也不乐观，零零星星只发表过少量构词和形容词重叠以及四音格一类的讨论。反倒是词典方面建树较大，除 Jäschke、Das 等国外学者早期的词典外，1949年国内格西曲扎木刻出版了第一本按现代藏文序编纂的单语词典，1957年民族出版社铅印出版了该词典的藏汉对照本。最有影响的词典是张怡荪主编的《藏汉大词典》(民族出版社，1985年)，是迄今最大最全的藏文词典，而且部分词条标注了词性。

以上只是大致勾勒了藏语计算处理方面所涉及的词汇、语法面貌，在这份家当中，比较直接可用于机器处理的包括传统文法的部分内容，如传统文法提供了一部分非常精细的关于字、词书面变体形式的续连规则（传统称为字性添接法），而动词时（现在时/未来时/过去时）、式（陈述式/命令式）、态（使动/自动）形式差别的详尽区分也可直接形成算法处理用的动词词形表。至于传统词格等虚词描述与现代语法观念差异其巨，很难直接采用。现代藏语词典或双语词典也都需要进行整理，剔除不合适的长词语（如相当数量佛教用语），添加词性标注，等等。至于语法体系方面，虽然词法和句法上确有不少真知灼见，则还需要费很大力气从已有成果中进行扒梳，重构框架和填充细节，或设法另创体系。所以说，藏语语法描写的先天不足将给现在和未来的自然语言处理加载沉重负担。

1.3 藏语计算研究

也许就是在这种条件和环境下，藏语自然语言处理一直处于缓慢发展阶段，各种研究呈现零散、局部状态。究竟这方面我们取得了哪些进展呢？不妨简略叙述（不含编码处理）。

分词标准 像汉藏语这类书面形式无词界的语言一般都存在分词问题，就汉语来说，一般公认需要建立分词的标准。藏语的分词研究刚刚起步之时，已经注意到规范性和标准性预设问题，因此有学者初步提出一个藏语分词标准讨论稿[18]。这项研究对藏语书面语包括标点符号在内设计了36条分词基本规则。例如，讨论稿提出词格标记作为分词单位，这就引出开音节韵尾词根后附黏着型词格标记的识别和切分问题。如"我+属格"，"我+施格"，其中标记འ和ས分别只是属格和施格的5种变体形式（属格标记འི、གི、ཀྱི、གྱི、ཡི/施格标记གིས、ས、ཀྱིས、གྱིས、ཡིས）中的一种。这条规则导致技术处理上要建立相关的续连规则和词根归一化算法，不仅要切分出黏着形式，还必须识别格标记与一般的构词辅音韵尾同形形式。有点像英语，bring的-ing并非现在分词后缀，corpus的-s并非复数后缀[2]。

藏语分词规范讨论稿也有一些明显矛盾的论述，如一方面规定动词后的语尾助词或动词语尾助词组块为分词单位（含时、体、人称、意愿等句法范畴意义），另一方面又规定中嵌于多音动词和形容词的否定词为分词单位，那么中嵌于多音语尾助词组块之间的否定词却没有规定。如果包含否定词的多音节语尾助词组块在算法处理上不宜割裂，那么多音动词或形容词中嵌的否定词是否需要另建一套处理规则？

语料规范 藏语书面语与口语脱节是众所周知的现象，即使书面语也存在巨大的差别，区分韵文体和散文体。长篇史诗般的口传文学《格萨尔传》就是韵文体传记。更棘手的是，相当多的文献往往是各种文体和语体混用，那么藏语自然语言处理的对象究竟怎样定位呢？文献[24]对书面藏语语料做了切实的分析和统计，并从题材、文体、语体、著译四个角度进行观察，其中题材分类包括文学类、政论历史类、专门类（宗教、历算、因明、医药等）；文体分类包括散文体、韵文体、散韵混合体；语体分类包括文言和口语两大类，文言又分四小类：古体文言、质朴文言、藻饰文言、浅近文言；著译分类主要指直接用藏文创作的或从梵文、汉文翻译的作品。通过 500 万词语料的统计，发现文学类和口语类兼纳了常用和次常用性最高的词以及通用性最高的词，政论类则以通用性词为主，罕用词基本出现在题材分类的专门类中以及语体分类中的古体文言、藻饰文言中。根据这个分析，藏语计算处理的语料对象可以初步确定为现当代书面文学作品和报刊著译作品。

机读词典　研制藏语机读词典也是开展藏语自然语言处理的基本建设，语言中的基本词汇或语素是自然语言处理中最可靠和最有效的知识来源。根据藏语的特点，所建立的藏语机读词典既要有共性也要有个性。首先，确定基本原则，包括通用原则、规范原则、语法原则、稳定原则、构词原则、双语原则，等等[10]。其次，利用语法标注集尽量给出每个词的词法（和部分句法）描述，包括词性标注和语用属性标注（敬语词、佛教词、梵语借词、异体词等）。藏语机读词典不仅可以服务于文本语料分词匹配处理等用途，而且它自身也能提供词语的静态结构面貌和统计数据。例如，在 5 万多词条的词典中可以基本了解双音动词、双音名词以及双音形容词的构造情况和统计比率。全部双音词中，名词占双音词的 86%，动词占 3%，形容词占 6%，三项总共占双音词的 95%。而双音名词中，约 1/6 的名词是通过添加词缀构成的。其他绝大部分名词是词根语素复合构成。双音动词都是由名词语素加动词语素构成的，又分为动宾式和主谓式两种。双音形容词的构词方式主要是附加词缀法、重叠法和复合法。在 1800 个形容词中附加词缀的占 45%，音节重叠的占 16%，复合方式构成的占 39%。不过，名词和形容词的语素构成都比较复杂，还需要进一步展开研究。

计算处理　藏语计算处理方面的尝试大多比较零散和具体，尚未形成持续的技术路线。例如，针对书面语标点的贫乏（书面藏语真正作标点的单垂符可用来分开短语或句子，相当于顿号、逗号和句号，以及其他如问号、感叹号等句终符号），文献[10]提出利用句尾标记依照句式类型识别句界的问题，并对藏语疑问句进行了具体实践[19]。在分词方面，早期的分词方法主要是基于词典的机械分词方法，算法简单。进一步的改进是通过识别虚词标记的分段切分方法，在每个分段内进行词典匹配。同时为了解决歧义切分问题，还采用了任意词和句尾词的人工干预"后校验"辅助手段[10]。其他相关的计算研究还有藏语信息熵分析和语料库技术处理[14-15]。

最近，作为藏语分词体系提出的方案有两类，一是依据藏语句法特征，通过定义藏语组块提出藏语句法理解的组块分析和分词方法[11]，该方案的核心在于：以标记组块的结构关系分析为跳板，直接逼近句法语义理解的功能成分，而分词只是为了抽取组块句法信息用于揭示组块句法关系的辅助手段。具体操作上，该方案实施步骤是先对文本进行预处理，包括采用续连规则集和各类专项词表对句法标记进行根词归一化的处理，然后进行组块及组块边界识别，并展开组块内部分词、词性标注和信息提取，最后进行组块功能分析与整合以达到对句子的自动理解。有关这方面的论述以及相关认知理论基础下文还会进一步论述。第二种方案称为基于格助词和接续特征的分词方案，该方案"利用字切分特征和字性库先'认字'，再用标点符号和关联词'断句'，用格助词'分块'，再用词典'认词'"，最终达到分词的目的[6]。由于这个方案以分词为具体实施目标，特别注重格助词（即词格标记）的分块作用，并力图"摆脱词典的束缚"，可以说很有特色。

以上论述算是对藏语自然语言处理领域现有的家底做了一番粗略的清理，总结其中的经验和教训对于选择将来的路子很有裨益。比较明显的一个倾向是，在现有的两种分词方案中都涉及藏语句法结构上的"自然块"，其中组块分词方案采用组块分析和块内分词合一方法既吸收了近年自然语言处理新思路，又结合了藏语句法特征，应该是一种有前景的方法。

2 分词与机器理解

机器能思考吗？这是新近出版的《剑桥五重奏》一书的副标题。该书机智风趣地把图灵、霍尔丹、薛定谔、维特根斯坦、C. P. 斯诺"纠集"在一起讨论思维与机器、意义与机器、语言与机器问题。把这个命题放在自然语言理解领域，似乎可以换上一个问法：机器理解能够向人的理解学习吗？

这段话的意思是要引起这样的思考：为什么要分词？人对话语或句子的理解是以词为基础的，词是最小的能独立运用的意义单位。显而易见，机器要理解自然语言，也要从词的理解开始。最典型的范式是查词典，人理解需要查词典，机器理解也需要查词典。这里的比对、这里的逻辑似乎并没有什么深奥费解的地方。

我们犯错误了吗？很有可能。人们理解话语并不经常查词典，他们有许许多多其他办法理解语句。机器则不一样，任何时候都需要查词典。人具有抽象能力，他们并不完全直接依赖句中的词来理解。从语言理解的过程看，人对语句的理解是一种抽取深层命题结构和逻辑推理加工过程，然后构建关系和意义。具体过程是词识别、结构组合、关系整合。所谓构建句子意义，实际上就是解释句子中功能成分的各种关系，而功能成分的形成则是对词语关系的加工（还要包括经验、语境、语用等因素）。换句话说，无论语句由多少词语构成，人们总是把其中代表命题和推理的核心词抽象出来，形成有限的表达关系，如陈述、指称、修饰、补足等。用句法关系来说，也就是主谓关系、述宾关系、修饰关系和补足关系等。如果我们把这样的关系类型告诉机器，机器设法实现对这些有限关系的识别，这似乎就可以称得上是一种浅层机器理解。而我们即使把"苍蝇"和"蝴蝶"的各种细微句法语义属性（如 wordnet 描述）都告诉机器，它们所蕴含的人的理解意义仍然不会为机器所理解，前者不会带来厌恶，后者也不会带来愉悦。

按照这种观点，机器理解可以向人的理解学习。但是，它要学习它所能学的，也就是说自然语言处理专家要知道机器能够学习什么。当然，这并不是说机器不能够学习词语知识，俞士汶和董振东分别把大量汉语词语的句法和语义属性知识教给了机器，但所有这些知识都是属性描述和词与词线性关系的描述，它可以帮助机器区别不同词语，指明词语间的关联关系，但不能创造新的内涵、直觉和新的关系，不能包含未指明的经验和属性，况且我们所能给予它的知识本身也是不完备的。看来，机器理解与人的理解仍不可同日而语。

总结以上关于机器理解和理解内容的讨论，我们看到机器的理解实际上是关于不同词串能否组合以及组合类型的问题。乔姆斯基那句有名的范例 Colorless green ideas sleep furiously 机器同样可以"正确无误"地理解，无非是主语与谓语或者主题与述题的关系。至于意义，那是人给机器所教知识完备与否问题，或者人现在还没有办法获得完备的关于世界和语言的知识并将其教给机器。

我们认为，正是基于这样的认识，人们开始对于词在机器理解中的作用开始发生变化，同时开始调整分词技术在自然语言处理中的地位。词是理解的基础，是构成语言下位成分以及关系的要素，而完整句子的理解是由上位成分及相互关系构成的。既然机器并不能像人那样真正理解这些基础要素本身，不必与之为难，它能告诉我们各种关系即可。从语素到词，到短语，再到句子，各种关系逐层获取。对机器来说，句子层面的理解可以说就是各种短语结构，或者功能成分的相互关系以及关系类型，即一般所指的句法树。

刘源等学者指出："在汉语信息处理中，词的处理是基础，短语的处理是中心。"[17] 这个观念意味着词的处理要转移到以短语的处理为重点上来。后来，周强、孙茂松、黄昌宁正式提出了汉语句子的组块分析体系[25]，并开始构建大规模的汉语语块库[26]。

组块分析是依据语言的句法特征建立起来的，开始逼近句法关系的理解。正如周强等人所指出,"块分析策略的精髓在于寻找合适的切入点,将完整的句法分析问题分解为句法拓扑结构分析和句法关系分析两个子问题",也就是说,组块分析体系是"一种介于线性词序列和完整句法树表示之间的浅层句法知识描述体系"[25]。按照这样的思路往下走,下一步就是解决句法组块与功能成分(即直接的句法关系成分,如主语、宾语、谓语动词等)之间的对应转换关系,实现对完整话语/句子的理解。这应该就是研究者所想要达到的目标之一:句法树。

3 藏语的句法特征

我们把话题转到藏语自动处理问题上来。由于藏语的自动处理尚未经历成熟的自动分词和语料标注阶段,同时考虑到藏语句法上形式特征丰富的特点,因此,我们可以设计一套组块分析和块内分词同步进行的方案(简称组块分词)。由于这项分析方法很有前景,本节我们就藏语组块识别和分词做一些简单论述,包括藏语句法特点、句法标记、组块类型等。下一节我们继续就组块边界预测、块内分词以及信息抽取展开讨论,同时也对句法关系理解做初步讨论。

现代藏语句法结构最主要的特征有三个方面,一是语序,句子的基本语序和成分是:主语+宾语+谓语,即 SOV。扩展的句法语序是:主语+(间接宾语)+(直接宾语)+(结果补语)+(状语)+动词+(状态补语);二是形式标记及其标志的大量短语组块,包括各类词格标记、有定和无定标记、非谓动词标记等;三是谓语动词及其后缀负载的句法范畴信息丰富,包括人称、时、体、熟知亲见、动作趋向、及物性、意愿性和动词的语义类别属性,等等。这些特征相互之间具有互动关联作用,并且对其他次要特征产生很强制约性。

根据藏语的这些特征,可以从形式标记着手,剖析它们所构成的短语组块,以及分析这些组块在句子中的功能分布(充当句法成分)。藏语句法形式标记按其形式分类大致有七大类,而藏语句法组块有八类,二者呈密切关系。

(1) 词格标记与名词组块及前修饰语组块(CM, case marker & NP/PM)。词格是藏语里最重要的句法标记,凡句子里充当施事、受事、涉事、领属、对象、目的、处所、材料、来源、工具等语法角色的成分一般都带有形式标志。根据这些标记的语法功能分类,可以分出多种类型的词格,如施格、受格、位格、与格、从格、比较格等。如带(gis)类施格标记名词组块充当句子施事主语,带(l/r)类词格标记名词组块充当"领有、获得、需要"等动词的主语等。二是充当前修饰语组块，即名词组块带（gi）类属格标记。三是充任状语，如ལ་（la），ར་（ra），ནས་（nas），ལས་（las）等，表示动作发生的时间、处所、方式，或者表示比较、材料、工具等意义。

（2）名物化标记及非谓动词组块（NM，nominalization marker & ND）。现代藏语的动词或动词短语充当主语、宾语等成分时必须转化成名词性成分，即所谓名物化。动词或动词短语添加名物化标记之后构成非谓动词组块。例如，"ངས་བྲིས་པའི་བོད་ཡིག（我写的藏文）"。现代藏语常见的名物化标记数量不太多（约20个），常见的只有七八个。

（3）动词语尾及谓语动词组块（VE，verb-ending & VP），主要指时、体后缀，语气词，助动词（情态/趋向）。这一类句法标记都与谓语动词相关联，与谓语动词构成谓语动词组块。其格式是：{（状语）＋动词（＋助动词[情态或趋向]）（＋后缀）（＋语气词）}。谓语动词组块是句子中包含信息最丰富的部分，如不同语义类别属性的动词（关系、性状、动作、变化、趋向、心理、评议、相互、述说动词等）蕴含不同的语法范畴：及物性与不及物、自主与不自主、瞬时还是延时、论元数量不同等；动词自身的形式交替（现在时/未来时/过去时形式、陈述式/命令式形式、自动词/使动词形式等）。而动词后缀也包含了表达人称一致（自称/他称）、时（现在/过去等）、体（已然/未然，将行/即行等）、意愿（自主/不自主）、熟知亲见（亲见结果/泛泛推知）、动作趋向（趋向说话人或离开说话人）等语法意义，而语气词则包括了陈述、疑问、反诘、推测、商榷、强调等含义。

谓语动词所蕴含的信息是藏语自然语言理解或者自动分词的重要知识来源，抽取其中的知识有利于我们总结其中的句法规则并进行形式化操作，而利用这些信息可以大幅提高组块标记识别的准确性以及块内分词和句法分析的精细程度[16]。

（4）指代词与后修饰语组块（DE，demonstrative & PD），这类词或者可以独立运用或者作为名词的修饰语或指示语，包括指示代词、人称代词、不定指示词、疑问代词、复数后缀、敬语语素。这些词之所以可以看作形式标记主要有两个原因：其一，它们都属于封闭类词类，数量有限；其二，这些词的句法位置相对固定。如指示词（包括定指词和不定指词）、复数后缀、数词和量词总是出现在名词、名词短语或者名物化短语之后构成后修饰语组块[8]。

（5）构词词缀（WA，word affix）。藏语双音节或多音节名词、动词、形容词、副词等词类在构词上分别有自身的形式特点。尽管这些形式特点不足以完全将其与他类词区分开来，但在局部范围内作为其他词法和句法的辅助识别手段还是有一定的形式价值的。其中形容词组块最典型，可做名词的后修饰语，或者带各类明确的标记充当状语、补语和谓语。

（6）连词与从句组块（CON，conjunction & SC），各种连词和关联短语构成的从句组块。

（7）零形式（ZF，zero form & CM），省略或不带任何标记的词串可认为是零形式及零标记组块。名词组块、后修饰语组块有时呈零标记形式。另外，出现在句首的时间词、处所词和表范围、频度、概括、转接等副词，以及叹词和呼语等构成的游离语组块也为零标记形式。

当然，藏语中还有不少重要的句法特征，如连动形式、多重使动形式、A-N-A结构（中心词带前后修饰语）、中嵌否定结构、重叠结构、生动描述形式，以及省略、移位、回指等句法现象，都需要展开精细的描述。

4 组块的边界识别与块内分词

如何识别句法形式标记和确定组块边界是藏语自动处理的重要步骤。我们设计的过程可以分出四个步骤（见图1）。其中第一个步骤主要针对藏语各种虚词标记的变体形式，采用续连规则对其进行根词归一化的处理。所谓续连规则实际是为每一类含变体形式的虚词标记建立一个形式变量集，选取一个代表形式，并用条件函数方式对待识别形式做代表形式的变换。

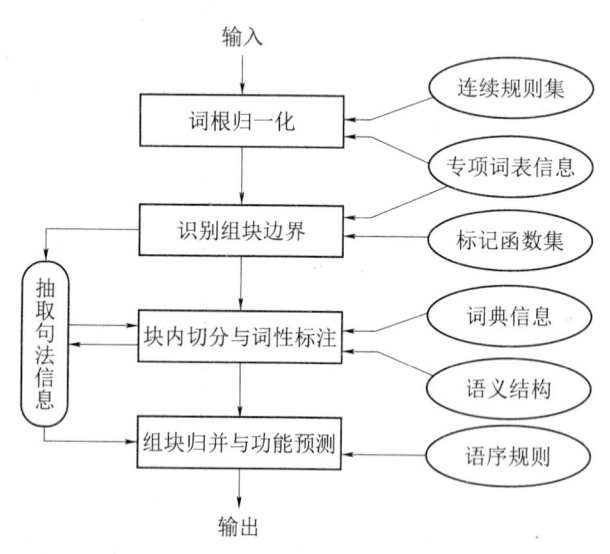

图1 组块边界识别与块内分词过程

标记识别的另一个难点是既要区分标记与同形的非标记，还要区分不同功能的同形标记，如施格与工具格标记同形。为此需要引入语序和其他识别规则。确定组块边界是本项研究的重点,根据上文的讨论,组块右边界一般可以通过形式标志的识别来确定[2-3],并确定其位置参数。对于其左边界,有两种情况需要甄别。一是左向无相邻标记,则一直向左上溯至最靠近的标记,该标记右侧的第一个位置可初步确定为该组块的左边界标志;二是左向相邻位置存在一个标记,这类情况大多是"名物化标记+属格标记",或者"名物化标记+对象格标记"一类,可以分别标志其位置参数,然后继续向左上溯左边界标记。

为了顺利识别组块的边界,需要建立两类辅助词表[3]。一类是标记函数集,主要内容包括各类标记形式以及标记的功能描述和类别,其作用是鉴别文本中的标记及组块。另一类是小型辅助词表,如动词词形表[16],动词后缀表,带/韵尾词形表[2],同形异类词形表。这些表的作用是辅助识别右边界标记,排除与标记同形的语素。

藏语组块识别的一个重要原则是顺序性,组块识别的先后取决于各组块所依赖知识的类型和识别策略。从藏语特征来看,藏语句子宜采用逆扫描方法,因为各种句法标记都处在组块的后面(右端)。一般来说,各组块的识别顺序大致是:谓语动词组块,非谓动词组块,话题语气词组块,词格名词组块,前置修饰语组块,从句组块,形容词组块,后修饰语组块,游离语组块。

在识别标记及确定组块边界的同时,组块分词中还有一项重要任务,即抽取组块内的句法信息,特别是谓语组块所蕴含的信息。这些信息对于全句句法结构的判断和支持其他组块识别都能发挥作用[16]。

确定了组块的左右边界以后,可以在组块内部对有限的词语进行词典匹配和分词,同时还给匹配成功的词语标注词性。对未登录词以及人名、地名等难以匹配的现象,允许容错处理。如果词典中包含了语义结构信息,则可进一步利用抽取信息进行分析。

按照形式标记识别组块并非句法分析和自动分词的目标。一旦完成组块识别和块内词语切分、标注,可以考虑趋向功能性句法成分组的分析(构建句法树)。由于属格组块或前修饰语组块、后修饰语组块、部分非谓动词组块,以及形容词组块和游离语组块与句法成分并不完全对应,而且形成组块之间的复杂嵌套格局,不利于句法结构的线性分析[20-22],为此有必要结合藏语句法结构位置或语序规则消除这些低层组块,使它们汇入更大的高层组块之中(或可以称为句法成分组)。而名词组块、充当主、宾语的非谓动词组块等也可以根据它们的句法位置,并利用已经抽取的句法信息给它们赋予句法成分的标记。这样的分析可能为进一步的句法语义关系理解奠定基础。限于篇幅,我们仅列举两个例句对以上标记和组块分析做简略说明，算法方面的讨论也从略。以下符号，{ } 表示功能性成分组，( ) 表示具体组块，[ ] 表示组块与标记管辖的关系。

（1）"我很喜欢看西藏歌舞"。

{[ངས་]·{[(བོད་ཀྱི)(གླུ་གར་ལྟ་)ཡས་]·ལ་}·{(དགའ་པོ་ཞེ་དགས་)·ཡོད་}

我施格　西藏属格　歌舞　　看　名物化　对象格　喜欢　很　谓语动词

（2）"所谓俚语就是少数人才懂得话"。

{[(ལྐོག་སྐད་ཟེར)ཡས་]·དེ་}{[[(གཙོ་བོ་མི་ཉུང་ཤས་)ཀྱིས་][(ཤུ་གོ་)ཡ་]ཞེ་]·(སྐད་ཅ་)]དེ་]}{རེད་}

俚语　　称为名化　那　主要　人 少数最　施格　知道　名化属格 话 定指　是

5 结语

多年来，汉语的文本语料加工积累了丰富的经验，其基本处理阶段可以归纳为：切分词、词性标注、短语标注、语义标注。借鉴汉语、英语的经验，藏语采用组块分析方法的用意很明显，即尽量从高层组块上逼近句法分析的目标，同时也能简化分词的复杂度并提高句法自动分析的精确性。因此，藏语自动分析的过程大致是：组块及其标记识别、块内分词、词性标注、组块归并、功能分析/句子理解。当然，为达到藏语句法自动分析的目的，还需要借助语序分析、组块信息抽取以及句法组块与句法成分组对分析等进一步的措施。总之，藏语的计算研究还需要在漫长的道路上尽量理智地摸索和少走弯路。

注释：

[1] Van Halteren, H., (eds.), (1999). Syntactic Wordclass Tagging. Kluwer Academic Publishers, The Netherlands.

[2] Jiang Di, Kang Caijun. The Methods of Lemmatization of Bound Case forms in Modern Tibetan. Paper for 2003 IEEE International Conference on Natural Language Processing and Knowledge Engineering, Beijing.

[3] Jiang Di, Long Congjun. The Markers of non- finite VP of Tibetan and Their Automatic Recognizing Strategies. Paper for 20th ICCPOL' 2003.

[4] Kang Caijun, Jiang Di, 2003. The Optimized Index Model of Tibetan Dictionary. Paper for 2003 IEEE International Conference on Natural Language Processing and Knowledge Engineering, Beijing.

[5] Kennedy, G., 1998. An Introduction to Corpus Linguistics. 外语教学

与研究出版社 2000 年版。

[6] 陈玉忠、李保利等：《基于格助词和接续特征的藏语自动分词方案》，《语言文字应用》2003 年第 1 期。

[7] 格桑居冕：《实用藏文文法》，四川民族出版社 1987 年版。

[8] 黄行、江荻：《现代藏语判定动词句主宾语的自动识别方法》，全国第七届计算语言学会议论文，2003 年。

[9] 江荻：藏语拉萨话现在时的标记及功能，《民族语文》1999 年第 5 期，第 55—62 页。

[10] 江荻、黄行：《藏语语料库语言学研究》，《中华社科基金课题结题报告》，2000 年。

[11] 江荻、黄行：《现代藏语组块分词的方法和过程》，《民族语文》2003 年第 4 期，第 12—24 页。

[12] 江荻、康才畯：《书面藏语排序的数学模型及算法》，《计算机学报》2004 年第 4 期。

[13] 江荻、周季文：《论藏文的序性及排序方法》，《中文信息学报》2000 年第 1 期，第 56—64 页。

[14] 江荻：《书面藏语的熵值及相关问题》，黄昌宁主编《1998 年中文信息处理国际会议论文集》，清华大学出版社 1998 年版，第 377—381 页。

[15] 江荻：《语篇索引技术在藏文文本中的应用》，黄昌宁、董振东主编《计算语言学文集》，清华大学出版社 1999 年版，第 359—364 页。

[16] 江荻：《现代藏语谓语动词的识别与信息提取》，Paper for 20th ICCPOL' 2003。

[17] 刘源、谭强、沈旭昆：《信息处理用现代汉语分词规范及自动分词方法》，清华大学出版社、广西科学技术出版社 1994 年版。

[18] 罗秉芬、江荻：《藏语计算机自动分词的基本规则》，李晋有主编《中国少数民族语言文字现代化文集》，民族出版社 1999 年版，第 304—314 页。

[19] 罗秉芬、江荻：《藏语文的疑问句与句界识别》，《民族语文论坛》1999 年总第 1 期，第 70—73 页。

[20] 孙茂松：《汉语自动分词研究的若干最新进展》，曹右琦主编《辉煌二十年——中国中文信息学会二十周年学术会议》，清华大学出版社 2001 年版，第 20—41 页。

[21] 姚天顺、张桂平等：《基于规则的汉语自动分词系统》，《中文信息学报》1990 年第 1 期，第 37—42 页。

[22] 张昱琪、周强：《汉语基本短语的自动识别》，《中文信息学报》

2002年第6期，第1—8页。

[23] 中国国家标准：《信息技术　信息交换用藏文编码字符集　基本集》（GB 16959—1997），中国标准出版社1998年版。

[24] 周季文、江荻：《藏语计算机统计用语料抽样文本的遴选》，李晋有主编《中国少数民族语言文字现代化文集》，民族出版社1999年版，第297—303页。

[25] 周强、孙茂松、黄昌宁：《汉语句子的组块分析体系》，《计算机学报》1999年第11期，第1158—1165页。

[26] 周强、詹卫东、任海波：《构建大规模的汉语语块库》，黄昌宁、张普主编《自然语言理解与机器翻译》，清华大学出版社2001年版，第102—107页。

[27] 图弥三菩札等著，黄明信编：《西藏文法四种合编》（藏文版），民族出版社1956年版。

本文发表于徐波、孙茂松、靳光瑾主编《汉语自然语言处理若干重要问题》，科学出版社2003年版，第438—448页。本次刊载略有修改。

基于条件随机场的藏文分词方法

刘汇丹　龙从军　吴　健

[摘要] 本文将藏文分词转换为对藏文音节进行词位标注的问题，提出了一种基于条件随机场模型的藏文分词方法。在包含口语和书面语两类共计 76250 句的人工切分语料上，使用 k-fold 交叉验证的方法选择合适的参数，并做最终的开放测试和封闭测试。文中还比较了不同的上下文窗口和标注集、语料规模等训练配置对系统性能的影响。实验结果表明，口语语料的平均词长较小，更适合六词位的标注集，书面语的平均词长较大，更适合八词位的标注集；即便保持了训练语料规模和测试语料规模的比例，较大的训练语料规模仍然能够带来正确率的提升。

[关键词] 藏文分词；词位标注；条件随机场；藏文信息处理；中文信息处理

1　引言

藏文是一种拼音文字，各音节之间由音节点分隔，但是词与词之间却没有分隔标记，同汉语类似，分词是藏文信息处理的基础性任务。近些年来，基于统计的分词方法在汉语信息处理方面获得了成功，并被逐渐应用于藏文信息处理领域。在适用于序列标注的多种统计机器学习方法中，条件随机场模型（CRF）不需要隐马尔科夫模型（HMM）所要求的严格的独立假设，它具有表达元素长距离依赖性和交叠性特征的能力，能方便地在模型中包含领域知识，且较好地解决了最大熵马尔科夫模型（MEMM）等判别式模型在某些情况下表现出的标记偏置的问题。本文研究基于条件随机场模型的藏文分词方法。

本文接下来的部分首先回顾藏文分词的研究历史和现状，然后介绍条件随机场模型的原理。然后将藏文分词转换为对藏文音节进行词位标注的问题，详细阐述基于条件随机场进行藏文分词的原理和方法。之后，介绍在多份语料上的实验情况，并对标注错误进行分析。

2 藏文分词的研究现状

藏文分词的研究开始于20世纪90年代末期。江荻等人曾详细描述了单纯机械式的词典匹配方法所存在的问题[1]，涉及词表收词（长词与短词）与同形词等问题。

1999年，中国藏学研究中心的扎西次仁首先在分析了藏文分词中词表的不确定性、未登录词、切分歧义等问题的基础上，设计了一个采用最大匹配算法的人机互助藏文分词和登录新词的系统，由人监控机器分词的过程，利用人的"活"的知识，纠正机器犯下的少量错误[2]。与此同时，中央民族大学的罗秉芬等在500万字藏语真实文本语料分词的实践中归纳出藏文计算机自动分词的36条基本规则，首次对藏文的分词规范进行了研究[3]。

2003年，中国社会科学院民族学与人类学研究所的江荻以现代藏语形式语法为基础提出了藏语组块分析和块内分词的方法与过程[4]，重点描述了现代藏语句法的七种形式标记和类型，包括：词格标记、名物化标记、动词语尾、指代词、构词词缀、连词和零标记形式等；以藏语形式句法特征为基础提出藏语组块分析和块内分词的组块自动分词方法，并对低层组块进行功能性归并，使其与高层句法成分形成相对一致关系，为进一步的句法关系树分析奠定基础。在此之后，他们进行了一系列的后续研究，目前，已经初步建立了十类藏语句法组块类型[4-6]，分别是：名词组块、形容词组块、非谓动词组块、谓语动词组块、前修饰语组块、后修饰语组块、小句组块、从句组块、游离语组块、助词组块等。

同年，陈玉忠等在充分调研藏文信息处理的发展现状的基础上，提出了一个基于格助词和接续特征分块的书面藏文分词方案[7-9]。该方案"利用字切分特征和字性库先'认字'，再用标点符号和关联词'断句'，用格助词'分块'，再用词典'认词'"，最终达到分词的目的。该方案的技术特点是，综合运用藏文字、词、句等各类形态特征，在藏文格助词、接续特征、字性知识库以及词典的支持下，采用逐级定位的确定性算法实现藏文的自动分词。基于此方案实现的分词系统在500句的测试集上的初步测试结果表明系统分词正确率在97%以上，且有不受领域限制、通用性强的特点。

2006年，西北民族大学的祁坤钰在研究藏语形式逻辑格、语义逻辑格、音势论等语法理论的基础上，借鉴汉语的分词理论和方法，充分利用藏语上下文语境，在不同藏语句子层面采用不同的处理方法。格切分用于句子结构层面，边界符判定用于短语切分，模式匹配用于词块切分，由此，提出了切分与格框架、标注一体化的藏语三级切分体系[10]。

2009 年，青海师范大学的才智杰设计了"班智达藏文分词系统"[11]，此系统首先使用四个属格助词和四个作格（也有称为具格，主格）助词共八个"特殊格助词"对藏文进行分块处理，然后使用一个二级索引的词典采用最大匹配方法进行分词，并采用"还原法"识别藏文中的紧缩词[11-12]。

同年，中央民族大学的孙媛等也在使用格助词分块方法的基础上设计并实现了藏文分词系统[13-16]。该系统同时采用正向最大匹配和逆向最大匹配双向扫描的方法检测链长为 1 或 2 的交集型歧义字段，并利用词频信息进行消歧，但该系统"还存在部分紧缩格和接续特征判断格助词的错误"，并且存在"链长大于 2 的歧义字段无法识别的问题"。

2010 年，不丹国的 Norbu 等人采用二元语言模型辅助最大匹配的方法完成宗咔语（藏语南部方言）的分词，在 8 份不同领域共 714 个词的语料上的测试结果表明，其分词准确率为 91.5%[17]。

总的来说，除了考虑藏文语言文字本身的特性以外，上述藏文分词系统和方法仍然主要采用基于词典的最大匹配方法。与此同时，使用各种统计机器学习的模型如隐马尔科夫模型、最大熵马尔科夫模型、条件随机场模型等，通过对汉字进行序列标注实现汉语分词的方法已经取得了很大的成功[18-27]，但这些方法在藏文分词中鲜有人用，主要是因为缺少形成规模的人工切分标注的藏文语料。直到 2011 年，才逐渐有人在藏文分词中应用统计方法。

2011 年，史晓东和卢亚军合作将汉语分词系统 Segtag 向藏文移植，开发了央金藏文分词标注系统。该系统使用隐马尔科夫模型进行分词，作者使用 2.7M 的训练语料和词典，在 25K 的测试语料上的正确率在 91%左右[28]。

同年，江涛使用了条件随机场模型进行藏文分词，使用 4 词位的标注集（BMES）以及 10 个基本特征和 2 个附加特征（当前词是否格助词，当前词是否标点符号）的特征模板集进行训练，在人工切分的 2500 句的训练语料和 225 句测试语料上，该方法的性能超过了反向最大分词方法，切分正确率在 93.5%左右[29]。

为了采用较大规模的语料进行训练，我们在之前的研究中设计实现了基于词典和规则的藏文分词系统 SegT[31]，并使用其来生成藏文分词语料，用于统计模型的训练。然后采用 SegT 对 13 万句的藏文文本进行切分，在未进行任何人工校对的情况下，将其作为训练语料使用条件随机场模型训练了一个分词系统 CRF-SegT[32]。系统使用 8 词位的标签集，配合三个字的上下文窗口的特征模板集，对藏文音节进行词位标注。在 1000 句的测试语料上测试的 F 值达到了 95.12%。

随着对藏文分词问题认识的日益深入和全面，江荻、陈玉忠、才让加、扎西加、关白、多拉等对藏文词语分类体系和标注集进行了研究。江荻的分类方案设计了含 26 个标记的基本词类标注集，并设计了含 25 个标记的动词扩展标注集和含 38 个标记的非动词扩展标注集[5]。陈玉忠将藏文词语划分为 11 个大类 21 个小类，以及 5 类小于词的语言单位[33]。扎西加等人的词类划分体系将藏文分为 14 个大类和 26 个基本类和若干小类[34-37]。才让加将藏文划分为 13 个大类和 21 个基本类[38]。关白将藏文分为 16 个词类和 6 个"小于或大于词的字符串"共计 22 个类别[39-40]。但是目前各家提出的词语分类体系和分词规范还有较大的差异，并未形成共识。

在藏文词性标注方面，扎西多杰等人采用二元隐马尔可夫模型，使用 Viterbi 算法完成了对藏文的自动词性标注。他们以 4 万词的语料库作为训练语料，对 20 篇文章进行词性标注测试，正确率达到 84%[41]。羊毛卓玛研究了藏文词性标注中的兼类问题，并采用 HMM 模型和规则相结合的方法，在对 12 万字语料的封闭测试中，正确率达到了 94.01%[42]。扎西加等人研究并设计了藏文分词赋码一体化的方案[43]，但并未给出相关的实验数据。

总的来说，目前大家对藏文"词语"的概念还没有形成共识，这方面仍然处于十多年前对汉语"词语"的概念采用"分词规范+词表"进行定义的阶段。藏文分词的方法方面，除了考虑藏文语言文字的"格"标记和其他的语法规则以外，已经开始使用汉语处理中成功的方法和经验。

3 条件随机场模型

条件随机场模型由 Lafferty 和 McCallum 于 2001 年第一次应用于自然语言处理的研究中。对于观察值序列和与其对应的状态（标签）序列 $Y=(Y_1,Y_2,1,Y_n)$，序列标注的任务是：对于给定的观察序列，求出一个最优的状态序列：

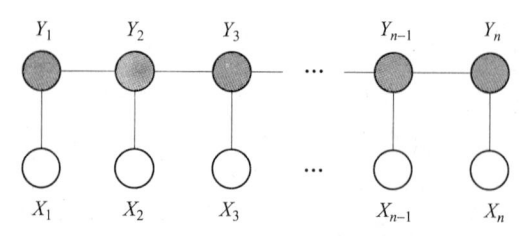

图 1 线性链条件随机场的结构

对应用于序列标注任务的线性链条件随机场，其模型的结构如图 1 所

示。在线性链条件随机场模型中,一个标签序列的概率采用如下公式计算:

$$p_\lambda(Y\mid X)=\frac{1}{Z(X)}\exp\left(\sum_{t\in T}\sum_{k}\lambda_k f_k(y_{t-1},y_t,X,t)\right)$$

其中,对于藏文分词来说,X是藏文音节序列,Y是对应的标签序列;对于藏文词性标注来说,X是藏文词语序列,Y是对应的词性序列。f_k是特征函数,t是每个音节在当前句子中的索引,$Z(X)$是归一化因子,它用来保证$p_\lambda(Y|X)$满足作为概率值的性质,其计算方法如下面公式所示。

$$Z(X)=\sum_Y\exp\left(\sum_{t\in T}\sum_{k}\lambda_k f_k(y_{t-1},y_t,X,t)\right)$$

如果将f_k中的X和y_{t-1}视为当前的上下文h,将y_t视为在当前上下文环境中当前观察值的标签t,则概率模型和相应的特征函数取自空间$H\times T$,其中H表示所有可能的上下文或者任何预先定义的条件,而T是所有可能的标签的集合。则特征函数可由如下公式定义,其中$h_i\in H$,$t_i\in T$。

$$f(h,t)=\begin{cases}1, & if\ \ h=h_i\ \ and\ \ t=t_j\\ 0, & otherwise\end{cases}$$

条件随机场模型不需要隐马尔科夫模型所要求的严格的独立假设,并且也克服了最大熵模型的标记偏置的缺陷。和最大熵模型一样,条件随机场模型是条件概率模型,不是有向图模型,而是无向图模型。条件随机场模型是在给定观测序列的条件下定义的关于整个类别标记的一个单一的联合概率分布,而不是在给定当前状态的条件下,定义下一个状态的状态分布。类别的分布条件属性使得 CRF 能够对真实世界的数据建模,这里标记序列的条件概率取决于观测序列的非独立、相互作用的特征。

4 基于条件随机场的藏文分词的原理和方法

基于条件随机场的藏文分词方法的工作机制如图 2 所示,主要包括模型训练和模型应用两个方面。

在模型训练方面,将人工切分标注的语料库分别转换为藏文分词的训练语料。其中,藏文分词的训练语料中包含藏文音节序列及其对应的词位标签序列。采用条件随机场模型在训练语料上进行训练,得到词位标注模型。

在模型应用方面,对于输入的藏文文本,首先将其切分为音节序列,然后应用词位标注模型对每个音节标注词位标签,再根据词位标签将音节合并,形成词语序列,从而完成分词的过程。

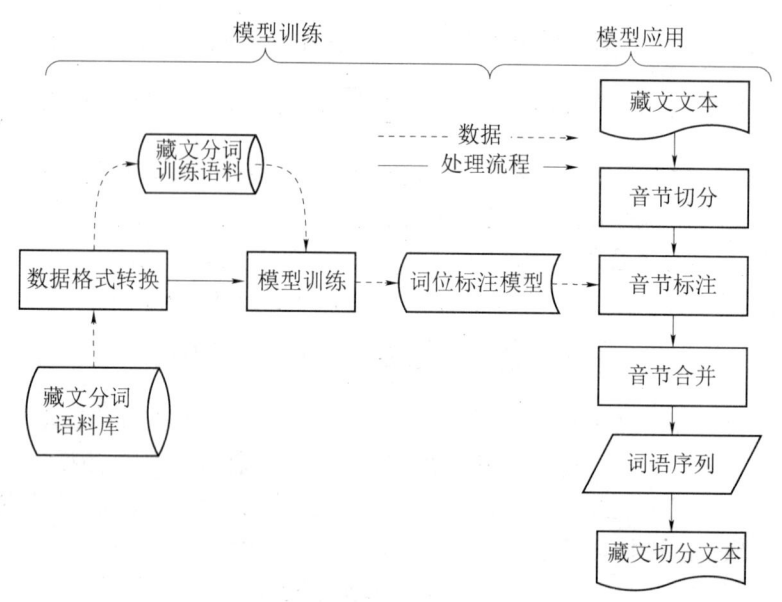

图 2 基于条件随机场的藏文分词方法的工作机制

下面分别介绍基于词位标注的藏文分词的原理和具体方法。

4.1 基于词位标注的藏文分词的原理

4.1.1 基本思想

基于词位标注的藏文分词方法，其本质上是根据藏文音节所处的上下文来确定它与其相邻音节的结合紧密度，从而确定其左右两边是不是词语的边界。在实际文本中，同一个藏文音节可以出现在词语中不同的位置，如表1中所示，藏文音节"ཁ"（mouth）可以出现在词首、词中、词尾，也可以独立成词。

表 1　　　藏文音节出现在词语中不同位置的示例

位置	示例	含义	Tag
独立成词	ཁ	mouth	S
词首	ཁ་གསལ་	supplement	B
词中	མི་ཁ་གསལ་	someone	M
词尾	གྲུ་ཁ་	ferry	E

我们根据每个音节在词中位置的不同给它们分别贴上不同的标签（tag）：B（begin），M（middle），E（end）和 S（single）。方法如下：

如果该音节出现在词首，并与它右边的音节共同构成藏文词，则贴上

标签"B";

如果该音节出现在词中,并与它左右两边的音节共同构成藏文词,则贴上标签"M";

如果该音节出现在词尾,并与它左边的音节共同构成藏文词,则贴上标签"E";

如果该音节独立成词,则贴上标签"S"。

对于汉语来说,使用上面的标签集已经足够,但在藏文中,由于黏着形式的存在,需要做一些特殊处理。藏文中部分词如属格助词"འི"、作格助词"ས"、位格助词"ར"、饰集词"འང"、离合词"འམ"、终结词"འོ"等(本文中将这类词称为紧缩标志:abbreviation mark,简称 AM),可以省略音节点直接黏附于其前面的音节后,从而形成了紧缩现象。表 2 中给出了一些藏文紧缩词的示例。

表 2   藏文紧缩现象示例

普通词	紧缩标志	紧缩结果	说明
ང་	ས་	ངས་	省略音节点
གལ་ཆེ་	འི་	གལ་ཆེའི་	省略音节点
གོ་	འང་	གོའང་	省略音节点
རྣ་བ་	འམ་	རྣ་བའམ་	省略音节点
སླུ་	འམ་	སླུའམ་	省略音节点
དབང་པོ་ལྷུ་	འོ་	དབང་པོ་ལྷུའོ་	省略音节点
སུ་མཐར་	འི་	སུ་མཐའི་	省略a和音节点
ནས་མལ་	འི་	ནས་མལའི་	省略a和音节点
བཤད་པ་	ར་	བཤད་པར་	省略音节点
རྒྱལ་པོ་	འི་	རྒྱལ་པོའི་	省略音节点

藏文的紧缩音节需要被切分为两个部分,这样我们需要另外的两个标签"ES"(End and Single)和"SS"(Single and Single):

如果一个紧缩音节由一个多音节词和一个紧缩标志(AM)构成,则贴上标签"ES";

如果一个紧缩音节由一个单音节词和一个紧缩标志(AM)构成,则贴上标签"SS"。

由此,形成了用于藏文分词的 6 词位标注集,其使用方法如表3所示。

表 3　　　　　　　　藏文分词 6 词位标注集的使用方法

词语构成类型	示例	标签序列
1-syllable	ཁ་	S
1-syllable+AM	རང་	SS
2-syllable	ཁ་གསལ་	B-E
2-syllable+AM	གནས་པའི་	B-ES
3-syllable	མི་ཁ་ནུས་	B-M-E
3-syllable+AM	མ་བྱས་པའི་	B-M-ES
4-syllable	དེས་མེད་ཚོལ་དུར་	B-M-M-E

利用这种方法可以将切分好的藏文语料转换为音节的标注序列，从而形成藏文音节序列和其词位标注序列的语料。使用上述的 6 标签标注集，对藏文句子（a）进行标注的结果为（c），可以根据每个标签的使用方法还原出藏文分词结果，如（d）中所示：

(a) དངོས་སྦྱི་ཚོགས་རིང་ལུགས་ཀྱི་སྦྱི་ལ་དབང་བའི་ལམ་ལུགས་དང་ཚོལ་བསྐུན་བོན་སྡོད་ཀྱི་རྩ་དོན་མཐའ་འཁྲིངས་བྱས་ཡོད།

(b) 我们一向坚持了社会主义公有制和按劳分配原则。

(c) ད/B ངོས་/ES སྦྱི/B ཚོགས་/M རིང་/M ལུགས་/E ཀྱི་/S སྦྱི/B ལ་/M དབང་/M བའི་/M ལམ་/M ལུགས་/E དང་/S ཚོལ་/S བསྐུན་/S བོན་/S སྡོད་/S ཀྱི་/S རྩ/B དོན་/E མཐའ་/B འཁྲིངས་/E བྱས་/S ཡོད/S །/S

(d) དངོས་/ སྦྱི་ཚོགས་རིང་ལུགས་/ ཀྱི་/ སྦྱི་ལ་དབང་བའི་ལམ་ལུགས་/ དང་/ ཚོལ་/ བསྐུན་/ བོན་/ སྡོད་/ ཀྱི་/ རྩ་དོན་/ མཐའ་འཁྲིངས་/ བྱས་/ ཡོད/ །/

4.1.2　标签集的优化

在前一节中，我们使用 6 标签的标注集{B;M;E;S;ES;SS}阐述了我们以音节的词位标注进行藏文分词的基本思想，但在汉语中还有其他的标注集被使用，究竟什么样的标注集对藏文来说是最好的，我们现在来决定。在汉语分词中用到的标注集以及他们的用法如表 4 所示。

表 4　　　　　　　汉语分词中不同标注集的使用方法

标注集	Tags	不同长度词语的标签序列
2-tag	B;E	B;B-E;B-E-E;…
4-tag	B;M;E; S	S;B-E;B-M-E;B-M-M-E;…
5-tag	B;B_2;M;E; S	S;B-E;B-B_2-E;B-B_2-M-E;B-B_2-M-M-E;…
6-tag	B;B_2;B_3;M;E; S	S;B-E;B-B_2-E;B-B_2-B_3-E;B-B_2-B_3-M-E;B-B_2-B_3-M-M-E;…

在汉语分词的研究中，赵海等人提出了一种有效的方法来选择最优的标注集，他们使用了一个称为"平均加权词长"（average weighted word length distribution）的指标来确定标注集[27]。相关的实验数据证明，采用6词位的标注集配合适当的特征模板，比其他的标注集能取得更好的分词准确率[27]。我们在之前的研究中已经验证了这种方法对藏文分词同样有效[32]，在该指标的指导下，汉语的6词位的标注集可以用于藏文分词。由于藏文黏着形式的存在，还需要加上两个标签，由此，形成藏文分词的8词位标注集{ $B;B_2;B_3;M;E;S;ES;SS$ }。对于不同长度的藏文词，8词位的标注集的用法如表5所示。

表5　藏文分词的8词位标注集使用方法

词语类型	示例	标签序列
1-syllable	ཁ་	S
2-syllable	ཁ་གསལ་	B-E
3-syllable	མི་ཁ་ཉུས་	B-B_2-E
4-syllable	དེས་མེད་སྟོལ་དུད་	B-B_2-B_3-E
5-syllable	གཙོ་བྱེད་ཀྱི་གོ་གནས་	B-B_2-B_3-M-E
6-syllable	སྐྱེ་ལ་དབང་བའི་ལས་ལུགས་	B-B_2-B_3-M-M-E
1-syllable+AM	དས་	SS
2-syllable+AM	གནས་པའི་	B-ES
3-syllable+AM	མ་ཐུལ་པ་བས་	B-B_2-ES
4-syllable+AM	འཛོམས་སྟེང་ལུས་པའི་	B-B_2-B_3-ES

使用8词位的标注集，对前面提到的藏文句子的标注结果如下：

（e）ད་/B ཆོས་/ES སྟི/B ཆོགས་/B_2 རིང་/B_3 ལུགས་/E ཀྱི་/S སྟི/B ལ་/B_2 དང་/B_3 བའི་/M ལས་/M ལུགས་/E དང་/S ཉིམ་/S བསྒྲུན་/S ཐོལ་/S སྟོད་/S ཀྱི་/S ཅ་/B དོན་/E མཐབ་/B འཐོབས་/E བྱས་/S ཡོད་/S ༡/S

4.2　特征模板集

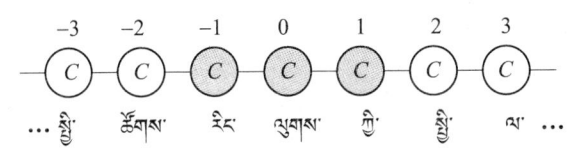

图3　藏文分词中三个音节的上下文窗口示意

在第 3 节中，我们提到了特征函数 $f(h, t)$，在条件随机场模型中，这一系列的特征函数都由特征模板生成。特征模板集用于确定当前标签依赖于上下文中的哪些因素。藏文分词中三个音节的上下文窗口如图 3 所示。在本文中，我们将比较不同长度的上下文窗口对分词性能的影响。三个音节的上下文窗口和五个音节的上下文窗口对应的特征模板集分别如表 6 中的 TMPT-6 和 TMPT-10 所示。

表 6　　　　　　　　藏文分词的两种特征模板集

	类别	特征模板	说明
TMPT-6 （三音节窗口）	Unigram	$C_n, n = -1, 0, 1$	前一个音节，当前音节，下一个音节
	Bigram	$C_n C_{n+1}, n = -1, 0$	前一个和当前音节的组合， 当前和下一个音节的组合
		$C_{-1} C_1$	前一个和后一个音节的组合
TMPT-10 （五音节窗口）	Unigram	$C_n, n = -1, 0, 1$	前一个音节，当前音节，下一个音节
		C_{-2}	前面第二个音节
		C_2	后面第二个音节
	Bigram	$C_n C_{n+1}, n = -1, 0$	前一个和当前音节的组合， 当前和下一个音节的组合
		$C_{-1} C_1$	前一个和后一个音节的组合
		$C_{-2} C_{-1}$	前两个音节的组合
		$C_1 C_2$	后两个音节的组合

5　实验与分析

本文的工作中使用了人工切分的藏文分词语料库，语料按表述风格分为口语和书面语两类，其中口语语料主要包括了小说、民间故事、笑话集、小学课本和部分其他口语句子，书面语料主要包括资本论、政府工作报告、科学发展观读本和一些新闻报道。在实验中，将首先使用 k-fold 交叉验证方式选择合适的参数，用于后续的封闭测试和开放测试。我们还将比较不同的上下文窗口和标注集、语料规模等训练配置对系统性能的影响。

我们将上述两类语料分别依据其所在行行号依次放入 7 个 HASH 桶中，各形成 7 个切片，其中前 6 个切片用于 k-fold 交叉验证，以选择合适的参数，在过拟合和欠拟合之间寻找平衡点，另外 1 个切片用于最终的封闭测试和开放测试。关于各个语料切片的基本信息如表 7 所示。

表 7　　　　　实验中使用的藏文分词语料情况

类别	切片	句子数	音节数	词数	平均词长	平均句长
口语	Slice 1	8812	136901	111392	1.23	15.54
	Slice 2	8812	137755	112075	1.23	15.63
	Slice 3	8812	137194	111782	1.23	15.57
	Slice 4	8812	136661	111200	1.23	15.51
	Slice 5	8812	137053	111637	1.23	15.55
	Slice 6	8812	136085	110591	1.23	15.44
	Slice 7	8811	135953	110805	1.23	15.43
小计		61683	957602	779482	1.23	15.52
书面语	Slice 1	2081	39058	28097	1.39	18.77
	Slice 2	2081	38407	27708	1.39	18.46
	Slice 3	2081	39113	28367	1.38	18.80
	Slice 4	2081	38163	27778	1.37	18.34
	Slice 5	2081	39841	28858	1.38	19.15
	Slice 6	2081	39280	28315	1.39	18.88
	Slice 7	2081	39419	28559	1.38	18.94
小计		14567	273281	197682	1.38	18.76
合计		76250	1230883	977164	1.26	16.14

从表 7 中可以看出，实验中所用语料共计约 7.63 万句，约 98 万词 123 万音节字，平均每句包含约 16.14 个音节，平均每个词语包含 1.26 个音节。其中，口语类语料约 6.17 万句，占 80.90%，书面语类语料约 1.46 万句，占 19.10%。口语类语料中各个切片的平均词长均为 1.23；各切片的平均句长为 15.43—15.63，总平均句长为 15.52 个音节。书面语类语料中各切片的平均词长为 1.37—1.39，总平均词长为 1.38 个音节；各切片的平均句长为 18.34—19.15，总平均句长为 18.76 个音节。可见，语料的平均词长和平均句长在同类别的各个切片中差别不大，但在不同类别中有明显的差异。

对每类语料，我们分别采用两种不同的实验配置来比较它们对分词性能的影响，一种 8 词位的标注集配合 3 个音节的上下文窗口，另一种是 6 词位的标注集配合 5 个音节的上下文窗口。

5.1 参数选择

在 k-fold 交叉验证的实验中,我们依次将前 6 个切片中的每一个作为测试集,其他 5 个切片作为训练集。在实验中,我们使用的条件随机场模型的实现是 CRF++ 0.58 版本[①]。使用 CRF++ 工具中的 crf_learn 命令进行模型训练时,由于该命令有多个参数,其中最主要的两个参数是 c 和 f。其中,前者(c)在模型对训练语料的拟合度上寻找一个平衡点,它的值将对模型的性能产生明显的影响;后者(f)设置特征出现次数的截断阈值,在训练语料中出现次数比它小的特征将被认为是噪声而忽略不计。因为训练数据的稀疏性,f 一般取值为 1。对于本文的方法来说,参数选择实际上就是选择一个合适 c,使得得到的标注模型能够在不同的语料上具有一定的适应性。我们将选择在所有切片上的测试平均 F1 值为参数选择的评价标准。

表 8 和图 4 中给出了不同的训练配置得到的标注模型在 6 个切片上的平均 F1 值。从图中可以看出,无论是 3 个音节的上下文窗口配合 8 词位的标注集,还是 5 个音节的上下文窗口配合 6 词位标注集,随着 c 取值的增加,模型的正确率大体上都呈下降趋势。唯一的差别是,口语语料在 $c=2$ 时获得最佳性能,而书面语语料在 $c=1$ 时获得最佳性能。

图 4 使用不同的参数 c 训练在 6 份切片上测试的平均 F1 值

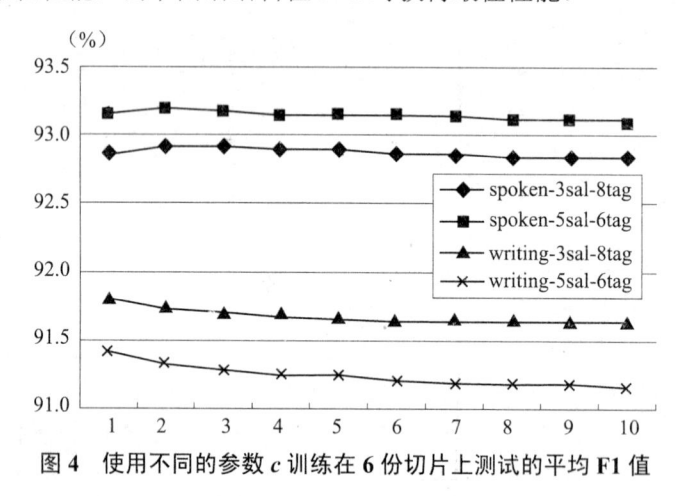

表 8 使用不同的参数 c 训练在 6 份切片上的平均正确率

语料类别	口语		书面语	
窗口宽度	3 音节 (3sal)	5 音节 (5sal)	3 音节 (3sal)	5 音节 (5sal)

[①] http://crfpp.googlecode.com/files/CRF++-0.58.tar.gz.

续表

语料类别	口语						书面语					
标签集	8 词位 (8tag)			6 词位 (6tag)			8 词位 (8tag)			6 词位 (6tag)		
	P(%)	R(%)	F1(%)	P(%)	R(%)	F1(%)	P(%)	R(%)	F1(%)	P(%)	R(%)	F1(%)
c 1	92.76	92.98	92.87	93.05	93.23	93.14	91.84	91.75	91.79	91.47	91.35	91.41
2	92.82	93.01	92.92	93.10	93.27	93.18	91.79	91.68	91.74	91.41	91.27	91.34
3	92.83	92.99	92.91	93.08	93.26	93.17	91.77	91.64	91.70	91.34	91.21	91.28
4	92.81	92.97	92.89	93.07	93.23	93.15	91.74	91.62	91.68	91.32	91.20	91.26
5	92.82	92.96	92.89	93.07	93.23	93.15	91.73	91.59	91.66	91.31	91.18	91.25
6	92.79	92.95	92.87	93.07	93.23	93.15	91.70	91.57	91.64	91.29	91.14	91.21
7	92.78	92.93	92.85	93.06	93.21	93.14	91.71	91.59	91.65	91.26	91.13	91.19
8	92.78	92.92	92.85	93.04	93.19	93.11	91.71	91.57	91.64	91.25	91.12	91.19
9	92.77	92.92	92.84	93.03	93.18	93.11	91.72	91.57	91.64	91.25	91.12	91.18
10	92.76	92.91	92.84	93.02	93.16	93.09	91.70	91.56	91.63	91.24	91.11	91.17

5.2 测试与分析

对于口语语料和书面语语料，使用前述选择的参数，分别将最后一个切片的语料作为测试集，分别进行开放测试和封闭测试，分别采用 8 词位标注集配合 3 个音节的上下文窗口、6 词位标注集配合 5 个音节的上下文窗口两种不同的配置进行测试，统计出来的正确率数据如表 9 中所示。

图 5 中给出了不同的训练配置在两类语料上分别进行开放测试和封闭测试的 F1 值。从图中可以看出，在封闭测试中，在两类语料上，采用 5 个音节的上下文窗口配合 6 词位标注集的方案的正确率都高于另一种方案。在开放测试中，在口语语料上，采用 5 个音节的上下文窗口配合 6 词位标注集的方案比另外一种方案的正确率稍高一些，但在书面语语料上，采用 3 个音节的上下文窗口配合 8 词位标注集的方案的正确率稍高一些。这种不一致的情况可能跟语料的平均词长有关，书面语料的平均词长大一些，更适合使用较多的标签。口语语料的平均词长小一些，更适合使用较少的标签。

表 9 不同训练配置在口语和书面语上的测试的分词正确率

测试类别	语料类别	窗口宽度	标签集	c	P(%)	R(%)	F1(%)
开放测试	口语	5 音节	6 词位	2	93.69	93.83	93.76
	口语	3 音节	8 词位	2	93.37	93.53	93.45

续表

测试类别	语料类别	窗口宽度	标签集	c	P（%）	R（%）	F1（%）
开放测试	书面语	5音节	6词位	1	91.58	91.39	91.49
	书面语	3音节	8词位	1	91.86	91.67	91.77
封闭测试	口语	5音节	6词位	2	98.76	98.82	98.79
	口语	3音节	8词位	2	97.95	98.01	97.98
	书面语	5音节	6词位	1	97.56	97.62	97.59
	书面语	3音节	8词位	1	96.95	96.87	96.91

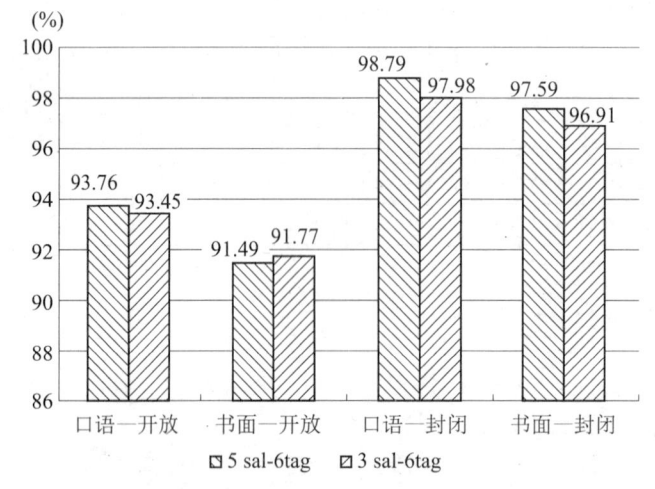

图5 不同训练配置在口语和书面语上的测试的分词正确率F1值

在封闭测试中，两类语料上的正确率都未能达到99%，一定程度上反映了训练语料与测试语料的不一致性，一方面说明语料中存在较多的切分歧义；另一方面也说明3个音节或5个音节的上下文窗口仍然未能完全覆盖语料中所有的上下文依赖关系。

在开放测试和封闭测试中，我们都保持了两类语料中训练集和和测试集的比例，在开放测试中是6:1，在封闭测试中是7:1。但无论是开放测试还是封闭测试，在书面语料上的正确率都要明显低于在口语语料上的正确率。对于口语语料，在开放测试阶段的正确率分别是93.76%和93.45%，而在参数选择阶段最高是93.18%和92.92%，前者明显高于后者。这应该跟训练集的规模有较大的关系，在所有的语料中，口语语料占了80.90%，书面语只占19.10%；而开发测试阶段使用的训练语料要比参数选择阶段多1个切片。语言现象虽然多种多样，但毕竟是有限的，因此，训练语料规模越大，正确率也会越高。对于书面语语料，开放测试的正确率是91.49%和

91.77%，参数选择阶段的最高值是 91.41%和 91.79%，差别并不是太明显，跟书面语语料规模较小有较大的关系。

6　结束语

在本文中，我们将藏文分词转换为对藏文音节进行词位标注的问题，详细阐述了基于条件随机场的藏文分词方法。在实验中，我们采用 k-fold 交叉验证的方法进行参数选择，并对口语语料和书面语语料分别进行了开放测试和封闭测试。实验结果表明，口语语料的平均词长较小，更适合较小的标注集，书面语的平均词长较大，更适合较大的标注集。即便是保持训练语料规模和测试语料规模的比例，较大的训练语料规模仍然能够带来正确率的提升。在后续的研究中，我们将根据藏文文法规则，在模型中加入一些语义特征，以进一步提高分词和标注方法的性能。

注释：

［1］江荻、黄行：《藏语语料库语言学研究》，《中华社科基金课题（97BMZ009）结题报告》，2000 年。

［2］扎西次仁：《一个人机互助的藏文分词和词登录系统的设计》，《中国少数民族语言文字现代化文集》，民族出版社 1999 年版。

［3］罗秉芬、江荻：《藏文计算机自动分词的基本规则》，《中国少数民族语言文字现代化文集》，民族出版社 1999 年版。

［4］江荻：《现代藏语组块分词的方法与过程》，《民族语文》2003 年第 4 期，第 31—39 页。

［5］江荻、孔江平：《中国民族语言工程研究新进展》，社会科学文献出版社 2006 年版。

［6］江荻：《藏语文本信息处理的历程与进展》，《中文信息处理前沿进展——中国中文信息学会二十五周年学术会议论文集》，清华大学出版社 2006 年版，第 83—97 页。

［7］陈玉忠、俞士汶：《藏文信息处理技术的研究现状与展望》，《中国藏学》2003 年第 4 期，第 97—107 页。

［8］陈玉忠、李保利、俞士汶等：《基于格助词和接续特征的藏文自动分词方案》，《语言文字应用》2003 年第 1 期，第 75—82 页。

［9］陈玉忠、李保利、俞士汶：《藏文自动分词系统的设计与实现》，《中文信息学报》2003 年第 3 期，第 15—20 页。

［10］祁坤钰：《信息处理用藏文自动分词研究》，《西北民族大学学报》

（哲学社会科学版）2006 年第 4 期，第 92—97 页。

［11］才智杰：《班智达藏文自动分词系统的设计》，《第十二届中国少数民族语言文字信息处理学术研讨会论文集》，2009 年。

［12］才智杰：《藏文自动分词系统中紧缩词的识别》，《中文信息学报》2009 年第 1 期，第 35—37 页。

［13］孙媛、罗桑强巴、杨锐等：《藏语自动分词方案的设计》，《第十二届中国少数民族语言文字信息处理学术研讨会论文集》，2009 年。

［14］孙媛，罗桑强巴，杨锐等：《藏语交集型歧义字段切分方法研究》，《第十二届中国少数民族语言文字信息处理学术研讨会论文集》，2009 年。

［15］Yuan Sun, Zhijuan Wang, Xiaobing Zhao, et al. Design of a Tibetan Automatic Word Segmentation Scheme. Proceedings of 2009 1st IEEE International Conference on Information Engineering and Computer Science, pp.1–6, 2009.

［16］Yuan Sun, Xiaodong Yan, Xiaobing Zhao, et al. A resolution of overlapping ambiguity in Tibetan word segmentation. Proceedings of 2010 3rd International Conference on Computer Science and Information Technology, pp.222–225, 2010.

［17］陈玉忠：《信息处理用现代藏语词语的分类方案》，《第十届中国少数民族语言文字信息处理学术研讨会论文集》，2005 年，第 24—29 页。

［18］Sithiar Norbu, Pema Choejey, Tenzin Dendup, Sarmad Hussain, Ahmed Mauz. Dzongkha Word Segmentation. Proceedings of the 8th Workshop on Asian Language Resources, pp.95–102, Beijing, China, 2010.

［19］Nianwen Xue, Susan P. Converse. Combining Classifiers for Chinese Word Segmentation. Proceedings of the First SIGHAN Workshop on Chinese Language Processing, pp.63–70, Taipei, Taiwan, 2002.

［20］Nianwen Xue. Chinese Word Segmentation as Character Tagging. Computational Linguistics and Chinese Language Processing, 8(1): 29–48, 2003.

［21］Hwee Tou Ng, Jin Kiat Low. Chinese Part-of-speech Tagging: One-at-a-time or All-at-once? Word-based or Character-based. Proceedings of 2004 Conference on Empirical Methods in Natural Language Processing, pp.277–284, 2004.

［22］Jin Kiat Low, Hwee Tou Ng, Wenyuan Guo. A Maximum Entropy Approach to Chinese Word Segmentation. Proceedings of the Fourth SIGHAN Workshop on Chinese Language Processing, pp.161–164, Jeju Island, Korea,

2005.

［23］Fuchun Peng, Fangfang Feng, Andrew McCallum. Chinese Segmentation and New Word Detection Using Conditional Random Fields. Proceedings of the 20th International Conference on Computational Linguistics, pp.562–568, Geneva, Switzerland, 2004.

［24］Huihsin Tseng, Pichuan Chang, Galen Andrew, Daniel Jurafsky, Christopher Manning. A Conditional Random Field Word Segmenter for Sighan Bakeoff 2005. Proceedings of the Fourth SIGHAN Workshop on Chinese Language Processing, pp.168–171, Jeju Island, Korea, 2005.

［25］Richard Sproat, Thomas Emerson. The First International Chinese Word Segmentation Bakeoff. Proceedings of the Second SIGHAN Workshop on Chinese Language Processing, pp.133–143, Sapporo, Japan, 2003.

［26］Thomas Emerson. The Second International Chinese Word Segmentation Bakeoff. Proceedings of the Fourth SIGHAN Workshop on Chinese Language Processing, pp.123–133. Jeju Island, Korea, 2005.

［27］Hai Zhao, Chang-Ning Huang, Mu Li. An Improved Chinese Word Segmentation System with Conditional Random Field. Proceedings of the Fifth SIGHAN Workshop on Chinese Language Processing, pp.108–117, Sidney, Australia, 2006.

［28］Hai Zhao, Changning Huang, Mu Li, Baoliang Lu. Effective Tag Set Selection in Chinese Word Segmentation Via Conditional Random Field Modeling. Proceedings of the 20th Pacific Asia Conference on Language, Information and Computation, pp.87–94, Wuhan, China, 2006.

［29］史晓东、卢亚军：《央金藏文分词系统》，《中文信息学报》2011年第4期，第54—56页。

［30］Tao Jiang. Tibetan Word Segmentation System Based on Conditional Random Fields. Software Engineering and Service Science (ICSESS), 2011: 446–448.

［31］孙萌、才智杰、姜文斌等：《基于判别式分类和重排序技术的藏文分词》，《第十三届中国少数民族语言文字信息处理学术研讨会论文集》，2011年。

［32］刘汇丹、诺明花、赵维纳等：《SegT：一个实用的藏文分词系统》，《中文信息学报》2012年第1期，第97—103页。

［33］Huidan Liu, Minghua Nuo, Longlong Ma, et al. Tibetan Word Segmentation as Syllable Tagging Using Conditional Random Fields. Proceedings of the 25th Pacific Asia Conference on Language, Information and Computation (PACLIC 2011), 2011: 168–177.

[34] 陈玉忠:《信息处理用现代藏语词语的分类方案》,《第十届中国少数民族语言文字信息处理学术研讨会论文集》, 2005 年, 第 24—29 页。

[35] 扎西加:《信息处理用藏语词类划分研究》, 西北民族大学硕士学位论文, 2006 年版。

[36] 多拉、扎西加、欧珠等:《信息处理用藏文词类及标记集规范(征求意见稿)》,《第十一届中国少数民族语言文字信息处理学术研讨会论文集》, 2007 年, 第 428—440 页。

[37] 扎西加、多拉、大罗桑朗杰等:《〈信息处理用藏语词类及标记集规范〉的理论说明》,《第十一届中国少数民族语言文字信息处理学术研讨会论文集》, 2007 年, 第 441—452 页。

[38] 扎西加、珠杰:《面向信息处理的藏文分词规范研究》,《中文信息学报》2009 年第 23 期第 113—117 页。

[39] 才让加:《藏语语料库词语分类体系及标记集研究》,《中文信息学报》2009 年第 23 期, 第 107—112 期。

[40] 关白:《信息处理用藏文分词规范研究》, 西北民族大学硕士学位论文, 2006 年。

[41] 关白:《信息处理用藏文分词单位研究》,《中文信息学报》2010 年第 24 期, 第 124—128 页。

[42] 扎西多杰、安见才让:《基于 HMM 文词性标注的研究与实现》,《计算机光盘软件与应用》2012 年第 12 期, 第 100—101 页。

[43] 羊毛卓玛:《藏文词性自动标注中歧义问题处理方法研究》,《计算机工程与应用》2013 年第 24 期。

[44] 扎西加、高定国:《藏文文本分词赋码一体化研究》,《西藏大学学报》(自然科学版) 2012 年第 27 期, 第 57—61 页。

[45] John Lafferty, Andrew McCallum, Fernando Pereira. Conditional Random Fields: Probabilistic Models for Segmenting and Labeling Sequence Data.in Proceedings of the Eighteenth International Conference on Machine Learning, pp.282–289, 2001.

[46] Nianwen Xue, Libin Shen. Chinese Word Segmentation as LMR Tagging. Proceedings of the Second SIGHAN Workshop on Chinese Language Processing, in Conjunction with ACL'03, pp.176–179, Sapporo, Japan, 2003.

[47] Huiming Duan, Zhifang Sui, Ye Tian, and Wenjie Li. The CIPS-SIGHAN CLP 2012 Chinese Word Segmentation on Micro Blog Corpora

Bakeoff. Proceedings of the Second CIPS-SIGHAN Joint Conference on Chinese Language Processing, pp. 35–40, Tianjin, China, 20–21 DEC., 2012.

[48] Guangjin Jin and Xiao Chen. The Fourth International Chinese Language Processing Bakeoff: Chinese Word Segmentation, Named Entity Recognition and Chinese POS Tagging. In Sixth SIGHAN Workshop on Chinese Language Processing, p. 69, 2008.

[49] Gina-Anne Levow. The Third International Chinese Language Processing Bakeoff: Word Segmentation and Named Entity Recognition. In Proceedings of the Fifth SIGHAN Workshop on Chinese Language Processing, volume 1, 17. Sydney, 2006.

[50] Hongmei Zhao and Qun Liu. The CIPS-SIGHAN CLP 2010 Chinese Word Segmentation Bakeoff. In Proceedings of the First CPS-SIGHAN Joint Conference on Chinese Language Processing, pp. 199–209, 2010.

[51] 胡书津：《简明藏文文法》，云南民族出版社 2000 年版。

[52] 周季文：《藏文拼音教材（拉萨音）》，民族出版社 1983 年版。

Tibetan Word Segmentation Method Based on Conditional Random Fields

Liu Huidan   Long Congjun   Wu Jian

[Abstract] In this paper, we reformulated the segmentation as a syllable tagging problem, and proposed an approach for Tibetan word segmentation based on conditional random fields. Experiments were made on a corpus including 76250 sentences which include both spoken-style and written-style Tibetan text. The results show that, the 6 tag labeling set is more suitable to spoken-style Tibetan text, while the 8 tag labeling set is more suitable to written-style Tibetan text. Larger training set improves the performances even if keeps the scale ratio between it and the test set.

[Key words] Tibetan Word Segmentation; Inner-word Position Labeling; Conditional Random Fields; Tibetan Information Processing; Chinese Information Processing

藏语分词研究的再认识

龙从军　康才畯

[摘要] 藏语分词研究经历了十几年，研究的思路、方法技术以及成果怎样，分词是否已经基本解决？当前还有什么问题？本文通过回答这些问题，概括回顾了藏语分词研究的各个方面，指出当前藏语分词研究的主要问题所在，提出要重新认识藏语分词研究。可以通过开展分词评测来促进分词水平的提高，使藏语分词能够真正走向实用化。

[关键词] 藏语分词；黏写形式；分词评测

1 引言

国内自1999年开始报道藏语分词原则[1]和分词系统设计[2]，2003年报道藏语分词软件实现[3]。在藏语分词十多年的探索过程中，取得了较大的成就，但是问题也很多。从当前藏语信息处理研究的热点来看，分词问题鲜有学者谈及，是藏语分词问题解决了还是分词不那么重要呢？熟悉藏语的研究者都知道这两个问题并不如人意，首先当前仍然没有一款公开的、实用化的分词软件，其次藏语分词问题仍然是影响后续自然语言处理的瓶颈。从语言类型上看，藏语与汉语一样，需要分词处理，但是也存在一些差异。同汉语相比，藏语有较丰富的标记，有助于分词，这是大多数学者比较熟悉的，也是大家一致认为藏语分词较汉语容易的原因；但同时，藏语存在大量的黏写形式（通常叫缩写词、紧缩格、黏着形式等），所谓黏写形式是因文字拼写规则的限制，导致在拼写时两个词黏附在一起，形成一个音节的情况，不熟悉藏语的学者在技术移植中会忽略这个问题，结果影响了藏语分词的准确度。当前影响藏语语言信息处理的关键问题仍然是基础研究不到位，很有必要重新审视这个问题。谈到汉语分词时，孙茂松等人指出，"汉语自动分词是任何中文自然语言处理系统都难以回避的第一道基本工序，其作用是怎么估计都不会过分，只有逾越这个障碍，中文处理系统才称得上初步打上了智能的印记，构建于词平面之上的各种后续语言分析手段才有展示伸手的舞台，否则，系统便只能被束缚在字平面上，成不了太大的气候"[4]。黄昌宁教授也指出"自动分词是大部分中文信息处理系统的第一步（即前端），是对句子实施句法-语义分析的前提"[5]，这些观点来说藏语的分词一样中肯。因此，本文通过回顾藏语分词的历史与现状，并根据自己的研究心得，谈谈藏语分词的问题。

2　藏语分词的思路

从目前藏语分词研究来看，藏语分词的主流思路是基于词表的分词研究，分词技术上主要利用词典匹配，包括最大匹配法、逆向最大匹配法、双向扫描匹配法、高频优先切分法和最佳匹配法等[6-14]。最近几年，基于统计的藏文分词思路也逐渐被研究者接受，史晓东和卢亚军将汉语分词系统 Segtag 所用的技术移植到藏语分词研究，开发了央金藏文分词标注系统[15]，该系统主要使用隐马尔科夫模型，取得了较为客观的分词正确率，江涛把四词位标注集的词位标注方法引入藏语分词[16]，刘汇丹等同样用词位标注方法，选择了六词位标注集的条件随机场统计模型进行藏语分词[17]，取得了较好的效果。本文作者也选择六词位标注集，采用条件随机场的统计模型，在 50 万音节字的人工切分语料的支持下，进行了藏语分词研究。

3　藏语分词原则及分词词表研究

罗秉芬、江荻于 1999 年首次报道了对藏语分词规范的研究[1]，该文在 500 万音节字的真实文本语料分词实践中归纳出藏语计算机自动分词的三十六条基本规则，值得肯定的是该文并没有刻意讨论什么是词和分词单位，而是从实践的角度归纳出在具体文本分词切分时哪些单位需要切分，哪些单位不便于切分，其优点在于避免了"词"和"非词"概念的纠缠，该分词规则是在藏语分词研究中最早的关于分词原则的研究。从大规模的文本分词的实践要求来看，该规则还需要进一步细化，但是该文较早地提出了分词标准的问题，是难能可贵的，遗憾的是未作进一步的后续研究。可以说藏语分词原则的研究几乎沉寂了十年，直到 2009 年，才又有几篇关于分词原则问题的文章，关白从藏语分词中存在的交集型歧义和组合型歧义谈到藏语分词原则的问题，他回顾了传统文法学家对藏语词的定义，分析了藏语词的构成方式及内部结构，以《咨询用中文信息处理分词规范》《中文信息处理分词之基本词表》《信息处理用现代汉语分词规范》《分词词表》等为参照，讨论了藏语的词、格助词、藏文信息处理和藏语信息处理及分词单位等概念[18]。扎西加等依据藏语词汇的构词规律和特点,提出了一套"适合计算机信息处理的藏文分词规范标准",首先把藏文词类划分为 26 个基本类和 9 个特殊类,在 26 个基本类当中继续细分为不同的子类。该文首先提出了十四个分词的总原则,然后提出分词的细则,在该分词细则中第一级细则共有 35 条规则,60 多条二级和三级规则,是目前藏语分词规则最为详细的讨论。据报道该规则在约 4 万字的语料中实践,取得了较好的效果[19]。关白 2010 年再次提出藏语分词单位的问题[20],该文为藏语分词单位确立了九项基本原则和三项辅助原则,又将藏语词划分为 22 个类,以此为依据,描述了 37 个分词细则。从上述的分词原则的研究可以看出,大多数研究人员想制定一套分词原则去适分词实践,忽略了词或者分词单位在具体的语言环境中的表现是有差别的,分词中的词或者分词单位并不是一成不变的,在具体的实践中有时候需要作为一个分词单位,有时候又不能作为一个分词单位,这就需要在具体的语言环境中做决定。本文作者在研究分词原则时,并不先下决断哪些是分词单位,哪些不是分词单位,而是对大规模文本手工切分总结出一套分词原则,这套规则充分考虑到了分词单位在具体语言环境中所承载的词的结构、语义信息、句法结构及语用等信息,从实践中提炼出一套适合于信息处理的藏语分词原则。

词表对于基于规则的藏语分词研究来说,显得十分重要,一部科学、合理的分词词表是基于规则的藏语分词的前提。那么藏语分词词表研制方面又有哪些研究成果呢?目前并没有一个通用的作为分词用的藏语分词词表,词表的来源主要是一些纸质版词典电子化后,经过一系列的加工处理用作分词词典。卢亚军等人从藏语文本统计的角度出发,以《藏汉大辞典》为蓝本,并综合了其他的一些词典和词表,经过归并、删减审定,得到了 34000 多个词条制作成词表,选词的规则是"最小的""不可划分的"单纯词、合成词以及黏着性词组[21]。陈玉忠等人开发了汉藏英三语对照电子词典,目的是为藏汉机器翻译服务,2000 年时收词约 18 万条,词典包括基本词典和科技词典。江荻等人建立了约 12 万条词的电子词典,目的主要用作藏语分词以及句法研究,并建立了约 3 万词条的语法信息词典,每项词条附加了约 20 条词法与句法属性信息,部分添加了实例[22]。除此之外,还有,汉藏在线翻译多媒体电子词典,洛藏数码公司研发的藏汉英电子词典[23]。这些词典是否能在藏语分词实践中使用,其效果如何,没有看到太多的报道。下面将谈谈那些在分词实践中使用过的、作为分词词表的词典情况。

陈玉忠等提出了基于格助词和接续特征的书面藏语自动分词方案,该方案充分利用藏语接续特征的知识库及分词词典,特征知识库和分词词典共同构成了分词词表,其中,在基于字接续特征的字性知识库中有 14400

个藏文字符,基于句节接续特征的格助词知识库中包括82个格助词及变体,基于词接续特征的分词词典中收录了约10万条词,这些共同构成了分词词表[3]。班智达自动分词词典库共收录词条95968条[14]。史晓东等在研制央金藏文分词系统时,由于从训练语料中获得的词的数量有限,把大约9万词条以频率为1加入训练语料,获得约97800条词作为分词词表[15]。姚徐等也报道收集整理了多部词典,形成月10万词条的大型藏语分词词库[24];刘汇丹等从《藏汉大辞典》《汉藏对照词典》等多部词典中提取藏文词条,增加了一些普通词典未收录但应该作为一个分词单位的藏语语言成分,并通过人工筛选校对后形成了一部约22万条词的分词词典[11]。另外还有一些对分词词典编排格式及存储方式相关的研究,本书作者也建立了约18万词典的词典,并制作成网络版电子词典,同时从手工切分100万词的文本语料中抽取出约4万词条作为基于规则的分词研究。由此,可以看出藏语分词词表的研制虽然获得了很大的成绩,但是问题也很严重,一是基本上都是以现有纸质词典为基础,电子化后稍作改进成为分词词典;二是这些分词词典中的词古今杂糅,方言词不区分,新词新语缺失;三是词条编制缺乏科学一致的手段,不但导致分词结果差距较大,甚至由于以前词典编制或者认识上的错误也进一步传递到了分词实践中。因此藏语通用分词词表的研制还有许多工作需要做,我们在研制分词词表时,明确了分词词表是为现代藏语文本分词而用,少收古词或者不用的词,加大新词新语的收集和整理,而且注重从真实文本中抽取词条,首先通过基本词汇表采用基于规则的分词策略对文本分词,然后人工校对后提取词条充实到分词词表中并不断重复上述的过程,最终获得一个较大的词表。在选择文本时,以今为主,包括小说、故事、新闻、学术论著、期刊、评论等现代文本。

4 藏语分词技术研究

正如汉语分词研究过程一样,藏语分词技术上首先采用的是基于词典匹配的规则方法。在这个分词思想的指导下实现的藏语分词系统及相关介绍的有扎西次仁的分词系统,陈玉忠等的藏语分词系统,才智杰等的班智达藏语分词系统,孙媛等人的分词系统,刘汇丹等人的分词系统。不丹国的Norbu等的宗咔语的分词系统。梁金宝、龙从军的基于规则的古代藏语历史文献分词系统。这些系统实现的技术思路主要是:根据藏语中的各类接续特征,字、词、句各级语言单位之间的天然的切分标记,利用字切分特征、字性库先"认字",再用标点符号、关联词"断句",用格助词"分块",再用词典"认词"。与此类似的方案是组块分词策略,即根据藏语句法形式标记丰富这一特点,可以从高层切入,通过词格标记、名物化标记、动词语尾、指代词、构词词缀、连词等形式标记建立十类藏语句法组块类型,分词时先根据形式标记分块,然后块内分词。在具体操作时又采用了正向最大匹配,逆向最大匹配,双向扫描匹配等不同的策略。陈玉忠等的基于格助词和接续特征的藏文自动分词系统测试结果是:测试集(句)500,测试集(词)5900,错误(词)155,精度(%)97.21,该方案"摆脱词典的束缚,不受领域限制因而具有较强的通用性"[3]。班智达分词系统通过"对85万字节藏语语料的切分,并经人工分析统计班智达自动切分系统对规范文本切分准确率达99%[14]。孙媛等的分词系统通过对435个句子共计4067个词作为测试样本,其结果是,切分歧义有83个,其中交集型歧义73个,组合型歧义10个[25]。刘汇丹等的SegT分词系统,从23万句藏文语料中随机抽取4000个句子,用3000句作为训练,1000句作为测试集。系统分词结果是正确率最高达到96.987%,召回率最高达96.911%,F值最高达到96.9494%,他还分别采用了单向最大匹配、逆向最大匹配和双向匹配消歧的策略,并分别给出了测试的结果数据,说明双向匹配消歧策略最佳;同时指出格助词分块在正向与双向匹配消歧两种策略中正确率反而略微降低,只有在逆向最大匹配中正确率略有提高[11]。

近几年,基于统计的藏语分词研究成果逐渐多起来,首先把统计方法引入藏语分词的是史晓东、卢亚军的央金藏文分词系统,该分词系统把汉语分词系统Segtag的技术移植到藏语分词中,主要采用的隐马尔科夫模型,把分词和标注一体化处理,该系统使用了约2.7M文本和97800条词作为训练语料,对约25K语料进行测试,其分词结果是精确率92.215%,标注精确率为79.342%,分词召回率90.041%,标注召回率79.647%,分词F值91.115%,标注F值79.494%[15]。江涛采用词位标注理论,使用条件随机场模型对藏语进行分词研究。他采用了4词位和10个基本特征、2个附加特征作为特征模板,用2500句人工切分的句子作为训练语料,以225句测试语料进行测试,其结果切分正确率在93.5%[16]。刘汇丹等也采用了条件随机场模型,使用基于规则的分词方法获得的分词语料作为训练语料,共有131903句训练语料,获得一个分词模型;对1000句测试语料测试,其结果是F值达到了95.12%[17]。刘汇丹在博士论文中详细比较了各种方法的分词效果,指出以条件随机场的词位标注方法明显好于其他方法。龙从军、康才畯同样采用条件随机场模型,以人工切分的约15万句文本语料作为训练语料,获得了一个约80M的分词模型,该分词模型注重对藏语中黏写形式的处理,并以正确的分词语料作为训练材料,在分词后处理中加入少量的规则来修正统计方法中因数据稀疏问题导致的错误,测试结果明显好于其他几个分词系统。但从实用的要求来看，这个分词软件还需要进一步完善，需要不断扩大训练语料的规模并对特征模板进行优化。

5 藏语分词的目前的主要问题

第一，对藏语分词的认识要正确。当前普遍认为藏语分词问题已经完全解决，最明显例子就是查看一下各类课题申报，藏语语言处理已经跨入了句法语义等语言处理的高级阶段，这与事实不符。语言处理需要扎实的基础资源，目前没有看到公开、可使用的分词软件，也没有看到公开发布的标注语料库，句法语义标注器就更难见了，这些问题值得大家深思。就拿目前处于热点的命名实体的识别与抽取研究来说，下面这个句子是否能正确抽取命名实体，完全取决于分词效果的好坏。

ཨ་ཞང་ཚེ་དགའ་མཐོང་འཁྲུལ་（次噶舅舅看到后）

应切分还原为：ཨ་ཞང་/ཚེ་དགའ/ས/མཐོང/འཁྲུལ་（次噶舅舅看到后）

ཉི་མ་གསུམ་གྱི་ནང་ལ་ལྷ་སར་གཟིགས་སྐོར་གནང་གྲུབ་ཀྱི་རེད་（三天之内拉萨内参观完毕）

应切分为：ཉི་མ་/གསུམ་/གྱི་/ནང་/ལ་/ལྷ་ས/ར་/གཟིགས་སྐོར་/གནང་/གྲུབ་/ཀྱི་/རེད་ 其中ལྷ་སར要切分为ལྷ་ས/ར。

ཚེས་11ཉིན་གྱི་དགོང་མོའི་ཆུ་ཚོད་8པར་（11日晚上8点钟），其中པར要切分为པ/ར，而8要和པ组合成8པ，才是一个合格的数字，表示序数第八。

再看语义标注问题。同样，语义标注是否可行、标注是否正确也都依赖于藏语分词的正确性。比如下面的句子：

དེ་རིང་ང་རྒྱལ་པོ་ར་རི་མོ་བྲིས་པའི་སྐུད་ཅིག་བཤད་ཀྱི་ཡིན།（天我给大家讲一个关于给国王肖像的故事）

应切分为：དེ་རིང་/ང་/ས་/རྒྱལ་པོ/ར་/རི་མོ་/བྲིས་/པའི་/སྐུད་/ཅིག་/བཤད་/ཀྱི་/ཡིན།

句子中的ས，ར分别是施格标记和与格标记，如果不正确的切分，语义标注难以操作。

上述这些问题都与藏语的格标记与黏写形式密切相关，到底格标记在特定的文本中的地位如何，使用频率如何呢？下面图表是我们对六本历史文献中格标记所占比例统计，可以看出格标记在文本中的比例在20%—25%之间，其重要性就不言而喻了。

由此可见，重新认识藏语分词，包括对黏写形式的处理十分重要，它们将影响语言信息处理后续的各个环节。

第二，藏语分词无评测平台。各研究单位都自称分词效果达到实现程度，却看不到真正的公开的分词软件。藏语分词评测工作到了非做不可的地步，最近几年国家有关部门加大了对少数民族信息处理的资金支持力度，

图 1 格标记占文本比例

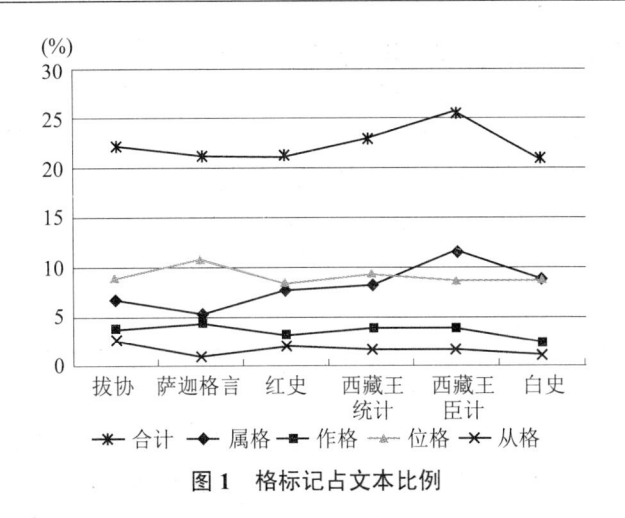

研究藏语信息处理的机构越来越多，研究的领域也越来越广，这种局面有可能出现重复研究和研究上偏离正轨；也可能出现忽视基础研究而追新猎奇的现象。为了防止这些倾向严重化，使各个单位了解同行的水平和技术特点，共享成功的经验和失败的教训，少走弯路，共同进步，建立统一的评测平台显得格外重要。

第三，技术手段要更新。藏语分词主流方法仍然是基于规则的分词技术，先"认字"，再"断句"，利用格助词"分块"再用词典"认词"，这个传统的被认为行之有效的分词方法已经被证明不敌统计方法，格助词分块在正向与双向匹配消歧两种策略中正确率反而略微降低，只有在逆向最大匹配中略有提高[11]。自 2002 年基于字标注方法运用到汉语分词中后，各种基于字标注的分词系统在测评中占优势。2006 年黄昌宁等用条件随机场模型实现的基于字标注的分词系统，在参加的六项分词评测中，夺得了四个第一和两个第三[5]，这是汉语分词思路上的重要变化，不需要考虑分词词表，而是考虑每一个字在字串中的标注问题。每一个字在构造一个特定的词语时都占据确定的构词位置（即词位），如果词首、词中、词尾和单独构词，那么分词问题就转化为对每个字在特定的环境中的词位标注问题，比如一个句子被标注为 BESBESBMES 的话，那么切分自然为 BE/S/BE/S/BME/S。这种分词模型的实现需要在一定的标注语料的前提下进行训练，提取特征模板，获得分词模型后才可能实现。基于词位标注的分词方法，避开了分词词表问题和未登录词的难题，简化了分词系统的设计，却带来了令人满意的分词结果，因此自从 2006 年以后成为主流的分词方法。基于字标注的方法到了 2011 年被引入藏语分词研究中，但是在引入过程中，一些研究者没有把字标注方法与藏语自身特点结合起来，其结果没有较好地处理黏写形式这个与汉语不同的问题，刘汇丹、龙从军、康才畯等针对藏语黏写形式的特点，专门为黏写形式设置了两个单独的词位，成功地把字标注方法运用到藏语分词中，取得了明显的效果。但是问题并没有完全解决，还需要进一步对改进统计模型，优化适合藏语特点的特征模板，提高切分精度。由于字标注理论是基于统计的手段，是靠概率来决定是否切分，切分时比较依赖词的上下文环境，有时候在同一文本中，同一个词有时候正确切分，有时候错误切分。比如：

（1）༢༠༡༢/ལོ/ར/བོད་ལྗོངས་/ཀྱི་/གྲོང་ཁྱེར་/དང་/གྲོང་གསེབ་/ཁོན་ཡོངས་/ཀྱི་/སྡོད་/དམངས་/ཚོ/འི་/gཉུས་ཏོའི་/gབདེ་/ཐང་/ལ/བརྟག་བཤེར་/བྱེད་/ཐུབ/ལ/ཞིང་/

在 2012 年，西藏全部的城市和乡村的居民能获得免费健康检查。

（2）ད་ལོ/ར/བོད་ལྗོངས་/ཀྱི་/གྲོང་ཁྱེར་་/དང་/གྲོང་གསེབ་/ཀྱི་/སྡོད་/དམངས་ཚོ/འི་/gཉུས་ཏོའི་གཉིས་/gབདེ་/རིན་མེད་/མི/འགོས/ལ/gབཏག་བཤེར་/བྱེད་/ཀྱི་/gཏད/ནས/བཀུག་བཤེར་/ཀྱི་/རྣམ་གྲངས་/འཇགས་ཚངས་/དུ/གཏོང་/བ/དང་/།

今年，西藏城市和乡村的居民在免费身体检查方面，检查项目顺利实施。

སྡོད་དམངས་ "居民"一词在上面两个句子中的语境基本一致，但是第一句正确切分，第二句切分错误。

第四，分词所用的训练语料的切分标准需要确定，训练语料规模需要扩大。前面谈到基于字标注的分词方法在藏语分词中初显优势，但是从目前来看，分词训练语料的切分没有统一标准，作为训练语料规模也不大，刘汇丹曾用了约13万句作为训练语料，但是训练语料来自于基于词典匹配切分而获得，正如前文所说，分词词表本身的原因，使切词的合理性值得考虑；再者，错误切分没有得到纠正，使获得的分词结果打了折扣。本文作者使用了约4万句（约60万音节字）人工切分语料作为训练语料，获得的分词模型，经测试，对黏着形式的处理结果是：封闭测试结果准确率为、召回率、F1 值分别为 99.675%、99.64%、0.99655，开放测试准确率、召回率、F1 值分别为 93.207%、87.32%、0.89985，在这个阶段，随着训练语料的增加，各项指标都有明显提高，目前训练语料已经增加到 8 万句（100 音节字）还需要进一步扩充。

总之，藏语分词经历了十几年，获得了一定的成绩，但是远远没有达到应有的要求，需要重新认识这个问题，万丈高楼从地起，希望引起研究者的关注。

注释：

[1] 罗秉芬、江荻：《藏语计算机自动分词的基本规则》，李晋有《中

国少数民族语言文字现代化文集》，民族出版社 1999 年版，第 304—314 页。

[2] 陈玉忠、李保利、俞士汶、兰措吉：《基于格助词和接续特征的藏文自动分词方案》，《第一届学生计算语言学研讨会论文集》，2002 年。

[3] 陈玉忠、李保利、俞士汶：《藏文自动分词系统的设计与实现》，《中文信息学报》2003 年第 3 期，第 15—20 页。

[4] 孙茂松、邹嘉彦：《汉语自动分词研究评述》，《当代语言学》2001 年第 1 期，第 22—32 页。

[5] 黄昌宁、赵海：《中文分词十年回顾》，《中文信息学报》2007 年第 3 期，第 8—19 页。

[6] 扎西次仁：《一个人机互助的藏文分词和词登录系统的设计》，《中国少数民族语言文字现代化文集》，民族出版社 1999 年版。

[7] 陈玉忠，俞士汶：《藏文信息处理技术的研究现状与展望》，《中国藏学》2003 年第 4 期，第 97—107 页。

[8] 江荻：《现代藏语组块分词的方法与过程》，《民族语文》2003 年第 4 期，第 31—39 页。

[9] 陈玉忠、李保利、俞士汶等：《基于格助词和接续特征的藏文自动分词方案》，《语言文字应用》2003 年第 1 期，第 75—82 页。

[10] 陈玉忠、李保利、俞士汶：《藏文自动分词系统的设计与实现》，《中文信息学报》2003 年第 3 期，第 15—20 页。

[11] 刘汇丹等：《SegT:一个实用的藏文分词系统》，《中文信息学报》2012 年第 1 期，第 97—103 页。

[12] 祁坤钰：《信息处理用藏文自动分词研究》，《西北民族大学学报》（哲学社会科学版）2006 年第 4 期，第 92—97 页。

[13] 才智杰：《班智达藏文自动分词系统的设计》，《中国少数民族语言文字信息处理研究与进展——第十二届中国少数民族语言文字信息处理学术研讨会论文集》，2009 年。

[14] 才智杰：《班智达藏文自动分词系统的设计与实现》，《青海师范大学民族师范学报》2010 年第 2 期，第 75—77 页。

[15] 史晓东、卢亚军：《央金藏文分词系统》，《中文信息学报》2011 年第 4 期，第 54—56 页。

[16] Tao Jing. Tibetan Word Segmentation System Based on Conditional Random Fields, Software Engineering and Service Science (ICSESS), 2011: 446–448.

[17] Huidan Liu, Minghua Nuo, Longlong Ma, Jian Wu And Yeping He. Tibetan Word Segmentation as Syllable Tagging Using Conditional Random

Fields. In Proceedings of The 25th Pacific Asia Conference on Language, Information and Computation(PACLIC-2011):168–177.

［18］关白：《浅析藏文分词中的几个概念》,《西藏大学学报》(自然科学版) 2009 年第 1 期, 第 65—69 页。

［19］扎西加、珠杰：《面向信息处理的藏文分词规范研究》,《中文信息学报》2009 年第 4 期, 第 113—123 页。

［20］关白：《信息处理用藏文分词单位研究》,《中文信息学报》2010 年第 3 期, 第 124—128 页。

［21］卢亚军、罗广：《藏文词汇通用度统计研究》,《图书与情报》2006 年第 3 期, 第 74—77 页。

［22］江荻：《藏语文本信息处理的历程与进展》,《中文信息处理前沿进展——中国中文信息学会二十五周年学术会议论文集》, 2006 年, 第 83—97 页。

［23］高定国、关白：《回顾藏语信息处理技术的发展》,《西藏大学学报》(社会科学版) 2009 年第 3 期, 第 18—27 页。

［24］姚徐、郭淑妮等：《多级索引的藏语分词词典设计》,《计算机应用》2009 年第 S1, 第 178—180 页。

［25］Yuan Sun, Zhijuan Wang, Xiaobing Zhao, Et Al. Design of a Tibetan Automatic Word Segmentation Scheme, Proceedings of 2009 1st IEEE International Conference on Information Engineering and Computer Science, 2009:228–237.

Rethinking the Research on the Words-Segmentation in Tibetan Language

Long Congjun   Kang Caijun

[Abstract] Through more than ten years research on the words-segmentation of Tibetan language, what are the achievements in the thoughts, technical approaches and outcomes? Some researchers and departments may want to know if this problem is settled. If not, which problems exist at present? In this article, the authors review various aspects about the words-segmentation in Tibetan language by answering those questions and point out which problems still exist and how to solve them; the key one is to rethink the words-segmentation problem and carry out the words-segmentation evaluation which can promote the words-segmentation level.

[Key words] Words-segmentation in Tibetan Language; Abbreviated Forms; The Evaluation in Words-segmentation

基于网络资源的藏文未登录词识别方法

诺明花 刘汇丹 吴 健

[摘要] 大规模网络语料中的未登录词影响了基于词典的藏文分词系统分词效果。针对这个问题，本文提出基于"自然标注资源"的藏文未登录词识别技术和基于分词碎片的藏文未登录词生成技术。先应用语料中"自然标注"识别出一部分未登录词，进一步通过词缀归并方法以及基于统计的 SEC 算法从预切分的分词碎片中发现未登录词。识别出的候选词与藏文分词词典进行匹配后可以确认是否为未登录词。实验结果表明，本文提出的方法所提取的藏文未登录词辅助于藏文分词词典有效提高分词性能。

[关键词] 藏文信息处理；未登录词识别；自然标注资源

1 引言

未登录词的识别对于各种藏文自然语言处理领域问题不仅有直接的实用意义，而且起到基础性的作用。龙树全[1]等指出在大规模藏文本处理中，会遇到很多机器可读词典中没有收录不能识别的词汇，包括中外人名、地名、机构组织名、缩略语、派生词、各种专业术语以及在不断发展和约定俗成的一些新词语。在大规模藏文文本的自动分词中，未被识别的未登录词是造成基于词典的分词系统错误的一个重要原因。

黄昌宁等[2]在《中文分词十年回顾》一文中提出：（1）在 Bakeoff 数据上的评估结果表明，未登录词造成的分词精度失落至少比分词歧义大 5 倍以上；（2）实验证明，能够大幅度提高未登录词识别性能的字标注统计学习方法优于以往的基于词（或词典）的方法，并使自动分词系统的精度达到了新高。藏文也不例外。未登录词和歧义现象是影响藏文自动分词和自动句法分析精度的主要因素，其中未登录词带来的后果更严重。要想从根本上提高藏文分词效率，解决未登录是关键。基于词典的藏文分词系统中未登录词的识别对整个藏文分词最终的召回率、正确率起着重要作用。

本文针对现有藏文分词系统对大规模网络语料进行分词过程中所遇见

的问题，提出基于"自然标注资源"、藏文词缀归并和分词碎片整合等方法解决藏文自动分词中未登录词的问题，它既是自动分词的后续工作，同时又是更高层次自然语言处理的前期工作。

2 相关工作

目前，命名实体识别方法主要采用的是：基于规则的方法和统计与规则相结合的方法。中文未登录词的识别方法很多。孙茂松[3]的中文姓名自动识别是通过建立姓名资料库进行中文姓名识别；陈小荷[4]的一揽子解决方法是通过计算单字成词概率识别碎片中的未登录词。从这些研究来看，多是对人名、地名、机构名等进行单独的识别研究，缺乏通用性。文献[5]在生语料库中自动获得汉字，Bigram 在字间互信息和 T-测试差的基础上，提出了一种将两者线性叠加的新的统计量 md，并引入了峰和谷的概念，进而设计了相应的分词算法。大规模开放测试结果显示，该算法关于字间位置的分词正确率为 85.88%，较单独使用互信息或 T-测试差分别提高了 2.47% 和 5.66%。杜菁[6]提出基于论坛语料对中文未登录词进行识别的新方法，构造了一个全新的统计量 MD 作为未登录词识别的基本方法。朱明强[7]提出了基于词典和词频分析相结合的未登录词识别方法，用天涯论坛数据构建大规模语料库，并用统计的方法改善未登录词识别效果。

藏语未登录词研究与藏文分词研究同步进行着。藏文分词取得了一定的成果，然而，藏文未登录词自动抽取相关成果发表较少。文献[8]分析藏文中后接成分并提出词缀归并方法；另外，从分词碎片中自动抽取了未登录词，提高藏文自动分词的识别正确率。她们使用的统计方法仅仅考虑了连续出现的碎片频率，大于 2 将碎片整合为一个切分单位输出。本文针对已有藏文分词词典对大规模藏文文本的覆盖率不高的现象，在文献[8]提出的词缀归并方法的基础上，考虑藏文网络文本中大量存在的自然标注，提取一部分藏文未登录词；另外，进一步优化基于统计的未登录词识别方法，将规则与统计方法自动提取到的未登录词作为分词词典的补充资源，提高藏文分词系统在大规模网络资源中的性能。

3 基于自然标注网络资源的未登录词识别技术

"自然标注资源"指互联网上各种用户出于各种交际目的而"制作"出来的各种资源，如网页、论坛、博客、微博、维基百科、社交网络等[9]。它们实际上可以被视作已经加上了某些人工标注，而这些标注是可以为语言信息处理所利用的。在语料中,"空格"、"标点符号"、"句子开头或结尾"、藏文格助词、超链接等可以作为显式切分标记,是所谓的"自然标注",能够提示不少关于词汇的信息。表1给出了四个含有特殊符号的例句。

表1　　　　　　　大规模语料中"自然标注"的部分实例

实例	自然标注
གུང་གོ་བོད་ཀྱི་དུ་ཨི་ཕམ་མགས་འཇུག་དབང་པོའི་སྐྲབས།	标点符号'-'、空格
སྐྱིལ་དུས། 2012-01-17 ཡོང་ཁུངས། བཀམས་པའི་དུ་བ། ཚོང་པ་པོ་ བསྟན་འཛིན།	空格、数字
མི་ཚོས་གཞན་གྱི་སྐྱེད་པ།_སྒོལ་རྒྱུན་སྒོབ་གསོ། གུང་བོའི་བོད་སྐོངས་དུ་བ།	标点符号'_'
།མདོ་སྨད་ལྷ་བོ་ཆེ་ དང་/དུག་པ་ཤེས་བར་བཞགས་པའི་མངོ་སོགས་ནས་ཏེ་སེའི་རི་རོ་རྗེ་རྒྱ། བའི་དཀྱིལ་ཆན་གནས་ཡངས་དཔལ་ཚོན་ཡོང་པ་སོགས་གསུངས་པ་དང་།	标点符号'/'、'、'以及藏文连词'དང་'

另外,html网页中<head>标签里包含keywords、author、source等内容,这些关键词直接给出了人名等未登录词。

除此之外,网络语料中存在如下标注信息,直接提供了确定这些英文机构名、地名的藏文译文:

སི་ཐཨན་སྦོར་ཏེ་སྦོབ་གྲྭ་ཆེན་མོ། (Stanford University)

སན་ཧྲན་སི་སི་ཁོར། (San Francisco)

གུའི་ནེ་ཊི་རྒྱ་མཚོ། (Janet Gyatso)

ཅར་ལེ་སི་རམ་སྦྲེ། (Charles Ramble)

སྨྲའི་ཁལ་ཨེ་རི་སི། (Michael Aris)

ནེཨུ་ཡོག (New York)

རྱར་མེ་ནེ། (Germany)

ཏོ་ཀི་ཡོ། (Tokyo)

ན་རི་ཊ། (Narita)

ཁེ་ན་ཌ། (Canada)

སོག་པོའི་རྒྱལ་ཡོངས་ཚན་རིག་སྦོབ་གཉེར་ཁང་། (The Mongolian Academy of Sciences)

སོག་པོའི་རྒྱལ་ཡོངས་གཙུག་ལག་སྦོབ་གྲྭ་ཆེན་མོ། (Mongolian National University)

括弧中的英文词组有助于保证从其上下文中切分出地名、机构名左边界的正确性。从互联网爬行了三大藏文网站,获取的藏文文本语料规模达100万以上短句,共198万音节;在这些语料中通过"自然标注"定位了很多未登录词,加长度限制、去重后,自动提取了10564条未登录词,有待人工校对。

4 基于分词碎片的藏文未登录词生成技术

定义1:"分词碎片"

假设在切分结果中非单音节的词语都被正确切分的前提下,"分词碎片"是指第一趟切词后形成的若干个(包括一个)连续音节的序列。这些音节可能是未登录词的一部分。

未登录词往往存在于文本经过第一趟分词处理后产生的分词碎片中,未登录词的识别过程就是在分词碎片中寻找相邻而不能再切分的碎片组合,将其连接起来构成未登录词。

4.1 词缀归并藏文未登录词生成方法

本节针对分词中未登录词的后缀单切现象,采用语素+缀归并的方法,将藏文后接成分与前一词(语素)归并为一个切分单位。

藏文文本中后接成分具有较高频率且组词能力极强,引用范围也广。因此,本节主要讨论藏文自动分词中藏文后接成分的处理问题。羊毛卓玛[8]较充分地分析了构成命名实体的藏文后接成分,包括指人名词后缀和构形词缀两种。在文献[8]的基础上本文总结的构成藏文命名实体的后接成分形式如下:

～པ, ～པོ, ～བ, ～བོ, ～མ, ～མོ, ～ཅན, ～ཡུན, ～མཁན, ～ཚུད, ～ཙུས, ～ཆིད, ～ཞེན, ～བད, ～ཚུད, ～ཀ, ～ཀ, ～ཆ, ～ཚོད, ～ད, ～ཆིད

藏文后接成分在藏文中具有较高频率,又不能一一收入词典,在藏文自动分词处理中出现了词缀单切现象,这个会影响分词的正确率,因此对出现的分词碎片采用语素+缀归并的方法,将藏文后接成分与前一词(语素)归并为一个切分单位输出。部分词缀见表2。

表2　　　　　　　　部分组织机构名后接成分

词缀	未登录词
～ཚུད	རྒས་འགྱུར་བརྫོ་ལས་ཚུད།
	གྱུང་གོའི་དྲིལ་བསྒྲགས་ཚུད།
	དར་གྱི་ཚུད།
～ཆིད ～ཞེན	ཞིབ་དཔྱོད་ཆིད།
	གྱུད་བབས་གླུར་སྐུ་ཞེན།
	ཞིབ་དཔོད་ཆིད།

续表

词缀	未登录词
~ཚུས་	ཆབ་སྲིད་ཚུས།
~ཚུའི་	དར་གྱུར་བྱུང་གི་ཆབ་སྲིད་ཚུས།
	རྒྱལ་དབང་མཆོག་དགོན་ཚུའི།

词缀归并方法能够将预切分后组织机构名称中后接成分与对应的语素正确地归并在一起，从而发现语料中潜在的未登录词问题。

4.2 统计算法

本节针对藏文中地名、机构名等未登录词在分词后切分碎片中出现的现象，将多次出现的分词碎片整合为一个切分单位。基于统计的未登录词识别策略步骤如下：（1）对待分词文本进行预切分，未登录词存在于预切分处理后产生的分词碎片中；（2）在切分好的分词碎片中找出重复字串；即统计高频共现词；（3）对重复字串采用 SEC 统计量，判断高频共现词是否为候选未登录词。

如果预切分产生的分词碎片中存在相邻 2—7 音节组合（统计结果显示，通常藏文中 7 个或以内的音节均有可能成词）为高频音节串，它不包含在藏文分词词典中，并且满足统计量 SEC 阈值的话，将连续出现的高频音节串添加到临时词典中。那么，临时词典中哪些高频音节组合是未登录词呢？

本节定义一个统计量 SEC，作为候选未登录词的判断依据，它将搭配度（Collocation）函数和 T-测试（T-test）函数进行线性叠加而构造。对于一个未登录词，如果词串被切分成了若干个藏文音节，那么这几个藏文音节之间的 Collocation 以及 T-test 都很高，并且这几个 Collocation 以及 T-test 的大小比较接近；于是可以用 Collocation 以及 T-test 构造音节扩展可信度来提取一个藏文未登录词。

为了识别藏文未登录词，本文使用 Ying Zhang 和 Ralf Brown 等人[10]提出的关联度（Collocation）度量指标。它可以比较全面地衡量两个语言单位之间搭配程度，其定义如下：

$$\mathrm{Collocation}(w_1, w_2) = \frac{VMI(w_1, w_2)}{H(w_1) + H(w_2)} \qquad (1)$$

其中，VMI 是平均互信息；w_1，w_2 指待衡量的两个语言单元的出现。VMI 定义如下：

$$VMI(w_1,w_2) = P(w_1,w_2)\log\frac{P(w_1,w_2)}{P(w_1)P(w_2)} +$$
$$P(\overline{w_1},\overline{w_2})\log\frac{P(\overline{w_1},\overline{w_2})}{P(\overline{w_1})P(\overline{w_2})} -$$
$$P(w_1,\overline{w_2})\log\frac{P(w_1,\overline{w_2})}{P(w_1)P(\overline{w_2})} -$$
$$P(\overline{w_1},w_2)\log\frac{P(\overline{w_1},w_2)}{P(\overline{w_1})P(w_2)}$$
(2)

其中，$P(w_1,w_2)$ 是 w_1 为第一个单词、w_2 为第二个单词，在原文句子中相邻出现的概率；$P(\overline{w_1},\overline{w_2})$ 是 w_1 和 w_2 都不出现的句子概率；$P(w_1,\overline{w_2})$ 是 w_1 出现，w_2 不出现的句子概率；$P(\overline{w_1},w_2)$ 是 w_1 不出现，w_2 出现的句子概率。

H 指每个词所含的信息量的统计，汉语单词的平均信息量定义如公式（3）

$$H(w) = -[P(w)\lg P(w) + P(\overline{w})\lg P(\overline{w})] \quad (3)$$

可以看出，在 VMI 的计算公式中，前两项表现了对两个词共现有贡献的互信息，后两项表现了对共现有抵消作用的互信息。平均互信息能够综合考虑整个语料库的情况，可以全面地衡量两个词之间的搭配程度。

然而，平均互信息值也只是说明了两个词共现的趋势大小，该值高只能表明 w_1、w_2 同时出现的趋势大，可能它们其中一个或者两个都是高频词，因此，这两个词出现的频率应该被考虑进去。式中分母即是 w_1、w_2 的平均信息量，对平均互信息值起到归一化的作用。

统计量 SEC 中第二个度量指标为 T-测试值，文献[5]给出了中文分词研究的 T–test 公式：

$$t_{x,z}(y) = \frac{p(z/y) - p(y/x)}{\sqrt{\sigma^2[p(z/y)] + \sigma^2[p(y/x)]}} \quad (4)$$

在藏文未登录词识别中，本文应用公式（4）计算 T-测试值，$t_{x,z}(y)$ 表示藏文音节串 xyz 的 t-测试值，其中 $p(z/y)$ 和 $p(y/x)$ 分别是音节串 yz 和 xy 的 Bigram 概率，$\sigma^2[p(z/y)]$ 和 $\sigma^2[p(y/x)]$ 分别是二者的方差。

由公式可以看出，$t_{x,z}(y)$ 求的是 y 与 z 结合的强度和 y 与 x 结合的强度相比谁更大。若 $t_{x,z}(y)$ 大于 0，则 y 与 z 结合的可能性更大一些；若 $t_{x,z}(y)$ 小于 0，则 y 倾向于与 x 结合；若 $t_{x,z}(y)$ 等于 0，则与前结合和与后结合的可能性差不多。

Collocation 在此用于表征两个或多个音节之间耦合程度，T–test 值用于说明统计信息值得信任的程度。将 Collocation 函数和 T–test 线性叠加，发挥两个函数各自的优势，取长补短。因为搭配度和 T 测试值的计算公式和方法不同，它们的值域范围也不一样，对两个函数归一化后分别用 $collocation^*(x,y)$ 和 $T^*(x,y)$ 表示，再构造音节扩展可信度。

定义 2：音节扩展可信度（Syllable Extending Confidence，SEC）

为了协调识别结果的召回率和正确率，构造出统计量音节扩展可信度 SEC 作为未登录识别的依据。评价函数定义如下：

$$SEC = \lambda \times colloction^*(x,y) + (1-\lambda)t^*(x,y) \qquad (5)$$

其中，$\lambda \in [0,1]$，用来优化搭配度统计量和 T 测试原理统计量之间所占比例的配置。

假设句子为 $s_1,s_2\cdots s_i,s_{i+1}\cdots s_n$，$s_1$ 和 s_2 的 SEC 值记为 x；计算 s_2 和 s_3 的 SEC 值，记为 y，若 x，y 值相差很小，并都能满足阈值条件时，则将这三个音节作为一个词，依此类推。

音节扩展后的部分未登录词，还含有出现在开始或者结尾处的噪声，因此用首尾词禁用词表过滤方法过滤左右边界的干扰词项，进一步提高未登录词正确率。

5 实验

藏文分词系统为正确性的判定提供了三个性能指标：正确率、召回率、F 值（正确率和召回率的调和值）。在此基础上，本文构造了未登录词识别性能评价指标如下：

$$P_{oov} = \frac{识别未登录词的正确词数}{识别未登录词的总词数} \qquad (6)$$

$$R_{oov} = \frac{识别未登录词的正确词数}{文本中总的未登录词数} \qquad (7)$$

$$F = 2PR/(P+R) \qquad (8)$$

5.1 参数 λ 的确定

本文的统计算法是用于判定高频共现词是否为未登录词的主要依据，为了协调识别结果的召回率和正确率，需要对公式（5）的参数 λ 进行设定。本文在 [0，1] 之间选用不同的 λ 值，对正确率 P_{oov}、召回率 R_{oov} 和 F 值的性能评价指标进行测试。λ 值对评价指标的影响如图 1 所示。

图 1 参数 λ 的性能测试结果

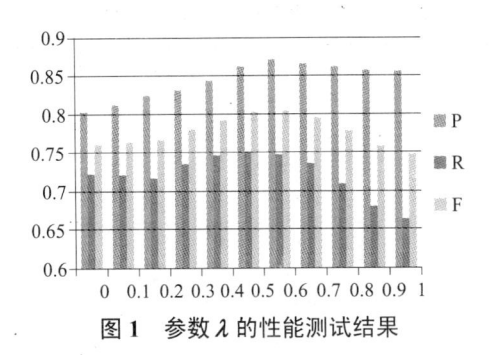

从测试结果可以看出，随着 λ 值逐渐增大，P 的值由大幅度升高又转为稍微降低，在 λ=0.6 的时候达到最高值为 87.09%；R 的值由处于平稳状态转为稍微降低，当 λ=0.5 时候达到最高值为 75.16%；调和值 F 在 P、R 的影响下也呈先升高后稍微降低的趋势。当 λ=0.6 时，各评价指标达到比较满意的结果。同时进一步证明了，基于互信息的统计算法对正确率的影响，以及基于偏信息的统计方法对召回率的影响，分别都起了积极性作用，但只有当两者结合起来才能达到最好的效果。

5.2 未登录词识别性能测试

为了验证本文提出的藏文未登录词识别方法对藏文分词结果的影响，从未登录词识别正确率、未登录词识别召回率、F 值和分词正确率进行分析比较。为了防止测试数据的偶然性因素影响分词结果，本文实验对比所用的语料来自互联网各个不同领域，藏文语料规模为 839838 个字节，含 30 万左右句子。从中随机抽取了 200 个藏文句子作为测试集，用基于词典的藏文分词系统 SegT 初步切分，然后经过反复数次的人工校对，形成标准文本，用于系统评测，所有的结果都是取多次测试平均值。

表 3 中，第一列是加入未登录词识别前后测试语料分词效果。SegT 表示基于藏文分词词典的分词系统，SegT+NA、SegT+RS、SegT+SEC 分别表示先用 SegT 预切分后进一步用"自然标注资源"、词缀归并（root+suffix approach）、统计算法提取未登录词词典，将未登录词词典与标准分词词典结合应用于分词；SegT+NA+RS+SEC 表示上述三种方法提取的未登录词词典合并再应用于分词系统。上述几种方法未登录词识别效果以及对分词性能的影响见表 3。

表 3　　　　　　　　不同藏文未登录词识别方法的影响

	P_{seg}	P_{oov}	R_{oov}	F_{oov}
SegT	0.8512			
SegT+NA	0.8529	0.8804	0.7028	0.7816
SegT+RS	0.8522	0.8792	0.7034	0.7815
SegT+CT	0.8589	0.8709	0.7516	0.8069
SegT+NA+RS+CT	0.8598	0.8823	0.7591	0.8161

表 3 结果显示，应用 SegT+NA、SegT+RS、SegT+SEC 后，藏文分词正确率分别提高了 0.19%、0.11%、0.9%。基于统计的藏文未登录词识别算法 SegT+SEC 召回率有显著提高；将基于"自然标注"、词缀归并以及基于统计等三种藏文未登录词识别方法提取的网络资源中的未登录词作为藏文分词词典的补充进行基于词典的藏文分词时，正确率比 SegT 提高了 1.01%。就目前来说，测试语料规模小。我们从 198 万音节的网络资源中已经抽取了很多未登录词待校正，需要进一步在已有语料中验证统计方法的有效性。就从网络资源中识别未登录词的工作而言，基于"自然标注"的方法和词缀归并方法发挥了各自的作用。实验数据表明它们提取了基于统计方法未能正确提取的部分未登录词。

6　结束语

本文针对基于词典的藏文分词系统在大规模网络资源中分词效果不理想的现象，提出了基于大规模网络资源的藏文未登录词自动识别技术。初步尝试了基于"自然标注"的方法，词缀归并方法以及基于统计的藏文未登录词识别算法；其中基于"自然标注"的方法是在未切分的语料中应用"自然标注"提取未登录词。词缀归并方法和基于统计的方法是在应用 SegT 预切分的基础上，从切分碎片中寻找正确的未登录词。小规模测试语料结果表明，上述三种方法能够提取网络资源中的未登录词，作为已有分词词典的补充，提高基于词典的藏文分词系统性能。

注释：

[1] 龙树全、赵正文、唐华：《中文分词算法概述》，《电脑知识与技术》2009 年第 10 期，第 2605—2607 页。

[2] 黄昌宁、赵海：《中文分词十年回顾》，《中文信息学报》2007 年第

3 期，第 8—19 页。

［3］孙茂松、黄昌宁、高海燕等：《中文姓名的自动辨识》，《中文信息学报》1995 年第 2 期，第 16—27 页。

［4］陈小荷：《自动分词中未登录词问题的一揽子解决方法》，《语言文字应用》1999 年第 3 期，第 103—109 页。

［5］孙茂松、肖明、邹嘉彦：《基于无指导学习策略的无词表条件下的汉语自动分词》，《计算机学报》2004 年第 6 期，第 736—742 页。

［6］杜菁：《基于论坛语料的未登录词自动识别新方法》，西南大学硕士学位论文，2010 年。

［7］朱明强：《基于词典和词频分析的论坛语料未登录词识别研究》，西南大学硕士学位论文，2012 年。

［8］羊毛卓玛、高定国：《藏文自动分词中未登录词处理方法研究》，《计算机工程》2012 年第 17 期，第 46—48 页。

［9］孙茂松：《基于互联网自然标注资源的自然语言处理》，《中文信息学报》2011 年第 5 期，第 26—32 页。

［10］Ying Zhang, Ralf Brown, Robert Frederking, Alon Lavie. Pre-processing of Bilingual Corpora for Mandarin-English EBMT. Proceedings of MT Summit, 2001.

Tibetan Out-of-Vocabulary Word Recognition Methods from Large-Scale Web Resources

Nuo Minghua   Liu Huidan   Wu Jian

[Abstract] Tibetan out-of-vocabulary (OOV) in large-scale web text resource affects the performance of dictionary-based Tibetan word segmentation system. On this issue, this paper presents approaches for recognizing Tibetan out-of-vocabulary. In preprocessing, explicit natural annotation and Tibetan enclitics are used to recognize correct OOV word. Then, OOV words are recognized from word segmentation fragments. Candidate Tibetan syllable string is determined by a newly built statistic function SEC to OOV word. Preliminary experiment shows that proposed approaches recognized Tibetan OOV word effectively and improves the performance of Tibetan word segmentation.

[Key words] Tibetan Information Processing; Out-of-Vocabulary Identification; Naturally Annotated Web Resource

基于统计的藏语分词错误分析

龙从军 兰义湧 赵小兵

[摘要] 笔者使用 IEA-TWordSeg 藏语分词系统对 1271 句子进行封闭测试和 1000 个句子进行开放测试，测试的精确性分别为 99.54%和 92.41%；文章重点描述了切分错误类型并阐述错误切分的原因，给出了不同类型的切分错误的比例，其目的是为分词系统的改进提供参考。

[关键词] 藏语分词；分词错误；歧义切分；黏写形式

1 引言

随着藏语语言信息处理研究的深入，研究者越来越感觉到藏语信息处理的基础研究成果不能满足进一步研究的需要，尤其是藏语分词研究还存在很多问题。主要体现在没有一款公开的分词软件，也没有统一的测试语料和分词测试平台。不研究藏语信息处理的学者也许认为藏语分词问题早已解决，研究藏语信息处理的学者认为这个问题太没有新意，不值得谈。这些认识都会掩盖藏语分词中存在的一些问题。文献[1]曾概括阐述了藏语分词的现状；文献[2]详细描述了不同分词方法的测试结果，指出藏语分词还存在很多问题；本文根据基于词位标注的统计分词系统的测试结果来谈谈藏语分词错误的主要类型。

2 词位分词系统的实现及测试结果

近年来，基于词位标注的分词研究方法引入到藏语分词研究中，这极大地提高了藏语分词的精确性。江涛[3]首先提出了使用条件随机场模型、采用四词位标签集进行分词实验，在小规模语料上实验获得了可喜的成果；刘汇丹[4]采用条件随机场模型、采用六词位和八词位标签集进行分词研究，他使用了较大规模的训练语料，对 1000 句语料测试的结果是 F 值达到了 95.12%；我们[5]也采用条件随机场模型和六词位标签集进行黏写形式切分与分词研究,开发了 IEA-TWordSeg 分词系统[6]。与江涛的研究相比,我们为藏语的黏写形式特意设置了两个词位,这两个词位不是以音节为标注单元,而是选取音节内部的特殊部分为标注单元,适合藏语文本特点,深化了词位标注的理论;与刘汇丹的研究相比,我们采用了由人工切分并反复校对了的语料作为训练语料,规模为一百万词次,在此基础上获得的分词模型可信度较高。表 1 和表 2 利用 IEA-TWordSeg 对 1271 个句子的封闭测试和 1000 个句子的开放测试结果。

表 1　　　　　　　IEA-TWordSeg 封闭和开放测试结果

封闭测试结果				开放测试结果			
句子数量	正确率	召回率	F 值	句子数量	正确率	召回率	F 值
1271	99.54%	99.02%	99.78%	1000	92.41%	98.30%	95.19%

3　封闭测试的错误类型分析

如表 1 所示,在封闭测试中,IEA-TWordSeg 的切分正确率为 99.54%,错误主要可以分成四个类:

(1) 由文本书写格式导致的错误。具体来说是因为以ག、གས结尾的句子,没有标点符号,正常情况下用一个空格分隔两个句子之间的分界,但是这个空格往往在操作中被清除,结果使前后两个句子黏在一起,导致了分词错误,比如:

(1a) ང་/ཚོགས་/ཀྱི་/འདུག་ཚོགས་/བྱུང་/༎（误）

(1b) ང་/ཚོགས་/ཀྱི་/འདུག་ /ཚོགས་/བྱུང་/༎（正）

(2a) འདི་ར་/གཞུང་/མ་/མིན་ /འདུགགས་/མ་/གས་སྟེགས་/མར་པོ་/འདུག（误）

(2b) འདི་ར་/གཞུང་/མ་/མིན་ /འདུག་/ གས་མ་གས་/སྟེགས་/མར་པོ་/འདུག（正）

(1a)、(2a) 中འདུག的后面应该有一个空格,但是在文本处理中丢掉了,形成的字串འདུགགས་和འདུགགས不是一个合法的藏语音节或者词,因此分词发生错误。

(2) 由 (1) 产生的连带错误。IEA-TWordSeg 分词系统采用的条件随机场模型,当前词的正确切分依靠其前后的一个和几个词,因此 (1) 中的错误影响到它前后的词,如:

(3a) དེ་རིང་/ང་/ཛམ་གླིང་/ནང་/ལ་/འགྲོ་/ཐུབ་/མིན་/འདུགཉིད་/རང་འགྲོ་/བྱུང་/པ་/འདུག་/གས་/༎（误）

(3b) དེ་རིང་/ང་/ཛམ་གླིང་/ནང་/ལ་/འགྲོ་/ཐུབ་/མིན་/འདུག་ /ཉིད་/རང་འགྲོ་/བྱུང་/པ་/འདུག་/གས་/༎（正）

(4a) སྐྱེ་/བོ་/སྒྲོན་/མེ་/འདུགགས་/མེད་/ཟོག་/མཚོ་/དུག་/བ་/གས་/༎（误）

（4b）ཞིང་/ཆེན/ཞི/འདུག/བག་བེད/བག་ཚམ/མར་/བགས་/བལག/（正）

（3a）、（4a）中由于འདུག的错误，影响了其后面的ཁྱེད་རང་和བག་的切分错误，分别切分成了ཁྱེད/རང་和བག་/བེད。

（3）由黏写形式导致的错误。黏写形式处理十分关键，黏写形式的切分是影响藏语分词正确性的主要原因之一，我们对藏语黏写形式的切分做过专门的研究，在开放测试中，其切分精确性在95.89%[5]，但仍然有一些无法正确切分，这些错误导致了分词切分错误。如：

（5a）ཙྪ་བཟང་/ལས་/གའི་/ཧོག་/ལ་/འཛིན་་/གང་/འདུག/ཡོད་རེད//（误）

（5b）ཙྪ་བཟང་/ལས་/ག/འི་/ཧོག་/ལ་/འཛིན་་/གང་/འདུག/ཡོད་རེད//（正）

（5a）中的ལས་ག是一个常用词，འི也是黏写形式中比较容易处理的。在测试中出现这个错误的原因是当处理以ག，ག结尾的句子时，没有考虑到以ག，ག结尾的音节会带黏写形式，从而导致该类错误。当重新调整规则之后，这个问题很轻易地被解决。

（4）由切分歧义导致的错误。歧义类有交集型歧义和组合型歧义，从封闭测试错误结果看，主要是组合型歧义，即有字串 AB，A、B 和 AB 分别为切分单位时，系统不能正确切分。如：

（6a）ཁྱུ་//བག་/ཤེས་/བདེ་/ལེགས//ནང་/སྲིད་/གཞུང་/རེད་/པས//（误）

（6b）ཁྱུ་//བག་/ཤེས་/བདེ་/ལེགས//ནང་སྲིད་/གཞུང་/རེད་/པས//（正）

（6a）中的ནང་སྲིད་གཞུང་切分为ནང་/སྲིད་/གཞུང་，这样切分在意义上并没有产生歧义，但标准答案中，我们给的是ནང་སྲིད་གཞུང་，ནང་、སྲིད་གཞུང་和སྲིད་གཞུང་在一百万训练语料中出现的次数分别为 45 词次、326 词次和 2 次。由此系统倾向切分为ནང་/སྲིད་/གཞུང་。

上述四类错误的比例情况如表 3 所示。这说明由于文本书写和黏写形式导致的错误及次生错误占据了重要的地位，因此在对文本预处理时，要重视文本中的空格，不要轻易删除；同时在分词后处理模块中还需要加大对黏写形式的处理。

表 2　　　　　　　封闭测试切分错误类型及比例

错误类型	类型 1	类型 2	类型 3	类型 4
错误占比	18.89%	13.33%	22.11%	45.67%

4　开放测试错误类型分析

我们曾对大约 10 万字的文本进行分词的测试，获得的结果为精确度

92.08%，召回率 95.02%，F 值 93.52%[6]，测试文本以政论和历史类材料为主；本文以口语文本为主，其测试结果如表 2 所示，精确度为 92.41%，召回率为 98.30%，F 值为 95.19%，口语文本的测试结果精确度与书面文本基本相似。但由于我们当前的分词模型的训练语料只有 100 万音节字左右，在开放测试中会遇到一部分未在训练语料中出现的词或者音节，尤其是命名实体的出现，必将产生与开放测试结果不一样的错误。

（1）文本书写格式导致的错误

如封闭测试一样，文本书写格式导致的错误难以避免，错误类型也基本一样，此处不再详细阐述。下面详细分析其他类型的错误。

（2）未登录词切分错误

在基于词典匹配的分词算法中，未登录词是指那些未在分词词表中的词，当它们出现在文本中时，无法与词表匹配而导致分词错误；在词位分词算法中，它则是指不在训练语料中，但出现在待切分文本中的词。基于词位标注的统计分词算法已经最大可能地提高了未登录词的切分精确性[7]。然而通过学习获得切分模式，往往受到语料规模、领域的限制，在某种条件下可能出现错误切分。如：

（7a）དད་/ལས་བྱེད་/སྦྱོང་/བརྡར་བུའི་/གཞན་/ཡོད་རེད//（误）

（7b）དད་/ལས་བྱེད་/སྦྱོང་བརྡར་བུའི་/གཞན་/ཡོད་རེད//（正）

（8a）གནངས་ཉིན་ཀ/ཁྱེན་/ན་/མི་/མང་བ་/ཡོད་རེད//（误）

（8b）གནངས་ཉིན་ཀ/ཁྱེན་/ན་/མི་/མང་བ་/ཡོད་རེད//（正）

（7a）、（8a）是 IEA-TWordSeg 系统切分结果，（7b）、（8b）是标准答案，其中སྦྱོང་/བརྡར་བུའི་/应该切分为སྦྱོང་བརྡར་བུའི་（sbyong brdar buvi，培训部），གནངས་ཉིན་ཀ/（gnangs/nyin ka）应该切分为གནངས་ཉིན་ཀ（gnangs nyin ka，后天），这两个词都未出现在 IEA-TWordSeg 的训练语料中，但是སྦྱོང་（sbyong，学习）、གནངས་ཉིན་（gnangs nyin，后天）多次出现，因此出现这种切分错误。

（3）黏写形式切分错误

如封闭测试一样，黏写形式的切分错误不但不能避免，而且可能会更加严重，如：

（9a）དུས་དེར་/འདི་ངར་ཅིག/གཡར་/ན་/འགྲིགས་/པ་འདུག་གས//（误）

（9b）དུས་དེར་/འདི་/ང་ར་ཅིག/གཡར་/ན་/འགྲིགས་/པ་འདུག་གས//（正）

（10a）མོཏྟར་/ཁྱུགས་/ན་/མགྱོགས་པོ་/སླེབས་/ཀྱི་རེད//（误）

（10b）མོཏྟ་ར་/ཁྱུགས་/ན་/མགྱོགས་པོ་/སླེབས་/ཀྱི་རེད//（正）

（9a）中的ངར་（ngar）应该切分为ང་ར་（nga/r，对我），（10a）中མོཏྟར་（mottar 应该切分为མོཏྟ་ར་（mo tta/r，在汽车中）。同时，由于ངར་未正确切分导致了它的前一个词འདི་也切分错误。这是由黏写形式切分错误造成的次生切分错误。黏写形式切分还会出现另一种错误，即非黏写形式当作黏写形式切分。如：

(11a) ཁྱང་/ལགས//བརྙན་པར་/འདི/ཁྱང་མོ་ཆེན་པོ་/འདུག/（误）

(11b) ཁྱང་/ལགས//བརྙན་པར་འདི/ཁྱང་མོ་ཆེན་པོ་/འདུག/（正）

(11a) 中的པ/ར་不应该作为黏写形式切分，བརྙན་པར་（brnyan par，画报）是一个切分单位，由于པར་与高频黏写形式同形，系统错误判断为黏写形式，导致该词切分错误。

(4) 未登录词的黏写形式切分错误

(12a) གཉིས་པ་/སོག་ལེས་/ཞིང་/དུས་/ནས་/བཅད་/དགོས་/རེད་/（误）

(12b) གཉིས་པ་/སོག་ལེས་/ཞིང་/དུས་/ནས་/བཅད་/དགོས་/རེད་/（正）

(13a) དབེ་མཛོད་ཁང་/ལ་/ཨེ་གེ་/ག་གི་འ་/དབེ་ཆ་/མང་ཤོས་/ཡོད་རེད/（误）

(13b) དབེ་མཛོད་ཁང་/ལ་/ཨེ་གེ་/ག་གི་འ/དབེ་ཆ་/མང་ཤོས་/ཡོད་རེད/（正）

(12a)、(13a) 中的སོག་ལེས་，ག་གི་འ་应该切分为སོག་ལེ་（sog le/s，锯子/用），ག་གི་འ（ga gi/vi，哪一个/的）。由于སོག་ལེ་和ག་གི་未出现在训练语料中，而后面又附着黏写形式，两个问题交织在一起，导致切分错误。但很难说清楚两者之中，哪一个占主要因素。

(5) 切分歧义造成的错误

切分歧义的研究在自动分词研究中十分重要。藏语自动分词中，阐述歧义切分研究的文献不多，文献[8]简要的谈到藏语分词中的交集型歧义和组合型歧义，并指出了造成歧义的原因，但是阐述不全面也不细致；文献[9]阐述了利用词频信息对藏语交集型歧义字串切分，但仍然遇到不少问题；文献[10]在利用词频信息的基础上，提出词频+动词优先切分原则和拆分+进字组合切分原则对交集型歧义字串消歧，据说显著提高了歧义字串切分的准确率。本文目的并不是讨论切分歧义的消歧方法，而是对各种歧义现象分类并以实例全面而细致描述。

首先看链长等于1的交集型歧义字串切分情况。在字串 ABC 中，AB∈W，C∈W，ABC∈W（w 表示切分单位，下同），ABC 切分成 AB/C，如：

(14a) ང་ཚོ་/ཅང་མ་/སློབ་གྲྭ་བ་/གསར་པ་/ཡིན/（误）

(14b) ང་ཚོ་/ཅང་མ་/སློབ་གྲྭ་བ་/གསར་པ་/ཡིན/（正）

(14a) 中སློབ་གྲྭ་བ་（slob grwa ba，学生）被切分成了སློབ་གྲྭ་/བ་（slob grwa/ba，学校/名物化标记或者奶牛）；这种类型中还包括 ABC∈w，AB∈w，c∈w，ABC 为未登录词，ABC 切分结果为 AB/C。如སྔ་སང་སང་（snga sang sang，很早）被切分为སྔ་སང་/སང་（snga sang / sang）。

在字串 ABC 中，AB∈W，C∈W，ABC∈W，ABC 切分为 A/BC，这种错误理论上是存在的，在我们的测试中没有遇到。

在字串 ABC 中，AB∈W，BC∈W，ABC∉W，AB/C 被切分成了 A/BC，如：

(15a) ཁྱེ་དེ་དང་གཞན་པ་ཡུལ་གཅིག་པ་ཡིན/ （误）

(15a) ཁྱེ་དེ་དང་གཞན་པ་ཡུལ་གཅིག་པ་ཡིན/ （正）

(15a) 中的གཅིག་པ་ཡིན（gcig pa，一样）被切分成གཅིག/པ་ཡིན/（gcig/pa yin，一/体标记）。

在字串 ABC 中 AB∈W，BC∈W，或者 A∈W，BC∈W，ABC∉W，ABC 不被切分或者切分为 AB/C，比如：གསར་པ་ཡིན（gsar pa yin）和རང་ཉལ་ཁང（rang nyal khang）应该切分为གསར་པ་ཡིན（gsar pa/yin）和རང་/ཉལ་ཁང（rang / nyal khang，你/卧室），但系统未切分；རང་སྔན་མ（rang sngan ma）应该切分为རང་སྔན་/མ（rang/sngan ma，你/首先），但系统切分为རང་སྔན་/མ（rang sngan/ma）。

在字串 ABC 中，A∈W，B∈W，C∈W，AB∈W，BC∈W，ABC∈W，ABC 被切分为 A/B/C、AB/C 或者 A/BC，如གི་ཡོད་རེད（gi yod red）期望切分为གི་ཡོད་རེད（gi yod red），实际切分为གི་ཡོད་/རེད（gi yod/red）。

链长大于 1 的歧义切分错误，理论上应该存在，但在测试中没有发现，原因可能是我们设置了平均词长为 2 两个音节的切分方式，从而大大降低了链长大于 1 的交集型歧义。

在歧义字串 AB 中，A∈W，B∈W，AB∈W，AB 被切分为 A/B，比如：ང་མ་ཆེན་ཡིན/中的མ་ཆེན（ma chen）被切分为其中的མ/ཆེན，མ 和 ཆེན 都是高频词。这种错误最容易出现在一个句子的结尾。由于本文所用材料选自拉萨口语文本；拉萨话的时体标记丰富，我们把这些标记作为一个切分单位处理，但是它们本身又由高频的助词、格标记和判断、存在类动词构成，因此就会产生组合型歧义字串，如：པ་རེད་ཡིན，གི་ཡོད་ཡིན，གྱི་རེད་ཡིན，ཡོད་རེད，གྱི་ཡོད/ མེད/ འདུག 等。

(16a) ཕལ་ཆེར་ཀླུ་པ་ལགས་གྱི་རེད/ （误）

(16b) ཕལ་ཆེར་ཀླུ་པ་ལགས་གྱི་རེད/ （正）

(17a) རང་གི་ནང་/མ་/ནང་མི་/ཤུ་/ཤུ་/ཡོད/ （误）

(17b) རང་གི་ནང་/མ་/ནང་མི་/ཤུ་/ཤུ་/ཡོད/ （正）

(16a)中གྱི་རེད（kyi red）当作一个切分单位，但系统切分成གྱི་/རེད（kyi/red）。(17a)ནང་མི（nang mi，家人）是一个切分单位，但系统切分为ནང་/མི（nang/mi）。

在歧义字串 AB 中，A∈W，A 或者 B∉W，AB∈W，AB 被切分为 A/B，AB 往往属于未登录词，如：

(18a) འདི་གྱད་/ཚོའི་/སློབ་དེབ་/གསར་པ་/རེད/ （误）

(18b) འདི་གྱད་/ཚོའི་/སློབ་དེབ་/གསར་པ་/རེད/ （正）

(18a) འདི་གྱད（vdi gyad）不在训练语料中，其中的འདི་属于高频词，གྱད 很少见，结果系统切分为འདི་/གྱད（vdi gyad）。

在歧义字串 AB 中，A∈W，B∈W，AB∉W，AB 未被切分。

（19a）ཀྲུབ་/ལགས་/ཀྱི་/ཡའི་མ་/རེད་// （误）

（19b）ཀྲུབ་/ལགས་ཀྱི་/ཡའི་མ་/རེད་// （正）

在歧义字串 AB 中，A∈W，B∈W，AB∈W，AB 根据语境有两种切分，可以切分成 AB 或者 A/B，比如

（20a）གཉིས་/ཡིན་ནའི་/བསྒྲུབ་/ན་/བཞག་/ཀྱི་རེད་// （误）

（20b）གཉིས་/ཡིན་ནའི་/བསྒྲུབ་/ན་/བཞག་ཀྱི་རེད་// （正）

（20a）中的ཡིན་ནའི་我们认为切分不正确，至少说不是很好的切分，在这种上下文情况下，切分为（20b）的结果更好，但是在ཡིན་ནའི་/གལགྱི་སྲ་/ཚར་ཆོ་ད་/ཏུར་ཤོ་/གཞིག་/སྨྱུག་/པ་ནེད་// （正）中，ཡིན་ནའི་更倾向于作为一个切分单位。

以上是开放测试分词错误的各种类型，各种错误类型的比例如表 4 列举了各种类型错误的百分比。从表中可以看出，在开放测试中分词歧义切分错误占主要地位，其中组合型歧义切分占比最高，达到了 47.66%（包括 A∈W，B∈W，但 AB∉W），这是值得关注的，这个比例与我们采用的口语性质的材料有密切关系，应为时体标记很容易产生组合型歧义，但是如果是书面文本这种错误会大大降低。

表 3　　　　　　　　　　开放测试切分错误类型

错误类型	类型 1（文本书写）	类型 1（未登录词）	类型 2（黏写）	类型 3（未登录黏写）	类型 4 交集型	组合型
错误占比	12.26%	18.30%	14.04%	5.96%	12.04%	37.40%

5　结语

本文采用 IEA-TWordSeg 藏语分词系统，选取拉萨口语文本进行封闭测试和开放测试，重点讨论了测试中分词切分错误类型及比例。下一步我们将对大规模的其他类别文本进行分词，并对错误切分分析，在此基础上进一步优化分词训练语料，在扩大规模的同时力求完成标准切分语料和公共测试语料。

注释：

[1] 龙从军：《藏语文本信息处理的几个关键问题》，《科研信息化技术与应用》2012 年第 4 期，第 51—58 页。

[2] Congjun Long, Caijun Kang, Di Jiang, The Comparative Research on

the Segmentation Strategies of Tibetan Bounded-Variant Forms Asian Language Processing (IALP), 2013 International Conference on Year: 2013, pp. 243–246, DOI: 10.1109/IALP.2013.75.

［3］Tao Jiang. Tibetan Word Segmentation System Based on Conditional Random Fields. Software Engineering and Service Science (ICSESS), 2011: 446–448.

［4］刘汇丹:《藏语分词研究》,中国科学院大学博士论文,2012年。

［5］康才畯、龙从军、江荻:《基于词位的藏文黏写形式的切分》,《计算机工程与应用》2014年第1期。

［6］Caijun Kang, Di Jiang, Congjun Long. Tibetan Word Segmentation Based on Word-Position Tagging, Asian Language Processing (IALP), 2013 International Conference on Year: 2013, pp. 239–242, DOI: 10.1109/IALP.2013.74.

［7］黄昌宁、赵海:《中文分词十年回顾》,《中文信息学报》2007年第3期,第8—19页。

［8］普布旦增、欧珠:《藏文分词中交集型歧义字串的切分方法研究》,《西藏大学学报》2010年第S1期,第196—197页。

［9］孙媛等:《藏语交集型歧义字串切分方法研究》,《中国少数民族语言文字信息处理研究与发展》,2010年。

［10］羊毛卓玛、欧珠:《一种改进的藏文分词交集型歧义消解方法》,《西藏科技》2012年第1期,第66—68页。

The Analysis on Mistaken Segmentation Based on IEA-TWordSeg System

Long Congjun Lan Yiyong Zhao Xiaobin

[Abstract] In this paper, by using the Tibetan word segmentation system, IEA-TWordSeg, the authors attempt segmentation of the total 1271 sentences in the closed set and 1000 sentences in an open set. The accuracy of testing is 99.54% and 92.41% respectively. The authors describe the wrong segmentation types as well as the causes of the mistakes, and demonstrate the proportion of different types of segmentation errors. The purpose of the article is to provide clues for those who intend to improve the accuracy of Tibetan word segmentation system.

[Key words] Tibetan word segmentation; the segmentation errors; disambiguation segmentation; variant written forms

藏语词语语义相似度计算软件的设计及实现

邱莉榕 姜新民

[摘要] 藏文词语语义相似度计算是藏文语义研究的一项基础研究。本文介绍了一款可以实现藏语词语语义相似度计算的软件。该软件目标在于对藏语词语语义相似度进行定量描述。整个软件使用 Java 编程语言实现，使用 Swing 技术开发软件界面，采用 MySQL 数据库存储需要的辅助资源。经过实验，在单个藏语词对应与不超过 5 个汉语概念的情况下，取得较好的实验计算结果，初步实现了对藏语词的语义相似度计算。

[关键词] 藏语自然语言处理；HowNet；词语语义相似度；相似度计算软件

1 引言

目前，对藏语进行句法层面和语义层面的研究逐渐成为藏语自然语言处理理论研究的两个主要方向，而词汇语义相似度计算又是语义层面的基础研究内容。由于汉语的意合性，汉语存在语义多元化问题，即同样的词语在不同的上下文中就会表现不同的语义，这为自然语言的自动处理带来了困难。在理论研究和实际应用中为了能够对语义进行定量的标识，需要把词汇之间的相似程度用数字表示。目前词语相似度计算方法可以分为两类：基于统计的方法和基于语义词典的方法。

基于统计的方法建立在 2 个词汇具有一定程度的语义相似并且它们出现在相似的上下文中。这种方法需要通过大量语料训练模型以判断两个词汇所在上下文是否具有相似性。基于语义词典的方法是一种基于规则的方法，是根据人为定义的词语语义信息计算词语间的语义相似度。对于藏语词语相似度计算的研究，由于缺少大规模语料，统计方法的精确程度得不到保证，这使得基于语义词典的方法成为一个可能的突破口。

在藏语领域中目前并没有相关语义资源的建设。但英语、汉语等语言的语义知识库研究经过多年发展，都有不少具有完善语义信息定义规则的研究成果，为相关研究提供丰富的语义资源。我们想到可以利用已经建设好的语义知识库帮助实现藏语词语的语义相似度计算。这需要实现需要计算相似度的藏语词语和知识库中构建的语义信息之间的映射。而已有的汉藏、汉英、藏汉、藏英等对照词典可以帮助实现藏语词到 HowNet 中概念信息的映射。

本文设计并实现了一个可以利用汉藏、藏汉词典的词语对齐资源，从已有的汉英、藏英等词典资源中收集更多的辅助信息完成藏语词和 HowNet 中汉语词的匹配，并使用基于 HowNet 的相似度计算方法实现藏语词的语义相似度计算的计算软件。本文的第二部分将介绍相关的研究内容，第三部分是藏语词语与中文知识库 HowNet 的结合，第四部分是软件中实现的词语语义相似度计算方法和藏语词到 HowNet 汉语概念的映射方法，最后是软件的部分实现细节与实验结果的呈现。

2 相关研究内容

基于统计的方法需要利用大量语料统计词汇规律。由于缺少大量的藏语语料，特别是带标注文本和汉藏、藏英双语对齐文本稀少，使得统计方法在藏语研究中无法产生具有较高可信度的结果。基于语义词典的方法可以解决数据稀疏问题，因而在少数民族文字信息化研究中是一种重要的研究方法。

刘群[1]等通过计算两个义原节点之间的路径长度来获得两个义原的相似度，公式为：

$$sim(w_1, w_2) = \frac{\alpha}{dis(w_1, w_2) + \alpha} \qquad (1)$$

其中 w_1 和 w_2 是需要计算的两个义原，$dis(w_1, w_2)$ 为两个义原在义原层次体系中的路径长度，α 为可调节参数（通常取值1.6）。

Dekang Lin[2] 从 WordNet 的角度提出两个事物的相似度取决于他们的共性和个性，公式为：

$$sim(w_1, w_2) = \frac{\log_p^{common(w_1, w_2)}}{\log_p^{description(w_1, w_2)}} \qquad (2)$$

后期更多的研究则是建立在公式（1）和公式（2）的基础上，进行了诸多的改进工作。例如，文献[3]提出计算义原相似度时，义原在树状义原层次体系中所处深度不同，义原在计算中的重要程度也不同，应该给处于不同深度的义原以不同的权重；文献[4]提出了在知网环境下，通过分析影响词汇相似度计算结果的概念层次树结构，提出了一种同时考虑层次树深度、密度以及语义路径等多因素的义原相似度计算方法，并应用于词汇相似度计算过程。文献[5]通过调整知网的描述语言结构，提出补充义原是对基本义原的语义补充，其计算权值应小于基本义原的改进方法。文献[6]中将HowNet的内容利用得更加彻底一些，将义原的反义、对义关系加入到计算方法中，以提高词语相似度计算的精确度。

3 HowNet 与藏语的结合

HowNet 是以英汉双语所代表的概念以及概念的特征为基础的，以揭示概念与概念之间以及概念的属性之间的关系为基本内容的常识知识库。采用其特有的知识词典描述语言（Knowledge Dictionary Mark-up Language，KDML）描述概念。我们在表示一个汉语词语语义的复杂程度时，通常会列举一个词语"打"，在 HowNet 中存在多达 30 个概念，表 1 列举了部分概念示例：

表 1　　　　　　　　　词语"打"的部分概念举例

序号	词语	示例	概念
1	打	打哪儿来	{FuncWord|功能词: LocationIni＝{？}}
2	打	打今天起	{FuncWord|功能词: SincePoint＝{？}}
3	打	打捞	{TakeOutOfWater|捞起}
4	打	打进城去	{attactk|攻打}
5	打	打地基	{build|建造}
6	打	打酱油	{buy|买}
7	打	打猎	{catch|捉住: RelateTo＝{animal|兽}, domain＝{agricultural|农}}

概念中可以表示为"英文\|中文"的部分是用于描述一个"概念"最小意义单位——义原以及一些表达概念语义的符号。HowNet 是面向英汉双语的语义知识库，本文目标在于设计并开发可以计算藏语词语语义相似度的软件，需要利用语义信息对藏语词语进行相似度计算。在这其中关键的部分是将汉语词的概念定义和藏语词匹配。

HowNet 中表示一个词语的形式（以"打猎"这个词语为例）如表 2 所示：

表 2　　　　　　　HowNet 中"打猎"的主要表示形式

描述标志	描述内容
W_C（汉语词）	打猎
W_E（英语词）	Hunt
G_C（汉语词性）	verb
G_E（英文词性）	verb
DEF（概念定义）	{engage|从事:content={catch|捉住:RelateTo={animal|兽}，domain={agricultural|农}}}

利用 HowNet 中的语义信息进行计算时，需要将藏语词和适当的 HowNet 汉语词匹配，然后将 HowNet 中汉语词的概念定义提取出来，这样可以解决大部分藏语词语的语义定义问题，对于无法映射到汉语上的特殊藏语词，需要为它们制定更加具体的语义定义。表 3 是将藏语词与概念定义匹配后的示例（这里使用词语"ནགས་པ་"（打猎）作为示例）：

表 3　　　　　　　藏语词与概念定义的匹配表示形式

描述标志	描述内容
W_C	打猎
W_E	Hunt
W_T	ནགས་པ་
DEF	{engage|从事:content={catch|捉住:RelateTo={animal|兽}，domain={agricultural|农}}}

为藏语词添加语义概念定义过程关键的部分就是藏语词到汉语概念的准确匹配。通常，藏语词和汉语词的对应形式有 3 种表现形式：
① 藏语词语和汉语词语一一对应；
② 一个汉语词对应多个藏语词；
③ 一个藏语词对应多个汉语词。
其中，②和③两种情况在藏语词和汉语词的匹配中，由于语义的多元性使得存在这种情况的词语在计算过程中会出现较大的误差，我们在开发软件过程中添加了融合词性和英文信息的藏语词到具有语义概念的汉语词的映射方法。

4 软件功能实现模块理论基础

4.1 基于 HowNet 的词语相似度计算

HowNet 将一个词的义原描述式可以分为两个部分：基本义原描述式和关系义原描述式。从计算上考虑，可以将基本义原描述式再分为两个部分：主要描述式和次要描述式。

主要描述式：概念描述式中的第一个基本义原；将两个概念的主要描述式相似度记为 $sim_1(w_1,w_2)$。

次要描述式：概念描述式中除第一基本义原外的其他基本义原；将两个概念的次要描述式相似度记为 $sim_2(w_1,w_2)$。

关系描述式描述概念与其他义原之间的关系，将两个词语关系义原描述式相似度记为 $sim_3(w_1,w_2)$。

$sim_1(w_1,w_2)$ 的计算方法如公式（3）所示：

$$sim_1(w_1,w_2) = \frac{\alpha \times h}{dis(w_1,w_2) + \alpha \times h} \qquad (3)$$

w_1 和 w_2 表示两个义原，α 为可调节参数，$dis(w_1,w_2)$ 为 w_1 和 w_2 之间的语义距离，h 为 w_1 和 w_2 的在树状义原层次结构中共同父节点的深度。

次要描述式相似度计算采用文献[2]中提出的义原集合相似度计算方法计算，得到 $sim_2(w_1,w_2)$。

关系描述式的分组相对简单，把关系相同的描述式作为一组，然后取出义原内容并使用公式（3）计算得到 $sim_3^i(w_1,w_2)$，如公式（4）所示：

$$sim_3(w_1,w_2) = \frac{\sum sim_3^i(p_1,p_2)}{n} \quad n \text{ 为关系描述式比较的次数,}$$
$$i=1,2,\cdots,n \qquad (4)$$

将主要描述式、次要描述式和关系描述式的相似度的计算结果，按照一定的规则进行整合，计算整体相似度，即两个词语之间真实的语义相似度。整合计算方式如公式（5）所示：

$$sim(w_1,w_2) = \sum_{i=1}^{3} \beta_i \prod_{j=1}^{i} sim_j(w_1,w_2) \qquad (5)$$

其中 $\beta_i(1 \leqslant i \leqslant 3)$，是权重参数，且有 $\beta_1 + \beta_2 + \beta_3 = 1$，$\beta_1 \geqslant \beta_2 \geqslant \beta_3$。

4.2 获取藏语词的 HowNet 的概念定义

4.1 节中介绍的方法是针对汉语词，本文主要研究内容是利用 HowNet 的语义信息进行藏语词的相似度计算。藏语除了字符形式和读音以外，在词语构成上也与汉语有很大不同。第 3 节中提到藏语词和汉语之间的关系主要有三种形式：

藏语词和汉语词一一对应，不存在歧义的问题，可以直接将该藏语词映射到 HowNet 词库中的相应汉语词上，直接使用其对应的概念定义计算词语的语义相似度。

一个汉语词对应多个藏语词，这些藏语词语通常在语义上并不是相同的，在 HowNet 中有很多同一个词语在不同的语境下表现不同的意义的情况，也就导致同样的词形而具有不同的概念定义。在汉语等中语言中会有兼类词等情况，例如"标准"至少有两个意思：可以作为名词也可以作为形容词，比如"我们需要制定一套新的生产'标准'"和"他的整套动作实在太'标准'了"中的"标准"就表达不同的语义，前者是作为名词出现，后者是作为形容词出现，它们在 HowNet 中的概念定义也不相同，如果只是按照词形进行匹配，那最终的计算结果将出现巨大偏差。这时需要实现多个藏语词到汉语语义层面上的映射。我们希望借助相关词典的词语对照信息逐步消除语义多元化的问题，实现汉藏语词汇之间的配对。图 1 介绍了方法的基本流程。

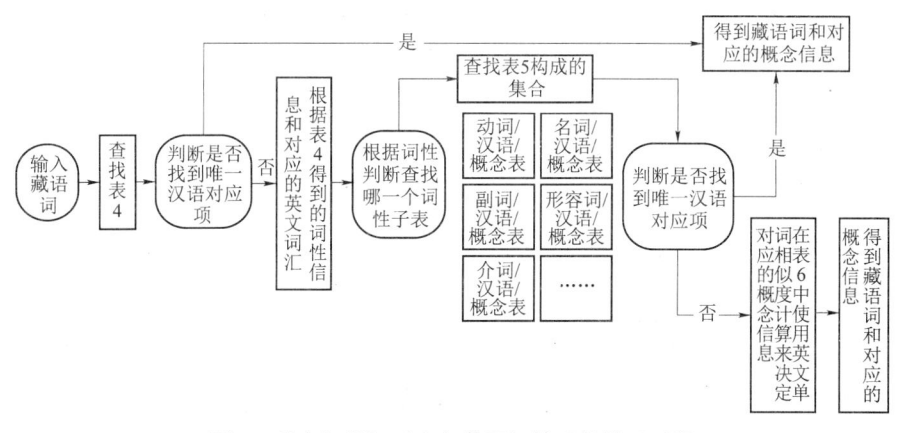

图 1 单个汉语词对应多藏语词情况的处理过程

图 1 中需要查找的三个表格分布如表 4、表 5 和表 6 所示（分别列举部分记录）：

表 4　　　　　藏、汉、英对照信息及词性和概念表

ID	藏语词	汉语词	词性	英语词	概念
1	འཐབ་པ་	打架	verb	Fight	{fight|争斗}
2	དང་པོ་	当初	adv	Originally	{past|过去}
3	ལ་དངས་ལས་གས་	乐坛	noun	Music circle	{community|团体:RelateTo＝｛music|音乐｝}
4	ཁ་གར་བ་	拆散	verb	Fragment	{separate|分离}
5	གང་	船舶	noun	merchant marine	{ship|船:quantity={mass|众}}
6	ང་བས་ན་	大胆	adj	Boldly	{brave|勇}
7	ཡང་རེ་ན་བ་	登峰造极	adj	Of very high level	{BestQuality|最佳}

表 5　　　按词性划分的多个汉语词和对应的概念表（以动词为示例）

ID	汉语词	词性	概念
1	调包	verb	{replace|代替: manner={covert|隐秘}}
2	冬训	verb	{drill|练习: time={ time|时间: TimeSect={winter|冬}}}
3	翻案	verb	{deny|否认: content={text|语文: concerning={admit|承认: content={guilty|有罪}, manner={past|过去}}}}
4	诽谤	verb	{slander|诽谤}
5	告急	verb	{tell|告诉: content={mishap|劫难}}
6	恭迎	verb	{welcome|欢迎: manner={modest|谦}}
7	害人不浅	verb	{damage|损害: manner={strong|强}, patient={human|人}}

表 6　　　　　英语词语和对应的概念表

ID	英文词	概念
1	Rhythm	{Frequency|频度: host={music|音乐}, scope={recreation|娱乐}{sing|唱}}
2	Classic	{publications|书刊: modifier={classic|经典}}
3	Precise	{accurate|精确}
4	Warship	{weapon|武器: domain={military|军}, restrictive={ship|船}}
5	Awfulness	{able|能: scope={urge|促使: ResultEvent={fear|害怕}}}
6	Bitterness	{Taste|味道: host={physical|物质}, modifier={bitter|苦}}

一个藏语词对应多个汉语词的情况，可以按照图 1 所示的过程对该藏语词和合适的汉语词进行匹配，取出概念定义项计算相似度。

5 软件具体功能设计和实现

5.1 功能模块设计

我们在整个方法的基础上开发了可以实现藏语词语语义相似度计算的演示程序——藏语词语语义相似度计算软件 V1.0，目前已申请软件著作权。软件系统模型设计如图 2 所示。

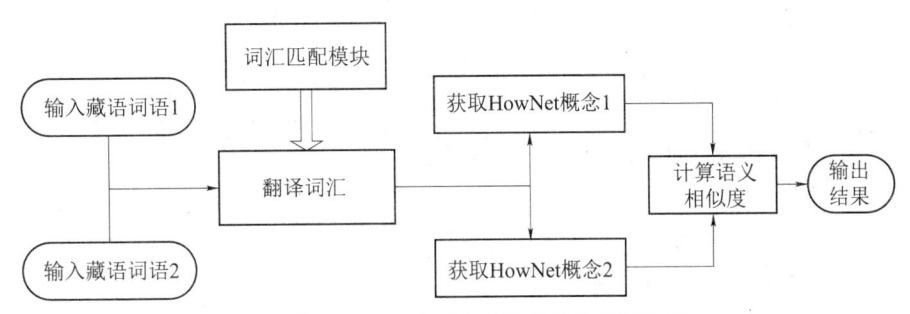

图 2 藏语词语语义相似度计算软件模型设计

如图 2 所示，整个系统的流程应该是在相应的文本框中输入想要计算语义相似度的两个藏语词，点击计算词语相似度按钮，点击计算相似度按钮后，系统对输入的藏文词汇进行翻译，调用词汇匹配模块（即图 1 所示模块的程序包）得到该藏语词对应的 HowNet 对应的概念定义，使用获得的两个概念定义调用实现第 4 节中介绍的计算方法的程序包计算语义相似度，然后在第一个呈现结果的面板区域显示两个藏语词语语义相似度的计算结果。下方区域将会显示所计算词语的语义相似度，程序界面如图 3 所示，图中输入的两个藏语词"ཚོང་ཁང་ཆེན་པོ།"和"ཚོང་ཁང་།"的中文翻译分别为"超级市场"和"百货公司"，它们的语义相似度计算结果约为 0.9567。在另外一个文本框中输入藏语词会输出在语义相似度计算过程中该藏语词使用的概念信息，如图 3 所示该藏语词"ཚོང་ཁང་།"中文释义为"百货公司"，在程序中将提取的概念拆分为第一基本义原、其他基本义原和关系义原，这样就可以从获取到计算过程中使用的计算依据。

本应用程序的目标在于计算藏语词语之间的语义相似度，实现对藏语词语语义相似度的定量描述，内部使用 HowNet 知识库中定义的语义信息作为相似度计算的依据，本程序使用 java 编程语言，使用 Swing 技术开发图形用户界面，使用 MySQL 数据库存储数据，利用 JDBC 技术访问和操作 MySQL 数据库。

整个应用程序共设计了 9 个包，如表 7 所示：

表 7   应用程序包结构

序号	程序包的名称	功能描述
1	muc.nlp.database	主要实现对 MySQL 数据库进行增、删、改和查等操作的封装
2	muc.nlp.similarity	设计了一个用于计算相似度的接口
3	muc.nlp.similarity.util	该包中包含了一些常用的工具类，具体介绍在图 3 下方
4	muc.nlp.similarity.word	此包的程序主要实现两大功能： （1）用于实现词语的字面相似度计算功能 （2）实现图 2 中的调用词汇匹配模块进行词汇翻译的功能
5	muc.nlp.similarity.word.hownet	用于描述 HowNet 知识库内容
6	muc.nlp.similarity.word.hownet_1.concept	用于完成概念解析的包，将 HowNet 概念解析为可以直接计算的第一基本义原、其他基本义原和关系义原等组成部分，以实现对概念的计算
7	muc.nlp.similarity.word.hownet_1.sememe	用于完成义原解析的包，即对在概念解析中得到的各部分义原采用在第 4 节中提出的方法计算词语的语义相似度
8	muc.nlp.ui	图形用户界面所在的包，即图 3 所示运行界面程序的包
9	muc.nlp.Utility	图形用户界面中用到的特殊 Swing 组件包，具体介绍在图 3 下方

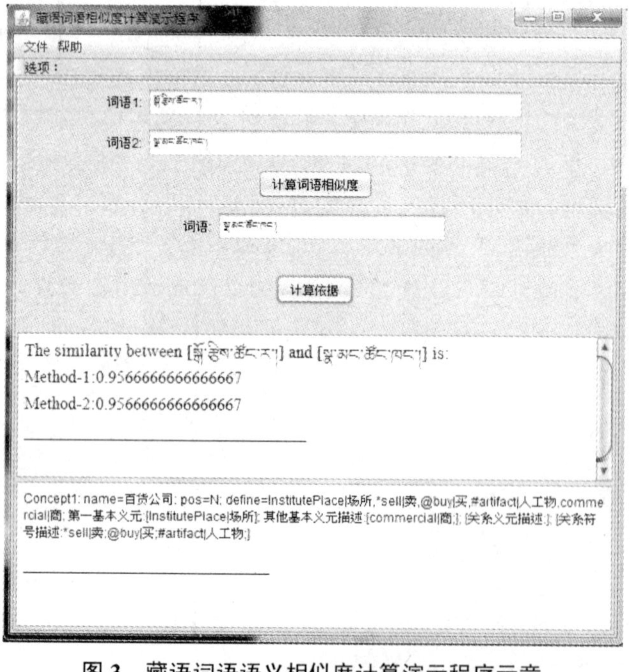

图 3　藏语词语语义相似度计算演示程序示意

其中，在 muc.nlp.similarity.util 包中设计了多个工具类，分别是判断概念是否为空的 BlankUtils.java，进行文件操作的 FileUtils.java，完成数学函数操作的 MathUtils.java，对拼音进行处理的 PinyinUtils.java，对 Xml 文件进行解析和操作的 XmlUtils.java。在 muc.nlp.Utility 包中设计的特殊组件类是指 JPopupTextField 类，其可用于实现 Java Swing 应用程序中在 JTextField 组件上用鼠标右键单击时可以进行粘贴、复制、剪切和全选等快捷操作，该类继承自 JTextField 类，实现 MouseListener 和 ActionListener 两个接口用于实现鼠标单击事件和动作事件的监听。表 8 中序号为 6 和 7 的包为整个应用程序的核心包，muc.nlp.similarity.word.hownet_1.concept 实现 HowNet 中概念的解析，muc.nlp.similarity.word.hownet_1.sememe 实现对义原的解析。其类关系图分别如图 4 和图 5 所示：

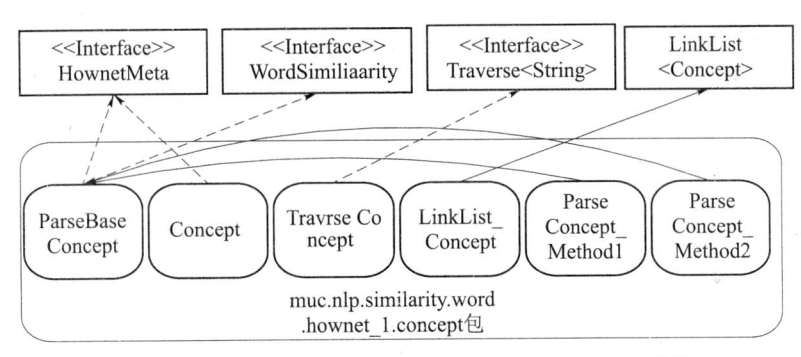

图 4　包 muc.nlp.similarity.word.hownet_1.concept 结构

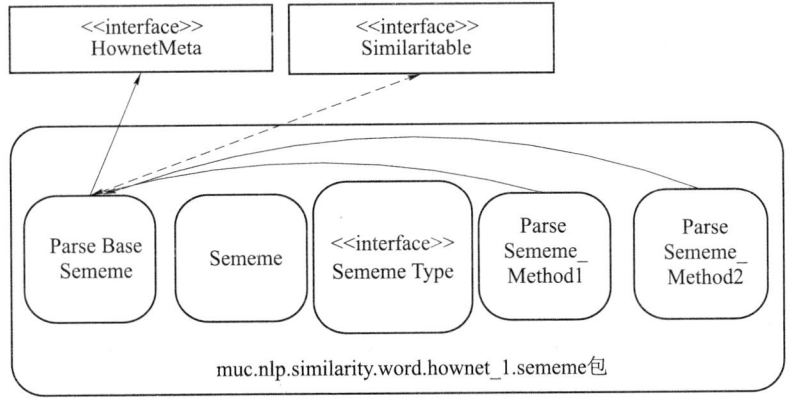

图 5　包 muc.nlp.similarity.word.hownet_1.sememe 结构

两个程序包中各个类的具体功能介绍如表 8 所示：

表 8　　　　　　　　　　　核心包类功能的描述

序号	类名	类描述
1	ParseBaseConcept	是设计用来实现基本的概念解析功能,是具体计算方法中试用的概念解析类的超类
2	Concept	知网的概念表示类
3	TraverseConcept	实现遍历加载概念信息到概念表
4	LinkList_Concept	继承自 LinkedList<String>类,表示用于概念处理的链表式集合
5	ParseConcept_Method1	使用刘群老师设计的相似度计算方法实现的概念解析类,继承自 BaseConceptParser 类
6	ParseConcept_Method2	使用我们设计的方法计算相似度的实现的概念解析类,同样继承了 BaseConceptParser 类
7	ParseBaseSememe	一个基本义原解析抽象类,将所有义原存放在 xml 文件中,可以通过该类的方法访问 xml 文件获取义原信息
8	Sememe	描述知网义原的基本封装对象
9	SememeType	一个义原类型定义的接口,在接口汇总只包含了 10 个常量值
10	ParseSememe_Method1	刘群老师计算义原相似度算法实现了 BaseSememeParser 中定义的抽象方法
11	ParseSememe_Method2	我们设计的义原相似度计算方法实现 BaseSememeParser 中的抽象方法

藏语词语语义相似度计算软件中主要采用了两个方法,分别是:刘群老师提出的方法和我们自己采用的一种方法,在图 3 中,Method-1 为刘群老师提出的算法,Method-2 为我们使用的方法。

5.2　实验结果展示

按照第 4 节中的方法,选取部分词汇作为实验数据,计算它们之间的词语相似度,并将这些词汇的概念定义取出与藏语词组合,完成一个小规模的包含语义信息的词典。表 9 列出了部分的计算结果,试验参数设置如下:

$$\alpha = 1.6,\ \beta_1 = 0.70,\ \beta_2 = 0.20,\ \beta_3 = 0.10$$

表 9　　　　　　　　　　　实验结果

藏语词语 1	汉语释义	藏语词语 2	汉语释义	相似度计算结果
འཁྱེད་ཤིག་དབུས་མ།	赤道	ལྷོའི་སྦྲེལ་འཁོར།	南极圈	0.2029
བརྙན་ལེན་འཕྲུལ།	摄影机	བརྙན་ལེན་ཁང་།	摄影棚	0.3071
བྱེ་སྒྱེ།	沙袋	འཐེན་ཤུགས་སྦྱངས་ཆས།	拉力器	0.6554

续表

藏语词语 1	汉语释义	藏语词语 2	汉语释义	相似度计算结果
གུག་འབེན་པ།	击球员	གུག་འཛིན་པ།	接球员	0.9444
དཔྱངས་ལྕོང་།	吊环	ལྗིད་འདེགས།	举重	0.3055
ས་སྡེར།	硬盘	ནང་ཤུད།	内存条	0.936
མྱུར་སྐྱོབས་ཤོགས།	救护车	སྨན་ཁང་།	医院	0.3112
བློ་ཚོང་ཚོང་ར།	超级市场	ཚོང་ར།	百货公司	0.9567
དཔེ་ཚོང་ཁང་།	书店	ཆང་ཁང་།	酒吧	0.6974

6　总结与展望

藏文是一种具有一千多年历史的拼音文字，是藏族人们交流思想的工具，是世界公认的成熟的文字之一，包含着丰富的信息。但藏语的使用范围并不广泛，对相关的藏文文献保存的不到位，很少有人对藏语进行汉藏或藏英的双语标注，导致可供藏语信息化处理的合适语料数量很少。本文通过实现藏语词到 HowNet 知识库词汇的映射，采用 HowNet 知识库提供的语义概念定义对藏文词语在语义的层面上进行处理，计算藏语词语的语义相似度，解决采用基于统计方法计算词语相似度时面临的数据稀疏问题。本文正是在这样的思路下，通过实现藏语词和 HowNet 中相应汉语词的匹配，开发了基于 HowNet 和汉藏、藏英对照词典的藏语词语语义相似度计算软件。为藏文信息处理在语义层面的研究进行试探性的研究和软件工具的试用性开发。

目前在汉语自然语言处理研究领域中，词汇相似度计算在机器翻译、信息检索、信息抽取、词义排歧、文本聚类、文本分类和本体映射等研究方向上有着广泛的应用。在藏语信息处理的研究中暂时还没有对上述领域进行深入的研究，鉴于词语语义相似度研究的应用性，在相关具体内容研究之前进行方法上探索性的研究，以及进行相关基础资源的建设具有相当的意义。当前的软件试用的只是 HowNet 知识库中提供的浅层藏语语义信息，浅层是指仅仅考虑了 HowNet 中的概念定义信息，而在 HowNet 中有着丰富的语义信息。另外在对输入的藏语词汇进行概念选择时面对单个藏文词汇对应超过 7 个汉语词会的情况的处理效果较差，依然需要添加更多的辅助信息以保证正确的选择概念信息。

注释：

[1] 刘群、李素建：《基于〈知网〉词汇语义相似度计算》，《计算语言

学及中文信息处理》2002年第7期，第59—76页。

［2］Dekang Lin. Information Theoretic Definition of Similarity Semantic Distance in WordNet. Proceedings of the Fifteenth International Conference on Machine Learning, 1998, 296–304.

［3］江敏、肖诗斌、王弘蔚、施水才：《一种改进的基于〈知网〉的词语语义相似度计算》，《中文信息学报》2008年第5期，第84—89页。

［4］蒋溢、丁优、熊安萍等：《一种基于知网的词汇语义相似度改进计算方法》，《重庆邮电大学学报》（自然科学版）2009年第4期，第533—537页。

［5］葛斌、李芳芳、郭丝路、汤大权：《基于知网的词汇语义相似度计算方法研究》，《计算机应用研究》2010年第9期，第3329—3333页。

［6］许云、樊孝忠、张峰：《基于知网的语义相关度计算》，《北京理工大学学报》2005年第5期，第411—414页。

The Design and Implementation of Tibetan Word Semantic Similarity Calculation Software

Lirong Qiu　Xinmin Jiang

[Abstract] Tibetan word semantic similarity computation is a basic research of Tibetan semantic research. This paper introduces a Tibetan word semantic similarity calculation software. The software aims to quantitative description of Tibetan word semantic similarity. The whole software uses the Java program language to implement and uses Swing to develop the GUI and makes use of MySQL database to storage the additional resources which are needed. Through the experiment, in the case of a single Tibetan word corresponds to no more than five Chinese concept, our software can achieve better experimental results, and implement Tibetan word semantic similarity's calculation preliminarily.

[Key words] Tibetan Natural Language Processing; HowNet; Word Semantic Similarity; Similarity Calculation Software

我国藏文网站的发展现状研究[①]

王志娟　冯迎辉　赵小兵

[摘要] 藏文网站是藏族群众传递信息、共享资源的主要途径，也是现阶段藏族文化传承的重要方式。本文通过对现阶段我国藏文网站数量、网站语种情况、网站备案情况、网站类型、网站服务器分布情况以及藏文网站的全球排名和访问量等内容进行全面的分析、研究，总结了我国藏文网站发展所取得的成绩和面临的困难，并对我国藏文网站今后更好地发展提出了若干建议。

[关键词] 藏文；网站；发展现状

1　引言

藏文是一个古老的文字，迄今已有1300多年的历史[1]，藏文被广泛使用在中国西藏、青海、四川、甘肃和云南五个地区以及巴基斯坦、印度、尼泊尔、不丹等国家。改革开放以后，在国家的大力支持和不同领域各民族专家学者的共同努力下，我国藏文信息化进程得到了快速的发展。1999年12月，世界首个藏文网站在我国西北民族学院建立[2]，此后藏文网站如雨后春笋般蓬勃发展起来。而这些网络资源已经成为藏族群众交流信息、共享资源的重要手段。

通过前期的研究发现，我国藏文网站具有一些不同于中文、英文等网站的特点，具体情况如下：

（1）网站数量少

在互联网中，我国藏文网站的数量相对中文、英文网站而言很少，为了保证研究结果的全面性和准确性，在搜集我国藏文网站时务必要搜集到尽可能多的网站。

---

① 本研究由国家语委科研项目（WT125-46、WT125-11）资助。

（2）网站域名结构复杂

网站是因特网上一块固定的面向全世界发布消息的地方，由域名（也就是网站地址）和网站空间（网站服务器）构成[3]。通常而言，一个网站应该拥有一个独立的二级域名，如 sohu.com，三级域名 news.sohu.com 是该网站的子网站，而不是一个单独的网站。前期的研究发现，我国的藏文网站的域名结构具有以下特点：

① 一些藏文网站的域名是个二级域名，如 bodrigs.com 是青海省藏族研究会网站，该藏文网站的域名为二级域名；

② 一些藏文网站的域名是三级域名，如中国西藏网藏文版 tb.tibet.cn 是个三级域名，其二级域名 tibet.cn 对应一个中文网站；

③ 一些藏文网站是二级域名的子目录，如青海红十字医院藏文版 qhrch.com/zw，其二级域名 qhrch.com 对应一个中文网站。

因此，我国藏文网站的域名不仅可以是二级域名，也可以是三级域名或二级域名的子目录。

（3）网站编码复杂

我国藏文网站编码复杂，有 Unicode 编码、班智达编码、同元编码、方正编码等，为了全面掌握我国藏文网站的发展状况，应搜集包含所有编码的我国藏文网站[4-6]。

（4）网站变化频繁

我国藏文网站中个人网站所占的比例较大，其中有些网站的运营资金没有保障，不能保证网站的长期有效性。

鉴于我国藏文网站的以上特点，对其定义如下：

（1）我国藏文网站的域名可以是二级域名、三级域名或二级域名的子目录；

（2）如具有稳定的两级或两级以上目录、目录所包含的网页中藏文所占的比例超过 90%，且网站不显示明显的他国信息（如网站的顶级域名显示为外国），则该网站被定义为我国的藏文网站。

2 我国藏文网站的发展现状

本研究团队自 2008 年开始研究我国的藏文网站，通过计算机自动搜集和人工确认的方法累计搜集到藏文网站 180 余个，除去顶级域名为外国和数据统计当日不能访问的网站，截至 2013 年 10 月，互联网中共有 104 个能正常访问的藏文网站，以下是我国藏文网站的基本情况。

2.1 网站语种情况

由于我国的藏文网站中很多是中文网站的子网站或子目录，因此我国藏文网站的语种情况主要划分为以下几种类型：藏、藏中、藏中英、多语种（网站语种多于四种）、其他。下图是我国藏文网站的语种情况，由图可以看出：我国藏文网站中，纯藏文网站的数量最多，约占藏文网站总数的47%；其次是拥有藏文版、中文版、英文版的网站，约占藏文网站总数的26%；拥有藏文版、中文版的网站约占藏文网站总数的17%；网站文字版本多于四种的多语种网站约占藏文网站总数的5%；其他语种情况的藏文网站约占藏文网站总数的5%。

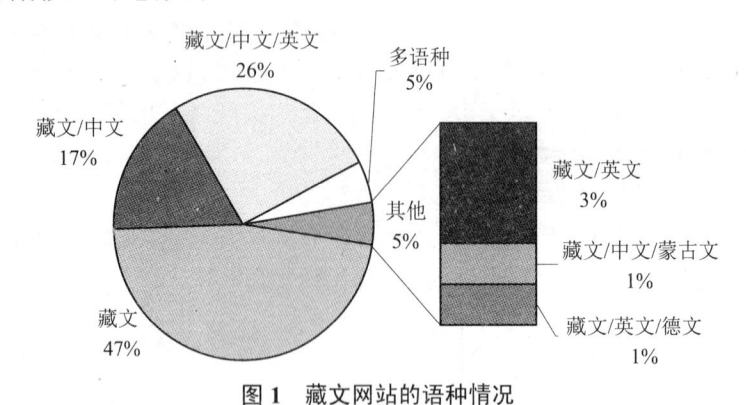

图1 藏文网站的语种情况

2.2 网站域名特点

下图是我国藏文网站的顶级域名的情况，由图可以看出：我国藏文网站顶级域名共有四种情况，其中顶级域名为.com 的藏文网站最多，约占网站总数的55%；其次是顶级域名为.cn 的藏文网站，所占比例约为18%；顶级域名为.org 的藏文网站约占17%；顶级域名为.net 的藏文网站约占10%。

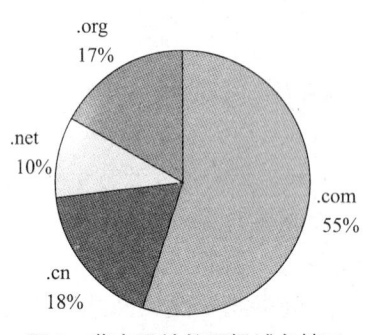

图2 藏文网站的顶级域名情况

下图是我国藏文网站的域名结构情况，由图可以看出：二级域名的藏文网站最多，约占网站总数的 66%；其次是二级域名子目录结构的藏文网站，所占比例约为 19%；三级域名结构的藏文网站约占 13%。

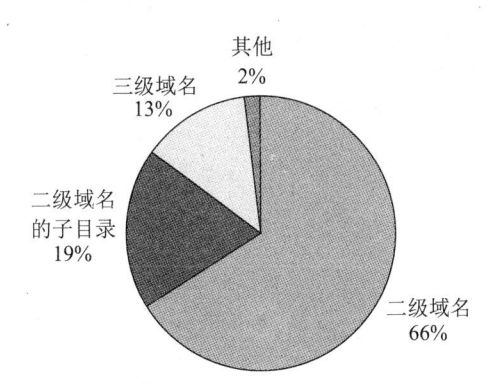

图 3　我国藏文网站的域名结构情况

2.3　网站备案情况

下图所示为我国藏文网站的 ICP 备案情况，可见 65%的藏文网站有 ICP 备案信息。

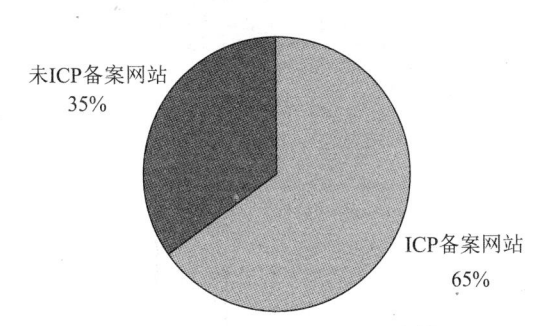

图 4　我国藏文网站的 ICP 备案情况

下图是我国藏文网站的 ICP 备案区域分布情况，由图可以看出：我国藏文网站的 ICP 备案地主要在北京以及我国藏族人口较多的青海、西藏、甘肃、四川、云南等五个省/自治区/直辖市。其中，在青海备案的藏文网站数量最多，约占 ICP 备案藏文网站总数的 52%，其次是在北京备案的网站，其所占比例约为 15%，在四川备案的藏文网站约占 12%，在西藏备案的藏文网站约占 12%，在甘肃备案的藏文网站约占 6%，在云南备案的藏文网站约占 1.5%。

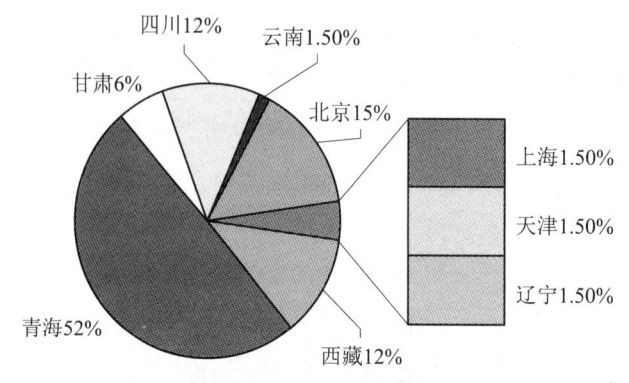

图 5 藏文网站的 ICP 备案区域分布情况

下图是根据 ICP 备案信息得到的我国藏文网站主办单位的性质情况。由图可以看出：由个人主办的藏文网站数量最多，约占网站总数的 46%；其次是由事业单位主办的藏文网站，其所占比例约为 22%；由企业主办的藏文网站约占 17%，由政府机关主办的藏文网站约占 9%，由社会团体主办的藏文网站约占 6%。

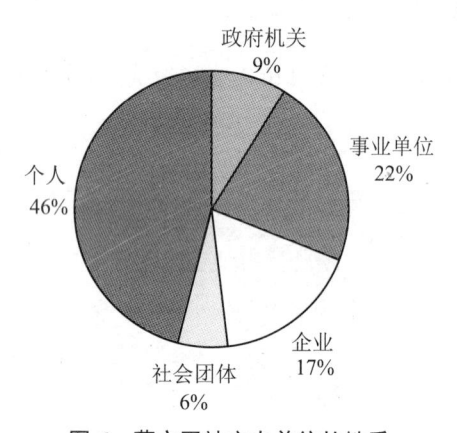

图 6 藏文网站主办单位的性质

2.4 网站类型

根据我国藏文网站的特点，可将我国藏文网站分为以下九类：新闻/综合类网站、民族文化类网站、地方政府门户类网站、商务宣传类网站、教育类网站、视频娱乐类网站、信息服务类网站、博客/论坛类网站、其他。下图是我国藏文网站的类型情况，由图可以看出：民族文化类的藏文网站数量最多，约占藏文网站总数的 50%；其次是有关新闻/综合类的藏文网站，其所占比例约为 12%；有关教育类的藏文网站约占 10%。

我国藏文网站的发展现状研究

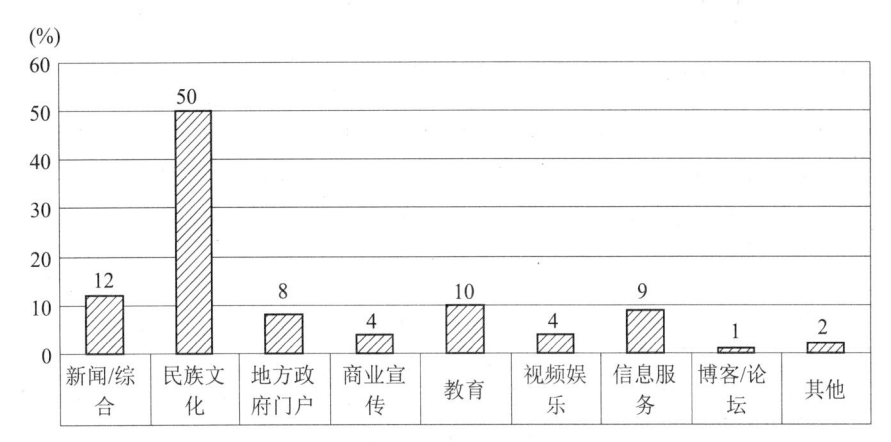

图7 藏文网站的类型

类型	百分比
新闻/综合	12
民族文化	50
地方政府门户	8
商业宣传	4
教育	10
视频娱乐	4
信息服务	9
博客/论坛	1
其他	2

2.5 网站服务器区域分布

下表是我国藏文网站服务器的放置区域分布。由表可以看出：我国67%的藏文网站的服务器在中国大陆、3%的藏文网站服务器在香港、1%的藏文网站服务器在台湾、29%的藏文网站服务器放置在国外。

表1　　　　　　　　我国藏文网站服务器放置区域分布

网站主办单位类型/网站数量	网站服务器放置区域			
	中国大陆 67%	中国香港 3%	中国台湾 1%	国外 29%
政府机关/6	100%			
事业单位/15	100%			
企业/12	100%			
社会团体/4	100%			
个人/31	94%	3%		美国 3%
无备案/36	15%	6%	3%	76%（美国64%、瑞士6%、英国3%、荷兰3%）

其中，网站服务器不在大陆的藏文网站具体情况如下：

（1）网站主办单位为个人的藏文网站中，3%的网站服务器在香港、3%的网站服务器在美国。

（2）没有ICP备案的藏文网站中，6%的网站服务器在香港、3%的网站服务器在台湾、76%的网站服务器在国外。

2.6 网站全球排名及日均 IP 访问量情况

下表所示为以藏族为特色或在藏族地区建设、所属二级域名全球排名前 10 位的我国藏文网站的基本情况，由表可以看出："中国西藏网"是目前排名和访问量第一的藏文网站，"青海湖网"是目前排名和日均访问量较高的纯藏文网站。

表 2　　　　我国藏文网站的排名及访问情况

序号	全球排名	日均IP访问量	藏文网站名称/网址	网站语种	网站类型	网站主办单位	单位性质
1	67358	24000	中国西藏网藏文版 http://tb.tibet.cn/	多语言	新闻	中央统战部	政府机关
2	170059	4800	中国西藏新闻网藏文版 http://tb.chinatibetnews.com/	中、藏、英	新闻	中国西藏新闻网（西藏日报社网络部）	事业单位
3	177246	6600	四川网络广播电视台藏文版 http://kbtvzw.sctv.com/	中、藏	新闻	四川广播电视台	事业单位
4	211921	7200	慈悲佛网藏文版 http://www.zhibeifw.com/Tibetan/	中（简、繁）、藏、英	民族文化（宗教）	李梦琳	个人
5	905166	1620	西藏文化网藏文版 http://zw.tibetculture.net/	中、藏（简、繁）、英	民族文化	中国西藏文化保护与发展协会	社会团体
6	1104969	960	中国藏族网通藏文版 http://ti.tibet3.com/	中、藏	综合新闻	青海日报社	事业单位
7	1463088	600	中国藏语广播网藏文版 http://www.tibetcnr.com/	多语言	新闻	中央人民广播电台	事业单位
8	1490715	360	青海省人民政府门户网站藏文版 http://tibetan.qh.gov.cn/	中、藏	地方政府门户	青海省人民政府信息技术办公室	政府机关
9	3752274	360	青海湖网 http://www.amdotibet.cn/	藏	地方政府门户	海南州藏语文工作委员会办公室	政府机关
10	8003753	840	中国藏学网藏文版 http://www.tibetology.ac.cn/index.php?lang=za	中、藏、英	民族文化	中国藏学研究中心	企业

3 我国藏文网站发展现状的思考

我国藏文网站经过14年的发展,目前互联网中有104个我国藏文网站,这些网站以藏文为载体,给广大藏族群众提供全面信息服务的同时也成为党和政府宣传党和国家的方针政策尤其是民族政策的主要渠道,与此同时,我国的藏文网络资源也为我国藏族群众使用本民族文字提供了便利,并为我国藏族文化的传承发展提供了一个广阔的舞台。

我国藏文网站发展取得诸多成绩的同时,我们也看到藏文网站发展也面临着新的挑战。

3.1 面临的困难

(1) 藏文网站数量少

尽管目前互联网中已经有104个我国藏文网站,但是还是远远少于汉语、英语等网站的数目。

(2) 藏文网站编码多

我国的藏文的编码情况比较复杂,常见的藏文编码类型有:微软Unicode编码、班智达编码、同元编码、方正编码。复杂的编码类型不仅不利于信息的共享和再利用,而且也影响着网站的建设和网站内容的浏览[7]。下图所示为班智达编码的藏文网页,如果本地没有安装相应的字体,这些网页将不能正常浏览。

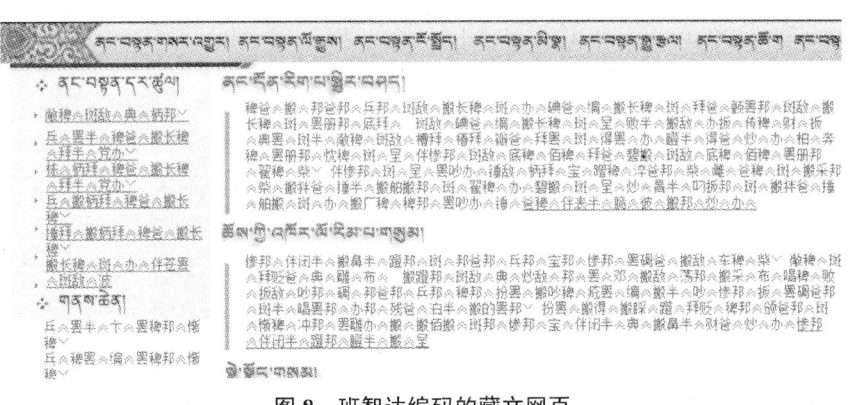

图 8 班智达编码的藏文网页

(3) 缺乏网站运营所需的资金保障

资金保障是目前我国一些藏文网站发展所面临的最大问题。一个网站的建设需要申请域名、租用或购买服务器、招聘工作人员维护网站并进行网站信息的采编工作等，网站一般通过广告解决网站运营所需的资金，而我国藏文网站的访问量小，这些网站的运营资金很难得到保障，并且我国藏文网站中有 46%的网站是由个人主办的，因此网站运营所需的资金是我国很多藏文网站发展面临的最大问题[8]。

（4）网站类型少、网站内容不够丰富、网站更新速度慢

网站类型少、内容不够丰富和更新速度慢等问题也极大地影响着网站的访问量，制约着藏文网站的持久发展。

3.2 建议

为了使我国藏文网站在今后能够更好地发展，以下主要从主管部门和网站主办单位两方面给出几点建议。

为了让我国藏文网站今后发展得更好，相关主管部门还需要从以下几方面给予支持。

（1）需要继续推进藏文信息化建设进程

我国藏文网站建设离不开藏文信息处理技术的支撑，在相关部门的大力支持下，我国藏文信息化建设得到了很大发展，但是藏文的编码问题在一定程度上影响了我国藏文网站的发展，因此为了使藏文网站可以更加繁荣发展，相关部门还需继续推进藏文信息化进程，进而解决那些影响、制约我国藏文网络化的技术难题。

（2）加大宣传力度

为了更好地宣传我国少数民族文字网络资源，建议相关主管部门构建一个我国少数民族文字网站的导航平台，通过相关技术人员和各民族语言专家的合作，该导航平台可以加大对我国优秀的少数民族文字网络资源的宣传力度。这个导航平台不仅可以为我国少数民族群众访问本民族文字网络资源提供便利，也可为现阶段我国少数民族文字和我国少数民族问题的研究提供动态素材，并且还可以向世界展示我国在少数民族文化保护、传承和发展方面所做的工作[9]。

（3）加大对部分优秀少数民族文字网站建设的支持力度

建议相关主管部门对那些积极促进民族团结、传承优秀民族文化的少数民族文字网站给予资金及政策方面的支持，并通过这些网站引导我国少数民族网站互联网络发展的方向，进而让我国少数民族网站互联网资源更好地为广大少数民族群众服务。

为了让我国的藏文网站今后发展得更好，藏文网站的主办单位还需要从以下几方面进行努力。

(1) 明确网站定位

如何在众多的网站中脱颖而出、具有较高的网站访问量和较大的网站影响力是每个网站建设者都关心的问题,对于我国藏文网站而言,网站主办者需要明确网站的定位,突出自己的特色,例如增强网站的民族特色等。

(2) 丰富网站内容、加快信息更新频率

藏文网站应围绕自己的网站定位,加大网站信息采编人员的培养力度、探索多渠道低成本的信息采编方式,进而丰富网站内容、加快信息更新频率。

(3) 积极探索网站运营资金的筹集途径

藏文网站的发展离不开必要的资金保障,作为没有资金来源的个人网站,应该积极拓展资金来源渠道,如采取与民族企业合作的方式,一方面宣传推广民族企业的产品,另一方面可以弥补网站运营的资金缺口。

(4) 保证网站信息的安全性

为了使网站长久、健康地发展,我国藏文网站主办单位应该采取多种方法确保本网站信息的安全性,不发布和传播不利于民族团结、国家统一的内容。

4 结束语

在国家的大力支持和不同领域各民族专家学者的共同努力下,我国藏文网站经过了14年的发展,截止到2013年10月,互联网中共有104个我国藏文网站,这些网络资源不仅是当今我国藏族群众信息交流、共享资源的重要手段,而且也是党和政府宣传国家方针、民族政策的重要窗口,它为广大藏族群众使用本民族文字提供了更为开放、更加便捷的手段,同时也为我国藏族文化的保护、传承和发展提供了更为广阔的平台。

我国藏文网站发展取得诸多成绩的同时,也面临着一些新的问题,如我国少数民族文字互联网络发展不平衡的问题、我国少数民族文字互联网络的监管问题、我国少数民族文字互联网络发展遇到的资金问题等,这些问题的科学解决与否将直接影响我国少数民族文字互联网络今后的发展状况,因此建议相关部门继续推进我国少数民族文字信息化建设进程,基于语义层面建设我国少数民族文字互联网络监管机制,并且相关部门还要加大对我国少数民族文字互联网络的宣传力度和支持力度[10-13]。相信在相关部门的支持下、在各领域专家学者的通力合作下,我国的少数民族文字互联网络会发展得越来越好!

注释：

[1] 洛桑平措：《藏文的发展与现状》，《中国民族教育》2006年第12期，第24—25页。

[2] http://news.sciencenet.cn/htmlnews/2008512820494682O6453.html.

[3] 刘向晖：《论多语种网站的域名战略》，《商场现代化》2010年第6期，第61页。

[4] 吴兵、江荻：《藏文国际编码的发展与技术应用》，《西南民族大学学报》（人文社科版）2011年第8期，第8页。

[5] 于洪志：《计算机藏文编码概述》，《西北民族学院学报》（自然科学版）1999年第3期，第15—19页。

[6] 于洪志：《全藏文编码体系》，《西北民族大学学报》（自然科学版）1998年第1期，第1页。

[7] 尼玛扎西：《藏文信息处理技术的现状、存在的问题及其前景》，《西藏大学学报》（汉文版）1997年第2期，第1—5页。

[8] http://zhanzhang.baidu.com/images/report/report_2013.pdf.

[9] 吴剑明：《中国民族自治地方政府信息化研究》，云南大学出版社2012年版。

[10] 丁小文：《与西藏相关的网络资源概貌》，《中国藏学》2002年第1期，第116—121页。

[11] 丁小文：《西藏网络信息资源的整合与组织》，《现代图书情报技术》2004年第1期，第15页。

[12] 李涛：《中国相关西藏互联网站发展特点及趋势分析》，《西南民族学院学报》（哲学社会科学版）2002年第2期。

[13] 丁小文：《关于"数字西藏"信息化发展的研究》，《西藏民族学院学报》（哲学社会科学版）2002年第4期，第2页。

Study of the Development of China's Tibetan Websites

Wang Zhijuan　Feng Yinhui　Zhao Xiaobing

[Abstract] Tibetan websites are the main way to transmit information, sharing resources for the Tibetan people, but also an important way to inherit the Tibetan culture at the present stage.In this paper, we have conducted a comprehensive analysis and study to the number of Tibetan websites, websites languages, websites for the record, the type of the websites, web server distribution and Tibetan websites ranking, traffic etc.Then we summarize the achievements and difficulties China's Tibetan websites have made, and some suggestions about how to make a better development in the future are put forward.

[Key words] Tibetan; Website; Development Situation

基于 SVM 的藏语功能组块边界识别

李 琳 龙从军 赵维纳

[摘要] 藏语句法功能组块描述了句子的基本骨架，是句法结构与语义描述的重要桥梁。本文将功能块边界识别问题看成是分类问题，并利用支持向量机（Support Vector Machine，SVM）进行识别。与其他分类方法相比，基于结构风险最小化原则的支持向量机模型在处理小样本模式识别问题中表现出较好的泛化能力。实验结果表明，支持向量机模型在藏语功能块识别问题中是有效的，在实验中 F 值达到了 84.83%。

[关键词] 藏语句法功能组块；组块边界识别；支持向量机

1 引言

句法分析在自然语言处理研究中的重要地位不言而喻，被广泛地应用于信息检索、信息抽取以及机器翻译等研究领域。句法分析也是公认的研究难题，由于自然语言的复杂性和不确定性，现有的句法分析器性能还达不到令人满意的效果。因此组块（Chunk）分析（又称为部分句法分析、浅层句法分析）技术应运而生。完全句法分析着眼于分析整个句子的句法信息，揭示句子各部分之间的完整句法关系，最终得到一棵完整的句法结构树。而组块分析从句子的局部着手，研究句子各组块内部和组块之间的关系，降低分析的难度，从而为完全句法分析提供一个可靠的中间结果。

功能组块（Functional Chunk）概念的提出一方面继承了传统组块的优点；另一方面功能组块描述了句子的各句法成分是句法结构与语义角色之间的重要桥梁。由于藏语具有丰富的句法标记，能够更加清晰地描述各句法成分之间的关系。因此能够借鉴英汉组块识别的方法，从高层语言单位切入分析藏语句法结构和句法功能组块。国内外学者对功能组块分析进行了探索，英语和汉语功能组块方面的研究起步较早[1-7]，藏语组块方面的研究也已经逐步展开。文献[8-11]奠定了现代藏语组块理论的基础，在此基础上利用规则方法[12-16]、统计方法[17-21]以及两种方法的结合[22]对藏语组块识别研究分别都进行了一些尝试。

传统的机器学习方法，如隐马尔科夫模型、最大熵、决策树等方法取得了一定的成功，但是这些方法仍存在一些问题。一是容易产生对训练数据过适应问题，而是需要采用启发式学习进行特征选取。支持向量机是优秀的一个学习分类器，已经成功地运用在自然语言处理中，包括组块识别、词性标注、文本分类等领域[23-25]。目前，在藏语功能块分析方面却没有相关的研究，所以本文使用了 SVM 进行藏语功能块边界识别。

本文第二节介绍了藏语句法功能组块描述体系，第三节描述了基于 SVM 的藏语功能块边界模型，第四节给出了实验结果和分析，最后总结全文，指出进一步的研究方向。

2 藏语句法功能组块识描述体系

句子中相邻的、不嵌套的句法功能性成分称为句法功能组块。藏语句法功能块是定义在句子层面的句法功能性成分，藏语句子中与句法组块存在对应关系的句法成分有主、宾、谓、状、补，名词或体词的修饰语组块未单独列出①。这些功能组块体现了藏语句子的基本骨架。功能组块具有穷尽性和线性特征，即句子所有的功能组块处于同一层次，既不交叉也不存在相互包含的关系。与传统的组块定义相比，功能组块粒度更大，组成情况更为复杂，因此自动识别的难度也更大。

现代藏语总的语序是主语—宾语—谓语，表达完整意义的扩展句法语序是：主语+（间接宾语）+（直接宾语）+（结果补语）+（状语）+动词+（状态补语）[9]。从句法成分的各个位置上看，根据这些研究成果，本文建立了藏语功能组块描述体系，如表 1 所示。

表 1　　　　　　　　　藏语功能组块描述体系

功能块标记	功能块描述
S	主语块
P	谓语块
O	宾语块
D	状语块
C	补语块
M	句法标记

① 定语与中心语之间的标记不能或者极少作为组块边界标记，因此本文不单独列示。

3 基于 SVM 的藏语组块边界识别

3.1 功能块边界识别模型

根据功能块穷尽性和线性的特点，功能块边界识别过程可以看作是对一个句子进行若干次切分的过程，切分出的每一段就是一个完整的功能块。可以将边界识别问题转化为一个二值分类问题，即利用 SVM 分类器判断句子的候选位置是否是功能块边界。按照这个思路，藏语功能块边界识别问题可以形式化描述如下：

令 $S=(W,T)$，其中 S 表示输入的句子，$W=w_1w_2w_3\cdots w_n$ 表示输入的词语序列，$T=t_1t_2t_3\cdots t_n$ 表示句子的词性序列。边界识别模型的输出为一个功能块边界序列 $P=p_1p_2p_3\cdots p_m$ 表示句子中功能块边界的位置信息。下面是一个具体的处理实例，输入句子：

ཁོ་མོ་/rh $_1$ ར་/wp $_2$ མོ་བྲང་ད་/d $_3$ ཀྱེན་ངན་/ng $_4$ ཞིག་/m $_5$ བྱུང་/vo $_6$ བས་/c $_7$ ।/xp

其中包含 7 个词语和 1 个标点符号，共有 7 个可能的功能块边界位置。利用功能块边界识别模型，希望能够输出正确的结果如下：

[ཁོ་མོ་/rh] [ར་/wp] [མོ་བྲང་/d] [ཀྱེན་ངན་/ngཞིག་/m] [བྱུང་/voབས་/c] [།/xp]

具体实现采用了 SVM 模型，将功能块分析问题转化一个分析问题。下面简单介绍一下 SVM 理论，这是本文的理论基础。

3.2 SVM 理论概述

SVM 理论最初源于对数据二值分类问题的解决。SVM 在处理分类问题时，目标是要寻找一个满足分类要求的最优超平面，使其在保证分类精度的同时最大化超平面两侧的空白区域。因此，SVM 分类器的结果不仅能在训练集上得到优化，而且控制了在样本集上的风险上限，可以避免对训练数据过适应的缺点，这就是 SVM 的结构风险最小化思想。

对于线性不可分问题，核空间理论被引入 SVM，将低维的输入向量通过非线性映射函数映射到高维特征空间。如果选用适当的映射函数，大多数输入空间线性不可分问题在特征空间可以转化为线性可分问题。

4 实验结果及分析

为了测试基于 SVM 模型的组块边界识别效果，我们采用经过分词和词性标注的 2137 个句子 17169 个词作为实验语料。实验中，我们对语料按 8:2

进行划分，训练集包含1710个句子，测试集包含427个句子。在实验中，我们采用台湾林智仁开发的libSVM软件包①。实验中的性能指标定义如下：

$$准确率(P) = \frac{正确标注的功能块个数}{标注的功能块总数} \times 100\%$$

$$召回率(R) = \frac{正确标注的功能块个数}{正确的功能块总数} \times 100\%$$

$$F_\beta = \frac{(\beta^2+1) \times Recall \times Precision}{\beta^2 \times Recall + Precision}, \beta=1$$

4.1 实验

4.1.1 特征模板

针对每个可能的功能块边界位置，选择不同长度的观察窗口，将训练语料中该位置上下文的单词 w、词性标记 p 和组块类型 t 作为特征。表2所示为实验中所使用的特征模板。

表2　　　　　　　　　　特征模板

1	Template_A	$w_{-2}w_{-1}p_{-2}p_{-1}t_{-2}t_{-1}w_1w_2p_1p_2t_1t_2$
2	Template_B	$w_{-3}w_{-2}w_{-1}p_{-3}p_{-2}p_{-1}t_{-3}t_{-2}t_{-1}w_3w_2w_1p_3p_2p_1t_3t_2t_1$
3	Template_C	$w_{-4}w_{-3}w_{-2}w_{-1}p_{-4}p_{-3}p_{-2}p_{-1}t_{-4}t_{-3}t_{-2}t_{-1}w_4w_3w_2w_1p_4p_3p_2p_1t_4t_3t_2t_1$
4	Template_D	$w_{-5}w_{-4}w_{-3}w_{-2}w_{-1}p_{-5}p_{-4}p_{-3}p_{-2}p_{-1}t_{-5}t_{-4}t_{-3}t_{-2}t_{-1}w_5w_4w_3w_2w_1p_5p_4p_3p_2p_1t_5t_4t_3t_2t_1$
5	Template_E	$w_{-6}w_{-5}w_{-4}w_{-3}w_{-2}w_{-1}p_{-6}p_{-5}p_{-4}p_{-3}p_{-2}p_{-1}t_{-6}t_{-5}t_{-4}t_{-3}t_{-2}t_{-1}w_6w_5w_4w_3w_2w_1p_6p_5p_4p_3p_2p_1t_6t_5t_4t_3t_2t_1$

4.1.2 识别方向

采用不同的识别方向，相同的特征模板所对应的特征也不相同。本文将从左到右的分析顺序称为正向分析，从右到左的分析称为逆向分析。本实验中采用两种不同的识别方向进行功能组块分析。

4.2 实验结果

实验结果如表3所示，最好的结果用黑体表示。

表3　　　　采用不同识别方向和不同特征模板的结果

	正向识别			逆向识别		
	准确率	召回率	F_β	准确率	召回率	F_β
Template_A	65.95%	**70.00%**	69.97%	88.27%	64.63%	**84.83%**

---

① http://www.csie.ntu.edu.tw/~cjlin/.

续表

	正向识别			逆向识别		
	准确率	召回率	F_β	准确率	召回率	F_β
Template_B	**79.64%**	64.50%	71.27%	**93.64%**	60.56%	73.55%
Template_C	**74.89%**	58.92%	**71.78%**	75.09%	60.94%	72.96%
Template_D	72.36%	60.60%	71.47%	85.52%	65.43%	74.14%
Template_E	60.83%	61.28%	71.05%	71.89%	**71.68%**	71.78%

在利用不同特征模板进行实验时，Template_B 的准确率最高达到了 93.64%，Template_E 的召回率最高为 71.68%，而 Template_A 的 F_β 值最高达到了 84.83%。实验结果显示，进行正向分析时采用 Template_C 的 F_β 值最高，进行逆向分析时采用 Template_A 的 F_β 值最高，F_β 值提高了 13%。整体上看，逆向识别的效果要比正向识别的效果好：F_β 值平均提高了 4 个百分点，最多的提高了 14%。图 1 说明了不同分析方向对功能块识别的影响。

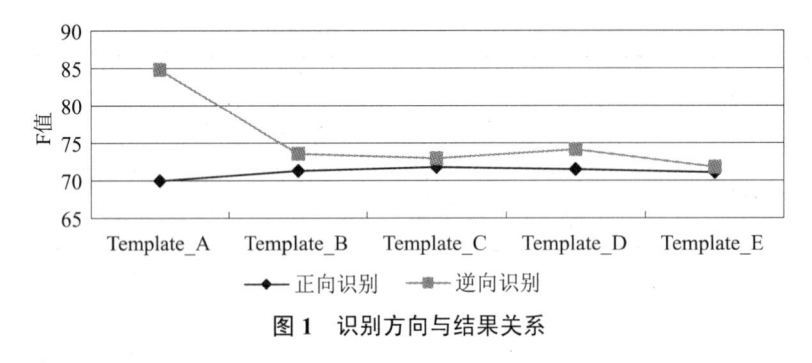

图 1　识别方向与结果关系

4.3　实验结果分析

为了了解各种错误类型的分布情况，我们对开放测试结果中的错误进行了人工分析，总结出了一下常见的错误类型：

（1）状语块边界分析错误

藏语中，很多状语组块是由名词、代词等体词性成分构成的。这些词除了构成状语组块外，还可以与上下文其他体词性成分构成更长的功能组块，因此 SVM 模型很难将状语组块从上下文中区分开来。例如：

例 1　[ཅིའི/ng]{S}[ཏུ/ng]{D}[དང/ws]{M}[བྱས/vo]{P}[འཚོ/voའི/dnབྱས/va]{P}[l/xp]

[ཅིའི/ngཏུ/ng][དང/ws][བྱས/voའཚོ/voའི/dnབྱས/va][l/xp]

在上述例子中，状语组块是由名词构成的，它被错误地划分到主语组块中。

（2）句法标记分析错误

例 2 ［ད/rhཚོ/p］{S} ［ས/wa］{M} ［ཟས/ngབཟའབོ/a］{O} ［ཟོས/vo］{P} ［།/xp］
［ད/rhཚོp ས/wa］［ཟས/ngབཟའབོ/a］［ཟོས/vo］［།/xp］

例 3 ［ཆོད/rhཀྱི/wgཡིན་ནོ/a］{S} ［ལ/wp］{M} ［ཁ་གཡར/vo ས/hཅིག/rw］{C} ［མེད/ve ཀི/t］{P}
［ཆོད/rhཀྱི/wgཡིན་ནོ/a］［ལ/wp］［ཁ་གཡར/vo］［ས/h］［ཅིག/rw］［མེད/ve ཀི/t］

在例 2 中，句法功能块 ［ས/wa］{M}没有被切分出来，而 ས/h 作为名物化标记是补语组块的一部分却被错误地切分出来了。

（3）谓语块边界分析错误

对于较复杂的谓语组块，也是比较难处理的问题。如例 4

例 4 ［ཉོས/ng］{S}［ཅ/ng］{D}［དད/ws］{M}［ཟབ/vo］{P}［འཚོ/voམི/dnཐག/va］{P} ［།/xp］

［ཉོས/ng］［ཅ/ng］［དད/ws］［ཟབ/vo］［འཚོ/vo］［མི/dnཐག/va］［།/xp］

5 结论

本文将藏语句法功能组块边界识别问题看作分类问题，并提出了基于 SVM 的功能块边界识别模型。实验结果表明，SVM 算法取得了较好的分类效果，F_β 值可以达到 84.83%。如何进一步提高识别精度是下一步的研究重点。

注释：

[1] Blaheta D., Charniak E. Assigning function tags to parsed text. Proceedings of the 1st North American Chapter of the Association for Computational Linguistics Conference. Association for Computational Linguistics, 2000: 234–240.

[2] Blaheta D. Function Tagging. Brown University, 2004.

[3] Merlo P., Musillo G. Accurate Function Parsing. Proceedings of the Conference on Human Language Technology and Empirical Methods in Natural Language Processing. Association for Computational Linguistics, 2005: 620–627.

[4] Gildea D., Palmer M. The Necessity of Parsing for Predicate Argument Recognition. Proceedings of the 40th Annual Meeting on Association for Computational Linguistics. Association for Computational Linguistics, 2002:

239–246.

［5］周强、赵颖泽：《汉语功能块自动分析》，《中文信息学报》2007年第5期，第18—24页。

［6］Drábek E. F., Zhou Q. Experiments in Learning Models for Functional Chunking of Chinese Text. Systems, Man, and Cybernetics, 2001 IEEE International Conference on. IEEE, 2001, 2: 859–864.

［7］陈亿、周强、宇航：《分层次的汉语功能块描述库构建分析》，《中文信息学报》2008年第3期，第24—31页。

［8］江荻：《现代藏语组块分词的方法与过程》，《民族语文》2003年第4期，第31—39页。

［9］江荻：《面向机器处理的现代藏语句法规则和词类、组块标注集》，江荻、孔江平主编《中国民族语言工程研究新进展》，社会科学文献出版社2005年版，第13—106页。

［10］黄行、孙宏开、江荻等：《现代藏语名词组块的类型及形式标记特征》，《全国第八届计算语言学联合学术会议（JSCL—2005）论文集》，2005年。

［11］江荻：《藏语述说动词小句宾语及其标记》，《中文信息学报》2007年第4期，第111—115页。

［12］龙从军、江荻：《现代藏语带助动词的谓语组块及其识别》，江荻、孔江平主编《中国民族语言工程研究新进展》，社会科学文献出版社2005年版，第123—135页。

［13］Jiang Di, Hongyan Hu. The Construction and Identification Approaches of Adjectival Predicate in Modern Tibetan. Studies in Language and Linguistics, 2005, 25(2): 115–122.

［14］黄行、江荻：《现代藏语判定动词句主宾语的自动识别方法》，《语言计算与基于内容的文本处理——全国第七届计算语言学联合学术会议文集》，2003年，第172页。

［15］李琳、龙从军：《藏语判断、存在动词识别策略》，《中文信息学报》2013年第4期，第59—62页。

［16］李琳、龙从军、江荻：《藏语句法功能组块的边界识别》，《中文信息报》2013年第6期，第165—168页。

［17］诺名花、刘汇丹等：《基于中心语块扩展的汉藏基本名词短语对的识别》，《中文信息学报》2013年第4期，第63—69页。

［18］康才畯、龙从军、江荻：《基于条件随机场的藏文人名识别研究》，《计算机工程与应用》2015年第3期。

[19] 龙从军:《藏语的句法成分的标记系统》,《万水千山走遍——中国民族语言语法研究论文集》, 2013 年。

[20] Caijun Kang, Congjun Long, Di Jiang. Tibetan Word Segmentation Based on Word-position Tagging. International Conference on Asian Language Processing, 2013.8.

[21] 赵维纳、李琳等:《藏语三音动词短语自动抽取研究》,《中文信息学报》2015 年第 3 期。

[22] 林煜明、李优:《基于 SVM 的句子组块识别》,《山东大学学报》(理学版) 2006 年第 3 期, 第 112—115 页。

[23] 李珩、朱靖波、姚天顺:《基于 SVM 的中文组块分析》,《中文信息学报》2004 年第 2 期, 第 1—7 页。

[24] Kudo T., Matsumoto Y. Chunking with Support Vector Machines. Proceedings of the Second Meeting of the North American Chapter of the Association for Computational Linguistics on Language technologies. Association for Computational Linguistics, 2001: 1–8.

[25] Vapnik V. N. Statistical Learning Theory. New York: John Wiley & Sons, 1998.

Tibetan Functional Chunk Boundary Detection with SVM

Li Lin Long Congjun Zhao Weina

[Abstract] Tibetan functional chunks describe a sentence skeleton, and they are the link between sentence structure and semantics. In this paper, we treat the functional chunk boundary detection as a classification task. Therefore, SVM is adopted to finish the task. Comparing with other classification algorithm, SVM base on structure risk minimization and achieves high generalization performance with small number of sample. The experiments show that SVM model is an efficient approach, and achieve an F score of 84.83%.

[Key words] Tibetan Functional Chunks; Chunk Boundary Detection; Support Vector Machine

现代藏语语气词结尾句子边界识别方法

赵维纳

[摘要] 藏语句子边界的正确识别是藏文文本处理首先要解决的问题。而藏语书面语中标点符号的特殊性是造成藏语句子边界识别困难的主要原因。本文主要对现代书面藏语中常见的以藏语语气词结尾的藏语句子边界识别进行研究，结合藏文标点符号的特点提出藏语语气词结尾的藏语句子边界识别方法。

[关键词] 藏语分句；藏语句子边界识别；藏语信息处理；中文信息处理

1 引言

藏语书面语中标点符号是一套未臻完备的符号系统，主要表现为变体形式较多、意义含混、功能不确定等。在文本中主要以"།"ཚིག་གྲུབ།（亦称"单垂符"或"垂符"）表示藏文的词、短语或句子的停顿或结束。功能上相当于汉语标点符号的顿号、逗号、分号、句号、叹号以及问号等。特殊情况下也可以省略单垂符（藏文字中后加字为ག时其后不添加单垂符以空格代替）[1]。如例1说明藏文的单垂符与汉语的标点对应关系。

例1：ན་ཚོད་བཞི་པ་གྲོང་རིམ་ཡན་གྱི་མི་དམངས་སྲིད་གཞུང་གི་ཁོར་ཡུག་སྲུང་སྐྱོབ་འཛིན་སྐྱོང་ལས་ཁུངས་ཆེན་པོའི་སྐྲག་པ་འགོག་སེལ་ལ་ཆུར་བཅིན་བྱུར་ཀྱིས་སྐྱོལ་དང་ལྡན་ཏ་སྦྱངྒིའི་བདག་དང༌།འབྲུག་ཡུལ་ཞྭུགས་ལ་ཨུ་ལས་ཀྱི་དོ་དམ་པ་ཁག་གི་སོ་སོའི་འཁུར་ཀྱི་གཞིག་ནས་དེ་འགྲིགས་སྒྲིག་སྐྱོལ་དང་འབྲེལ་བ་དང༌།གཟིར་ནས་རྒྱུག་ཁག་ཆེན་པོའི་སྒྲིག་བཀོལ་ཆུར་བཅིན་བྱུར་དང་དོ་དམ་བྱས།

第四条县级以上人民政府环境保护行政主管部门对大气污染防治实施统一监督管理。各级公安、交通、铁道、渔业管理部门根据各自的职责，对机动车船污染大气实施监督管理。

类似句子边界识别的问题也存在于英语[2-10]和维语[11]中。藏语标点符号的特殊性，导致计算机在正确识别藏语句子边界时出现困难，针对该问题已经展开了一些研究[12-16]。从以往的研究结果可以看出，在藏语句子边界识别过程中完全可以从藏语句式特点的角度出发进行识别。本文利用规则的方法针对藏语主要句式中以语气词结尾句子边界进行识别。

2 藏语语气词结尾句子句法特性

藏语句子属于 SOV 型，即{主语+宾语+谓语}的句子语序，其中谓语部分中包括整个句子中的核心动词。但是谓语部分的构成比较多样，其中单独以动词煞尾的句子不多见。一般在句子的谓语部分中核心动词后边总是附加包含有一些其他成分，这些成分可统称为动词的语尾，其谓语的语序格式为：{（谓语动词（+状语补语）（+助动词［情态和趋向］）（+体貌—示证标记）（+语气词）}[17]。从语序格式中可以得到，完整的藏语句子在结尾时可以被分为单纯以谓语动词结尾、以谓语动词后接助动词结尾、以谓语动词后接体貌—示证标记结尾，以及以谓语动词后接语气词结尾的四类主要谓语形式。文献[15]对谓语后接助动词结尾句子边界识别并取得较好的效果，该方法对以语气词结尾句子进行识别有借鉴作用。但是语气词在用法上有自身的特点，分析其语法特性可得到以语气词结尾句子边界识别的规则。

藏语语气词可分为陈述语气词、疑问语气词、感叹语气词、祈使语气词和测度语气词 5 类。每种语气词的形式和用法也有区别，以下就各类语气词的形式和用法进行分析。

2.1 陈述语气词

藏语陈述语气词共 11 个ག་ད་ན་བ་མ་འ་ར་ལ་ས་ཀ་ཏོ་，根据前一音节后加字的不同，使用不同的终结词，其中ཀ后边由于书写习惯，不再添加垂符，以空格代替。例如：

རྒྱལ་པོས་ལེགས་སོ་ཁྱོད་ཀྱིས་ཇི་ལྟར་སྨྲས་པ་བཞིན་དུ་གྱིས་ཤིག་ཅེས་གནང་བ་བྱེད་དོ།

国王道："好，就按你说的去做吧！"批注了他们的要求。(《格桑居冕》216)

在这个例子中，使用了两个陈述语气词ཤིག和དོ，可以将这两个词视为句子结束标志。

2.2 疑问语气词

疑问语气词ག་ང་ད་ན་བ་མ་འ་ར་ལ་ས་ད， 共 11 个表示疑问语气"吗"。这些词在藏语传统文法中称为离合词，可以在句子中用于多项名词性词语后，表示并列关系，相当于汉语中的"和、与、同、或"，但是如果用于句尾的谓语动词或语尾后边用来表示成为疑问语气词。例如：

ཁྱེད་རང་ལྷ་ས་བ་ཡིན་ནམ། 你是拉萨人吗？（《格桑居冕》204）

另外除了上述 11 个常见的语气词外，口语中还经常使用一些其他疑问语气词，如ཡིན་པགས་དགས་མགའ་ཡོད་གཡོད་ནོད་ནོང་ཡོང་པ་ནོང་པོང་པ་ནོང་或是在过去式动词后用པ或未来式动词后用ག。

2.3 感叹语气词

藏语中表示感叹语气的句子，通常将感叹词置于句首或句子中间，如语气词ཨ་ཚ（哎哟）等。但在句末使用感叹词པ་ལ而且前接形容词。例如：

གནམ་གྲུ་དེ་མགྱོགས་པ་ལ། 那飞机真快啊！（《藏语拉萨话语法》250）

另外字母དགོངས也可以在句末充当语气词前接谓动词或语尾，用以表示提醒或引起注意，例如：

ད་ཁྱེད་རང་ཡིན་ད། 现在该你了！（《藏语拉萨话语法》251）

2.4 祈使语气词

祈使句中主要使用ཅིག ཞིག ཤིག དང་4 个祈使语气词,但前提是语气词之前的动词必须为命令式动词（藏语动词分三时一式）。例如：

ཤོད་དང་། 说吧！（动词为命令式）

另外在口语中还有其他祈使语气词དལགོད。例如：

ཨ་ལེར་མ་འགྲོ་ད先别走吧！（《藏语拉萨话语法》256）

2.5 测度语气词

测度语气的语气词所表达的语气通常可以是比较肯定的语气如"肯定、当然"，或是较为去确定的语气如"大概、可能"，例如གྲུན་མདོག་བ་བོ等，测度语气词多用于存在动词或判断动词后。例如：

བོད་པོད་རིགས་ཡིན་གྲོ། 他大概是藏族吧！

3 藏语语气词结尾句子边界识别方法

通过对藏语语气词的分析，总结出可以作为藏语句子边界标志的语气词，进而利用这些词作为划分句子边界的依据。这些语气词分为三类：第一类是确定性的句子边界标志，这类词出现的地方一定是句子的结尾。例如陈述语气词和部分疑问语气词以及感叹语气词；由于同形现象的存在，剩余语气词不能单独作为判断句子结尾的依据，需要综合该句谓语动词的形式进行判断。因此第二类语气词是指当该句谓语为非命令式动词时该语气词才是句子的结尾；第三类语气词是指该句谓语为命令式动词时语气词才是句子的结尾。这三类句子的形式化表达如下：

  w1w2…wn+语气词   式（1）
  w1w2…wn+非命令式动词+语气词   式（2）
  w1w2…wn+命令式动词+语气词   式（3）

  在这三类语气词的基础上，综合考虑了后加字的不同情况，分别构造了三个语气词库，详见表1—3。

表1   语气词库1

语气词	语气词	语气词	语气词	语气词	语气词
གི་གོ།	ང་དོ།	ད་དོ།	ན་ནོ།	བ་བོ།	མ་མོ།
འ་འོ།	ར་རོ།	ལ་ལོ།	ས་སོ།	ད་དྲོ།	འོ།
འམ།	ག་གམ།	ང་ངམ།	ད་དམ།	ན་ནམ།	བ་བམ།
མ་མམ།	འ་འམ།	ར་རམ།	ལ་ལམ།	ས་སམ།	ད་དམ།
ཡིན་པ།	འམ།	ཡོད་པ།	ཡོད་པ།	ཡོད་པ།	ཡོད་དོན།
ཡོན་པ་དོན།	ཡོན་པ་དོན།	པ་འ།			

表2   语气词库2

语气词	语气词	语气词	语气词	语气词	语气词
ག	ང།	ད།	པས།	གས།	ངས།
འམ།	འ།	ཡོ།	དོ།	ཤིག	བ་འདུག
ཀྱོ།	ཤ།	མདོག་ག་དོ།	འས་ན།	དགོས་བྱུང་།	

表3   语气词库3

语气词	语气词	语气词	语气词
ཅིག	ཞིག	ཤིག	དང་།

4 实验及结果分析

4.1 实验设计

  基于以上分析可以确立藏语语气词结尾句子边界识别算法，见表4。

表 4	藏语语气词结尾句子边界识别算法
1. 读入文本	
2. 逆向最大匹配语气词库 1。如果成功进行断句并转到 7，否则转到 3	
3. 逆向最大匹配语气词库 2。如果成功转到 4，否则转到 5	
4. 匹配非命令式动词库，如果成功进行断句并转到 7，否则转到 7	
5. 逆向最大匹配语气词库 3。如果成功进行断句转到 7，如果否则转到 6	
6. 逆向匹配命令式动词库。如果成功进行断句转到 7，否则转到 7	
7. 退出程序	

4.2 结果分析

实验语料以藏语法律公文、政府工作报告、领袖著作为主。语料规模大小为 595 个文本，62590 句藏语句子。本实验结果与人工标注结果进行比对，所以评价指标只引入准确率，未引入召回率。原因在于算法识别出的句子包含了所有人工标注的句子，故召回率可认为 100%。

通过实验共识别出以语气词结尾的句子 404 个，共出现 18 个语气词。其中识别错误 16 句，识别准确率达 96.04%。错误原因主要为疑问语气词སམ། དགའལས།在形式上与藏语中表示并列关系的"和、同、与"等连词同形，例如：

ཐུ་ཚོམ་དང་ཕྱི་ཚོམ་ཞེས་པ་ནི་ལོ་ངས་མམ་ལོ་བཅུ་ལྷག་ཚོམ་གྱི་ནང་དགའ་ཡང་ན་དུས་ཡུན་དེ་ལས་ཀྱང་རིང་ཚོམ་ཞིག་ཟེར་བ་ཡིན།

所谓较早较迟，是指在几年或者十几年之内，或者更长时间。

5 结束语

由于藏语中标点符号的特殊性，造成计算机对句子的边界难以直接做出准确的判断。但是通过藏语自身语法特性可行之有效地识别其句子边界。本文分析了藏语语气词现象，通过对语气词的分类和语气词在句子中的位置信息，确立其形式化句式，最终得出以语气词作为句子结尾的识别方法。算法准确率达到 96.04%，结果表明利用规则方法可以较好地识别出藏语语气词结尾句子边界。

注释：

[1] 胡书津：《简明藏文文法》，云南民族出版社 1995 年版。

[2] Palmer D. D., Hearst M. A. Adaptive Multilingual Sentence Boudary

Disambiguation. Computatonal Linguistics, 1997, 23(3): 241–267.

[3] Reynar J. C., Ratnaparkhi A. A Maximum Entropy Approach to Indentifying Sentence Boudaries. Proceedings of the Fifth ACL Conference on Applied Natural Language Processing (ANLP'97), Washington, D.C., 1997.

[4] Mikheev A.Tagging Sentence Boundaries. In NACL'2000ACL, 2000: 264–271.

[5] Dan Gillick.Sentence Boundary Detection and the Problem with the U.S. Proceedings of NAACL HLT, 2009: 241–244.

[6] Jeffrey C. Reyaar, Adwait Ratnaparkhi. A Maximum Entropy Approach to Identifying Sentence Boundaries. Proceedings of the 1997 Conference on Applied Natural Language Processing. Washington D. C., USA, 1997.

[7] Andrei Mikheev.Taggong Sentence Boundaries. Proc of NAACU, 2000.

[8] 于中华、张容、唐常杰、张天庆：《基于前后文词形特征的生物医学文献句子边界识别》，《小型微型计算机系统》2006 年第 1 期。

[9] 朱莉、孟遥、赵铁军、李生：《英语句子边界的识别》，《机器翻译研究进展——2002 年全国机器翻译研讨会论文集》。

[10] 王斌：《汉英双语语料库自动对齐研究》，中国科学院计算技术研究所博士论文，1999 年。

[11] 阿比达·吾买尔、吐尔根·依布拉音：《维吾尔语句子边界识别算法的设计与实现》，《新疆大学学报》2008 年第 3 期。

[12] 江荻：《藏语文本信息处理的历程与进展》，《中文信息处理前沿进展——中国中文信息学会二十五周年学术会议论文集》，2006 年。

[13] 罗秉芬、江荻：《藏语文的疑问句与边界识别》，民族语文论坛，2000 年。

[14] 赵维纳：《面向法律文本的藏语句子边界识别》，第五届全国青年计算语言学研讨会，2010 年。

[15] 赵维纳、于新、刘汇丹等：《现代藏语助动词结尾句子边界识别方法》，《中文信息学报》2013 年第 1 期，第 115—119 页。

[16] 李响、才藏太、姜文斌等：《最大熵和规则相结合的藏文句子边界识别方法》，《中文信息学报》2011 年第 4 期，第 39—44 页。

[17] 江荻：《中国民族语言工程研究新进展》，社会科学文献出版社 2005 年版。

[18] 格桑居冕：《实用藏文文法》，四川民族出版社 1987 年版。

[19] 周季文、谢后芳：《藏语拉萨话语法》，民族出版社 2003 年版。

[20] 张怡荪：《藏汉大辞典》，民族出版社 1993 年版。

Modern Tibetan Mood Particle Ending Sentence Detection

Zhao Weina

[Abstract] Tibetan punctuation system is unperfect, which means it is various and ambiguous. Therefore, Tibetan sentence boundary detection is a primary difficulty of text processing. In this paper, we focused on the sentences that are ending with mood particles. Concatenating features of punctuation system, an automatic detection algorithm was proposed.

[Key words] Sentence Boundary Detection; Tibetan Sentence Boundary Detection; Tibetan Information Processing; Chinese Information Processing

基于部件的融合统计和结构特征的联机手写藏文字丁的识别方法

马龙龙　吴　健

[摘要] 手持移动设备的广泛应用使联机手写输入得到了越来越多的关注，同时对联机手写识别算法的识别精度和识别词典的存储量提出更高要求。本文以手写藏文字丁为研究对象，提出一种基于部件的识别方法，融合部件统计模型和基于部件的结构特点；在识别过程中集成多个子模型在统一识别框架下，提高了部件切分的准确率和字丁识别的精度。为大大缩减从字丁中标定部件的工作量，提出了一种基于优化分割假设的半自动的部件标定方法。实验结果表明了我们方法的有效性，并能较好地满足于手持移动设备的需求。

[关键词] 藏文部件；联机手写藏文字丁识别；条件随机场；半监督学习；部件切分

1 引言

　　藏文是我国第一种具有国际标准的民族文字，也是世界上最古老的文字之一。用藏文记载的经典文献、古籍著述浩如烟海，为记录和传承灿烂的藏族文化做出了重要的贡献，现在藏文仍是藏民族最基本的交际工具。目前国内主要包括西藏、云南、青海等省的藏民族在使用藏文。然而现代社会日新月异，历史悠久的藏文面临着各种外来现代文化的冲击。研发藏文信息处理技术，将藏文这种记载和表述藏文化的文字进行数字化和信息化，是促进藏族地区经济发展，传承和弘扬藏文化的有效途径之一，而输入技术则是藏文信息化必不可少的一个重要环节。

　　目前的藏文键盘输入法大概有十几种，常见的有方正、华光、班智达等，每种输入法都有各自的藏文键盘布局，不能通用，增加了用户的培训成本。新修订的藏文键盘布局国家标准（GB/T 22034—2008）虽然已于2008

年 6 月发布，但该标准所定义的五层藏文键盘要远比汉字键盘复杂，不适合初学者掌握；而且键盘输入的工作量和劳动强度大，输入速度有限。为了解决这些问题，最好的也是最有效的方法就是手写藏文识别的输入。

基于笔的联机手写字符识别技术是一种重要的文本输入和人机交互手段，它是一种易被用户使用、有效的实时工具。用户不必切换输入设备、输入模式或输入软件，而仅仅用一只笔就可以自由地、无约束地输入任何字符。笔式交互大致保持了我们传统的纸笔方式的习惯，又可以充分利用强大的计算机资源，因此被越来越多的用户接受。随着笔记本电脑、电子手写板和数码笔的普及，这些设备提供了比传统的 PDA（Personal digital assistant）更大的输入界面，因此用户更倾向于连续输入手写文本。这样，用户用笔就可以自由地、无约束地输入任何文档对象。但同时，这种自由书写文档也需要更高效的软件对文档进行切分和识别，然后用户才可以对文档进行高层的诸如检索或编辑等操作，联机手写藏文识别就是应这种要求而产生的。

本文从移动应用设备对藏文手写输入高需求的应用角度出发，提出了一种基于部件的识别方法，该方法结合了统计方法和基于部件的结构方法的优点。为对藏文字丁中的部件进行标定，采用基于半监督学习思想大大提高标定的效率，尽可能缩减了人工的干预；对于识别词典的存储量，藏文部件类别约是藏文字丁类别的五分之一，相应生成的识别词典的存储量小很多；对于识别的性能，采用了集成多个子模型在同一个识别框架下来提高部件切分的准确率和字丁识别的精度。

2　藏文字符识别的研究现状

联机手写识别的研究始于 20 世纪 60 年代，随着计算机技术的发展及模式识别领域理论和方法研究的不断深入和完善，到 80 年代后期，联机手写识别技术的研究已经朝着实用的方向努力。与中日韩、阿拉伯等文字识别的研究相比，藏文手写识别的研究相比较晚，研究人员也相对较少。

我国主要在西藏、青海、四川、甘肃等省区使用藏文。国内有关藏文字符识别的研究，目前主要集中在印刷体藏文的识别。清华大学电子工程系的丁晓青教授等针对多字体的印刷藏文 OCR（Optical character recognition）[1]，提出了基于可靠性的字符切分模型，并结合候选切分的识别信息确定最终的切分点位置，其切分性能优于常用的基于规则和域值的切分方法。同时他们在世界上首次全面解决了藏文、汉字和英文混排的识别问题，其主要技术指标达到了国际领先水平。目前他们也在和西北民族大学合作进一步研究藏族文字识别及理解的理论与方法。西藏大学的欧珠等[2-4]提出了局部自适应二值化算法、基于水滴渗透的切分算法及基于网格的模糊笔画特征提取方法进一步提高了印刷体藏文识别系统的精度和抗干扰能力。刘真真等[5]将分形矩理论应用到藏文字符的特征提取中，这种提取方法有效反映了藏文字丁的局部和全局特征。李刚[6]提出了基于信息论的特征提取算法和多级分类策略。祁坤钰[7]通过分析错误识别的字丁样本，提出了基于音节规则的识别后处理方法。

从事藏文手写体识别的研究人员相对较少，目前主要是联机手写藏文的识别。西北民族大学民族信息技术研究院的王维兰等[8-10]在藏文字丁的预处理、特征提取和分类器设计展开研究，同时深入分析了藏文识别中的字丁变形较大的问题，提出了一种联机手写藏文字丁的识别方法，对识别后字丁进行音节联想[11]，识别对象是字丁，并未扩展到藏文音节乃至句子识别进行研究。

我们研究组从2006年以来一直在进行联机手写藏文识别领域的研究，建立了一套比较完整的联机手写藏文字丁样本数据库，采用课题组已有的识别方法对该样本数据库进行性能评价[12]，并公开部分数据资源供藏文信息处理领域的学者共享[13]。在预处理阶段，提出了一种基于数学形态学的去噪方法[14]，可以有效降低和消除由于手写输入时笔尖抖动等产生的噪声。在特征提取阶段，采用了基于网格方向的特征提取方法[15]。针对相似字丁混淆的问题，采用汉字[16]和日文[17]识别中的相似字符的判别学习算法改进了识别精度。

综上所述，目前国内在联机手写藏文识别的研究集中在藏文字丁上，以字丁为识别单元，由于字丁集较大，基于整字丁识别的算法很难在保证高识别率的同时将存储量压缩到很小；此外，相似字丁较多影响了识别精度。基于部件的识别方法有三个优点:首先，用部件模型代替整个字丁，模型的个数大大减少；其次，部件的结构比字丁简单，识别精度能进一步提高；再次，部件的类别数较小，相应所需的训练样本也少。我们将充分利用基于部件的这种表示方法的优点，来满足笔式设备对识别性能的高需求。

3 藏文部件模型库的构建

部件模型库的质量对字丁的识别精度有重要的影响。从藏文字丁结构入手，对藏文部件的选取准则、半自动的标定方法以及部件模型的训练依次进行详细介绍。

3.1 藏文字丁结构

藏文字丁由 1—3 个辅音字母和 1 个元音符号按上下叠加的纵向线性形式组合而成。图 1 给出了字丁的结构，字丁由上元音（the top vowel，TV）、上加字（the consonant above the EC，CaEc）、基字（essential constant，EC）、下加字（the consonant below the EC，CbEc）、下元音（the bottom vowel，BV）组成。TV 和 BV 不能同时出现在一个字丁中，另外不一定所有的辅音字母都可以出现在 EC、CaEc 和 CbEc 位置。

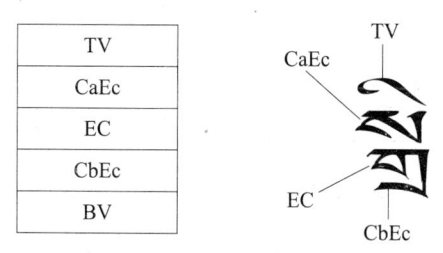

图 1　藏文字丁结构和例子

3.2 手写藏文部件的选取准则

从语言学的角度，藏文的层次结构为：字母->字丁->音节->句子，藏文字丁由 34 个基元（30 个辅音字母和 4 个元音符号）组成。然而从计算机切分算法的角度看，辅音字母或元音符号很难从字丁中正确切分出来，为此我们在字母层与字丁层之间引入了部件层，即藏文的层次结构变为：字母->部件->字丁->音节->句子，我们以参考文献[18]的选择准则来确定部件模型，结合部件切分算法，从 562 类常用手写藏文字丁中获得了 120 类藏文部件，表 1 给出了所有的部件模型。

表 1　藏文部件模型

序号	部件	序号	部件	序号	部件	序号	部件	序号	部件	序号	部件
1	ཀ	7	ཆ	13	ད	19	མ	25	ཤ	31	ཨ	37	ཡ
2	ཁ	8	ཇ	14	ན	20	ཙ	26	ར	32	ི	38	ཡ
3	ག	9	ཉ	15	པ	21	ཚ	27	ལ	33	ུ	39	ྲ
4	ང	10	ཏ	16	ཕ	22	ཛ	28	ཧ	34	ེ	40	ྲ
5	ཅ	11	ཐ	17	བ	23	ཝ	29	ས	35	ོ	41	ྱ
6	ཆ	12	ཐ	18	བ	24	ཞ	30	ཊ	36	འ	42	ྱ

续表

序号	部件	序号	部件	序号	部件	序号	部件	序号	部件	序号	部件
43		55		66		77		88		99		110	
44		56		67		78		89		100		111	
45		57		68		79		90		101		112	
46		58		69		80		91		102		113	
47		59		70		81		92		103		114	
48		60		71		82		93		104		115	
49		61		72		83		94		105		116	
50		62		73		84		95		106		117	
51		63		74		85		96		107		118	
52		64		75		86		97		108		119	
53		65		76		87		98		109		120	
54													

3.3 半自动的部件标定

数据的标定通常需要大量的手工干预，而且随着数据规模的扩大，手工工作量也会相应增加，很有必要开发一种缩减手工操作的标定方法。Richarz 采用半监督的学习方法来标定手写天气预告[18]和手写字符[19]，需要较少的人工干预。半监督学习的方法能够将已标定的少量样本的知识信息传播到未标定的样本中，最终对样本进行标定，大大缩减了手工工作量。Sas[20]采用非监督的方法通过优化分割假设对词语层进行标定，然而需要手工标定词语的初始集合。Adnan[21]提出了基于聚类的半自动标定方法。自学习（self-learning）方法用于手写汉字中的部首标定[22]以及手写藏文字丁中的部件标定[23]。

本文提出一种半自动的藏文部件标定框架（见图 2），我们按字丁类进行手写藏文字丁样本的标定。输入字丁是笔画序列，我们运用垂直重叠度信息[22]以及基于规则的小部件归并方法将字丁过切分为子结构块序列。根据这些子结构块序列的上边界重新排列它们，利用半监督学习的思想，针对一类字丁，首先，通过人工交互，每个字丁类都有一个被正确分割的部件模板，然后通过优化分割假设的策略，该类的所有样本和部件模板序列进行匹配，从而得到基于部件的字丁的标定结果。对于错误的组件标定结果，利用半自动的再标定模块重新标定它们。图 3 给出了部件标定的交互界面。

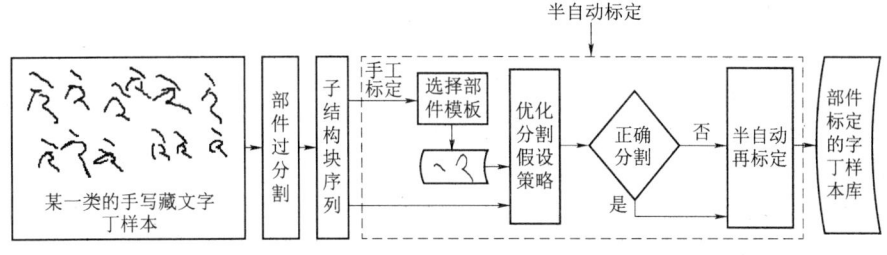

图 2 半自动的联机手写藏文字丁标定框架

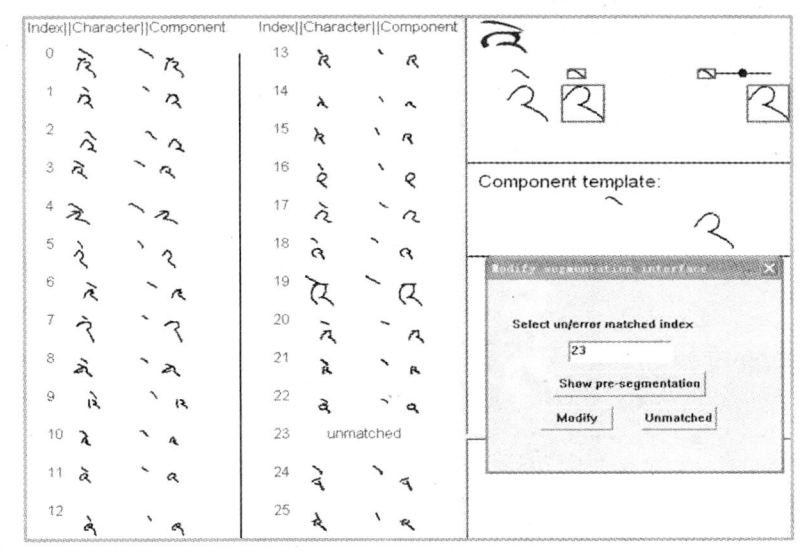

图 3 标定框架的交互界面

3.3.1 部件过分割

部件过分割的目的是将字丁过分割成部件或部件的一部分，确保正确的分割点包含在过分割的结果中，优化分割假设的策略确定分割的结果。

目前已有一些文献研究过分割的算法。文献[1]采用笔画的提笔距离和先验规则对手写字符串进行过分割；中科院自动化所的王大寒[24]使用统计分类器来决定笔画属于某一个分割基元；我们使用垂直方向的重叠度信息[22]和基于规则的小部件归并方法对联机手写藏文字丁进行部件过分割，图 4 给出了部件过分割的例子。

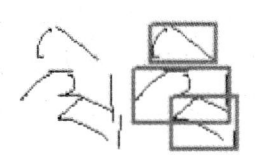

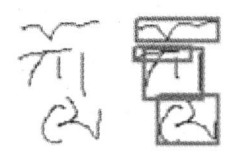

图 4　部件过分割的例子

3.3.2　优化分割假设的策略

部件过分割后，基于过分割结果来确定正确的分割点。由于字丁的部件模板来自人工选择，并不一定能完全准确地代表某一类部件，部件标定的结果会受到最初人工选择的部件模板的影响。因此，我们提出优化部件分割假设的策略改进标定的性能。

图 5 给出了优化分割假设的过程，输入是某一类字丁的部件模板以及分割成子结构块序列的 N 个字丁样本。首先，借助动态分割算法（dynamic programming，DP），N 个字丁样本与部件模板进行匹配，获得部件分割结果。然后我们选择前 M（实验中取值 30）个匹配结果为正确的部件标定结果，然后用前 M 个匹配结果来更新部件模板，剩余的 $N-M$ 个样本运用 DP 重新与更新的部件模板进行匹配。最终获得了一类字丁的所有样本的部件标定结果。

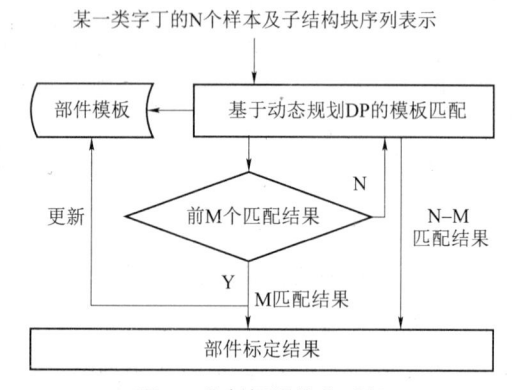

图 5　分割假设优化过程

3.3.3　半自动再标定

对于组件的标定结果，我们能通过部件数检测出错误的标定结果，如果标定后的部件数与实际的不一致，我们将拒绝这种标定结果，如图 3 中该样本被标定为"unmatched"。这种错误主要是由于部件之间的重叠度较大或者部件之间的连笔导致的，我们通过手工干预将部件连笔处断开或在重叠度较大的部件间设置分割点，然后传送到部件标定模块，重新进行部件的自动标定。

此外，我们也可以通过可视化的界面（见图3）发现错误的标定的结果，这种错误主要归因于分割假设的优化策略，通过手工标定分割点而获得标定结果。

3.3.4 部件模型的训练

部件是藏文字丁的子结构，在我们的基于部件的识别方法中需要先识别部件然后识别字丁，因此部件识别是重要的一部分，部件的识别精度对最终的藏文字丁识别精度有重要的影响。在字符识别中，统计识别方法可以获得较高的识别精度，根据这一优点，我们用统计分类器来模型部件字典。修正二次判别函数（MQDF）和学习矢量量化（LVQ）在基于整字丁的大类别的字符识别中取得了较好的效果，我们选取 MQDF 模型部件识别字典，每一类都只保留协方差最大的 20 个特征值和对应的特征向量。

4 融合的藏文字丁识别框架

图 6 给出了融合的藏文字丁识别框架图，输入藏文字丁是笔画序列，点轨迹预处理首先对笔画的点轨迹进行等间隔重采样，然后用高斯滤波平滑，以克服轨迹中点的波动。部件分割将经过预处理的字符过分割成一系列子结构块，子结构块是完整的部件或部件的一部分。将子结构块按其边界框的上边界重新排列，得到子结构块序列。将字丁识别看成是部件串的识别，关键问题是如何从子结构块序列中得到正确的部件串分割点及识别

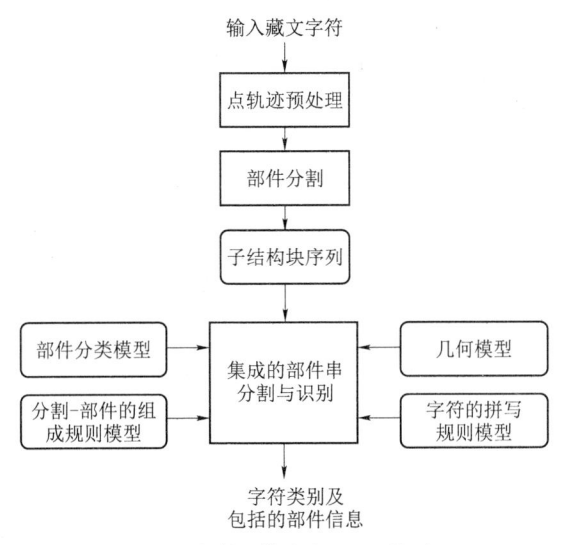

图 6 融合的藏文字丁识别框架

结果,我们采用了基于条件随机场的集成的部件串分割与识别方法,将字符—部件的组成规则模型、部件分类模型、字符的拼写规则模型及几何模型集成到一个识别框架下,对不同的分割方式进行评价,获得最优的分割路径及部件串的识别结果。最后根据识别出的部件串确定输入的字符类别。

4.1 集成的 CRF 模型

条件随机场(CRF, conditional random field)是一种判别性图模型,用来标记序列数据[25],已经用于词和字符串的识别中[26-27]。考虑到藏文字丁由有序的部件序列组成,基于部件过分割的结果,我们采用 CRF 标记部件分割点。

假定部件过分割模块将藏文字丁分割为按子结构块的上边界排列的子结构块序列 $C = (c_1, c_2, \cdots, c_n)$,如图 4 所示,我们的目标是从 C 中寻找最优的分割 S^*,即最大化后验概率 $P(S|C)$:

$$S^* = \arg\max_{S} P(S|C) \tag{1}$$

其中 $S = (s_1, s_2, \cdots, s_m)$ 表示候选分割序列,m 是候选部件的个数。

目前有很多路径评价准则,但是目前还没有一个统一的理论框架能够有效地集成部件串识别中的所需的各种信息。我们参考文献[26]采用的基于 CRF 的最大后验框架,该方法已经在日文字符串识别中验证了其有效性。

CRF 是无向图模型[25],结合其定义,(C,S) 表示一个图,其中每个子结构块 c_i 表示节点,节点之间的边表示候选部件。当 S 的概率在条件 C 下满足马尔科夫特性时,(C,S) 是一个条件随机场 CRF。在基于部件的识别方法中,我们用图的一阶团和二阶团来构建 CRF 模型。根据图模型的结构,$P(S|C)$ 进一步分解为多个正定且输出为实数值的能量函数的乘积,且 $P(S|C)$ 被归一化。

$$P(S|C,\lambda) = \frac{1}{Z(C)} \exp(\sum_{j} \lambda_j F_j(S,C)) \tag{2}$$

其中 $Z(C)$ 是归一化因子,λ_j 是权值参数,$F_j(S,C)$ 是某个能量函数,见公式(3),其中 $f_j(s_{i-1}, s_i, C, i)$ 是一个一元或二元函数。

$$F_j(S,C) = \sum_{i=1}^{m} f_j(s_{i-1}, s_i, C, i) \tag{3}$$

4.2 能量函数

在基于 CRF 的集成分割与识别中,我们采用了两种能量函数:集成函数(integrated function)和辅助函数(auxiliary function)。集成函数在公式

（2）中用来表示节点特征以及节点之间的依赖性。辅助函数用来消除不可能的候选部件，从而加快识别速度。

4.2.1 集成函数

集成函数包括一元和二元函数，一元函数表示单个候选部件的形状和几何特征。对于候选部件的形状特征，采用梯度方向特征提取方法，修正的二次判别函数（MQDF，Modified quadratic discriminant function）模型化这些特征。对于候选部件的一元几何特征，我们共使用了四个一元几何特征，包括：单个部件的宽度、高度、边界框的中心的横坐标和纵坐标，这四个特征用部件所在字丁的大小进行归一化，用高斯概率密度函数（Probability density function，PDF）来模型化一元几何特征。

二元函数表示两个候选部件之间的几何特征，二元几何特征包括四个：相邻部件的边界框的宽度、高度、中心横坐标和纵坐标的差，我们也用高斯概率密度函数来模型化二元几何特征。

4.2.2 辅助函数

与集成函数相比，公式（2）中并没有显示出现辅助函数。辅助函数包括基于部件的拼写规则模型和字丁—部件生成模型，在路径搜索中用于加快最优路径搜索的速度，并提高候选部件的识别精度。

基于部件的拼写规则要求一些部件类只能在有效的结构位置出现，表2给出了特定位置的部分部件。如果候选部件不满足拼写规则，在识别过程中将被拒绝。在某个结构位置上，候选部件只可能属于部分部件类别，这远小于所有部件的类别数，因而，基于部件的拼写规则能缩减部件分类的错误率。

表 2　　　　　　　　特定位置的有效部件的部分例子

位置	有效部件类
EC	ཀ ཁ ག ང ཅ ཆ ཇ ཉ ཏ ཐ ད ན པ ཕ བ མ ཙ ཚ ཛ ཝ ཞ ཟ འ ཡ ར ལ ཤ ས ཧ ཨ
CaEC	ལ ར ས
CbEC	ལ ཡ ར
TV	ི ེ ོ
BV	ུ

藏文字丁表示为按部件边界框的上边界排列的部件序列，字丁—部件模型表示了字丁所包含的部件类及部件之间的关系。我们可以把所有类字丁的部件序列表示集成到一个树结构中，字丁—部件模型用一个树结构表示，每个部件序列对应树结构中的一条路径。相同起始部件的字丁有相同

的前缀。由于共同的前缀部件在字典中仅存储一次，且在路径搜索中仅匹配一次，这种表示法能够节省字典的存储空间和识别计算量。

4.2.3 参数学习

假定部件标定的字符训练样本$\{(c^k, s^k)\}$是独立同分布的，公式（2）基于所有训练样本重新表示为

$$
\begin{aligned}
P(\{s^k\}|\{c^k\}\},\lambda) &= \sum_k \left[\frac{1}{Z(c^k)} \exp(\sum_j \lambda_j F_j(s^k,c^k)) \right] \\
&= \sum_k \left[\frac{1}{Z(c^k)} \exp(\sum_j \lambda_j \sum_{i=1}^m f_j(s_{i-1}^k,s_i^k,c^k,i)) \right]
\end{aligned}
\quad (4)
$$

为寻找最优参数，我们采用了负对数似然损失[28]（NLL，negative log-likelihood loss）作为损失函数，该损失函数是凸函数，可以保证收敛到全局最优。

$$
\begin{aligned}
L(\lambda) &= -\log P(\{s^k\}|\{c^k\}\},\lambda) \\
&= \sum_k \left[\log Z(c^k) - \sum_j \lambda_j \sum_{i=1}^m f_j(s_{i-1}^k,s_i^k,c^k,i) \right]
\end{aligned}
\quad (5)
$$

我们采用随机梯度下降法学习参数

$$
\lambda(t+1) = \lambda(t) - \varepsilon(t) \frac{\partial L(\lambda)}{\partial(\lambda)}|\lambda = \lambda_t \quad (6)
$$

其中$\varepsilon(t)$是学习步长，是一个与t有关的量。实际应用中，只对参数进行有限步更新，并且把$\varepsilon(t)$设置成初始值很小，并且逐步递减的序列。

5 实验结果

5.1 数据库描述

本文标定的样本从我们已公布的联机手写藏文字丁数据库MRG-OHTC[13]（130套字丁样本，每套由不同的书写人完成）以及未公布的部分样本数据（20套字丁样本）选取，共150套字丁样本，每套包括910类字丁。我们选择了常用的562类字丁样本进行标定并对基于部件的识别方法进行性能评价。用120套样本训练手写藏文字丁和部件分类器，剩余30套测试性能。

在半自动的标定过程中，当选择每一类字丁的部件模板后，大部分字丁样本能够被正确标定，仅较少的字丁样本需要手工的参与。表3给出了

部件标定的统计结果,从表 3 可看出,仅仅 11.36%的字丁样本需要半自动的再标定模块进行处理,因此我们提出的半自动的部件标定方法大大缩减了人工标定的工作量。

表 3　　　　　　　　标定数据的统计结果

标定数据	#自动	#半自动	总数
训练	59807	7633	67440
测试	14914	1946	16860
总数	74721	9579	84300
比例（%）	88.64	11.36	100

在标定完所有的字丁样本后,我们采用以前的自学习（self-learning）方法[22-23]确定藏文部件的类别数。对所有字丁类的部件模板通过层次聚类获得共享的部件模型,我们采用了基于合并的层次聚类方法,一开始,所有字丁类所包含的每类部件模板是一个独立的类,然后每次将最接近（类中心的欧氏距离）的两个部件类进行合并,直到满足终止条件为止,终止时的聚类个数作为最终的共享部件模型的数目。为了确定合适的聚类数,我们通过人工监控聚类过程决定终止条件。最后我们获得了 120 类部件模型（见表 1）。

此外,对于 562 类藏文字丁,不同类的字丁包含的部件数不一样,我们进行了统计,如表 4 所示,在完成所有的部件标定过程后,原有的字丁样本数据库被重新标定为基于部件的样本数据库,数据库中包含每一个字丁样本的部件分割点、部件数及所包括的部件类别。

表 4　　　　　　　　不同部件数的字丁比例

#部件	#字丁	比例（%）
1	110	19.57
2	311	55.34
3	141	25.09

5.2　实验结果

本文运用了基于整个字丁识别的方法和已有的两种基于部件的识别方法,即基于部件的集成的条件随机场 CRF 方法[23]和归一化路径评价方法[29],对部件标定的手写藏文字丁数据库进行性能评价。每个部件模型的建立同在整个字丁识别中[30]一样,需要归一化、特征提取、分类三个阶段。

矩归一化方法用来归一化点坐标序列，用基于归一化的特征提取（normalization-cooperated feature extraction，NCFE)[31]直接从轨迹提取方向直方图特征（512维），利用Fisher线性鉴别分析（LDA）进行降维，最终得到160维的特征向量。用修正的二次判别函数（MQDF)[32]分类器对特征进行分类。

表 5 给出了基于部件的两种识别方法和整个字丁的识别方法的识别精度，从表中可看出基于部件的CRF方法优于基于归一化路径的识别方法，且比整字识别方法的识别精度提高了3.55%，基于部件的识别方法的优势是部件类别（120 类）要小于字丁类别数（512 类），因此相应所需模型的存储空间也缩减为将近原来的1/5。

表5　　　　　　　　　三种方法的对比结果

方法		类别	精度（%）
基于部件	CRF	120	93.51
	归一化路径评价		90.76
整个字丁识别		562	89.19

6　结束语

本文提出一种基于部件的联机手写藏文字丁的识别方法，突破了传统的以字丁为识别单元的思想，以藏文部件为识别单元，集成多个知识信息相关的模型在统一的识别框架下，最终提高了部件的切分准确率和字丁识别的精度。同时，基于部件的识别方法需要大量部件标定的字丁样本，我们提出了一种半自动的部件标定方法，大大缩减了标定的工作量。

我们将扩展这种方法到音节层乃至句子层的识别，更多相关的识别算法还有待进一步改进，我们的方法也可以扩展到其他具有层次结构的字符的识别方法中。

注释：

［1］Xiaoqing Ding, Hua Wang. Multi-font Printed Tibetan OCR, Advance in Pattern Recognition, 2007, pp.73–98.

［2］Ngodrup, Dongcai Zhao, Putsren, et al. Study on Printed Tibetan Character Recognition, International Conference on Artificial Intelligence and Computational Intelligence, 2010, pp.280–285.

［3］欧珠、普次仁等：《印刷体藏文文字识别技术研究》，《计算机工程与应用》2009 年第 24 期，第 165—172 页。

［4］普次仁：《多种印刷字体藏文字符的特征提取方法研究》，《西藏大学学报》（自然科学版）2008 年第 1 期，第 25—28 页。

［5］刘真真、王茂基等：《基于分形矩的印刷体藏文特征提取方法》，《模式识别与智能系统》2008 年第 5 期，第 654—657 页。

［6］李刚：《印刷体藏识识别系统的研究与实现》，上海交通大学硕士学位论文，2007 年。

［7］祁坤钰：《基于规则的藏文识别后处理研究》，《西北民族大学学报》（自然科学版）2003 年第 4 期，第 33—36 页。

［8］王维兰、陈万军：《基于笔划特征和 MCLRNN 模型的联机手写藏文识别》，《计算机工程与应用》2008 年第 14 期，第 91—94 页。

［9］梁弼、王维兰、钱建军：《基于 HMM 的分类器在联机手写藏文识别中的应用》，《微电子学与计算机》2009 年第 4 期，第 98—101 页。

［10］Jianjun Qian, Weilan Wang, Daohui Wang. A Novel Approach for Online Handwriting Recognition of Tibetan Characters, IMECS, 2010, pp. 333–337.

［11］Weilan Wang, Duojie Zhuoma, Bi Liang, Jianjun Qian. A Syllable-Based Associational Scheme for Online Handwriting Tibetan Character Recognition, IMECS, 2009, pp. 598–602.

［12］Longlong Ma, Jian Wu. A Recognition System for on-line Handwritten Tibetan Characters, Proc 9th GREC, Seoul, Korean, 2011, pp. 89–92.

［13］Longlong Ma, Jian Wu, Huidan Liu. MRG-OHTC Database for Online Handwritten Tibetan Character Recognition, Proc. 11th ICDAR, Beijing, China, 2011, pp. 207–211.

［14］孙嫣：《藏文联机手写识别若干算法研究》，中国科学院软件研究所硕士学位论文，2009 年。

［15］刘瀚猛：《联机藏文手写识别特征提取方法研究》，中国科学院软件研究所硕士学位论文，2008 年。

［16］Xiangdong Zhou, Dahan Wang, M. Nakagawa, Chenglin Liu. Error Reduction by Confusion Characters Discrimination for Online Handwritten Japanese Recognition, Proc. 12th ICFHR, Kolkata, India, 2010, pp.495–500.

［17］Tianfu Gao, Chenglin Liu. High Accuracy Handwritten Chinese Character Recognition used LDA-based Compound Distances, Pattern

Recognition, 41(11):3442–3451, 2010.

[18] J. Richarz, S. Vajda, G. A. Fink. Towards Semi-supervised Transcription of Handwritten Historical Weather Reports, Proc. of 10th DAS, Gold Coast, Australia, pp.180–184.

[19] J. Richarz, S. Vajda, G. A. Fink, Annotating Handwritten Characters with Minimal Human Involvement in a Semi-superviesed Learning Strategy, Proc. of 13th ICFHR , Bari, Italy, 2012, pp.23–28.

[20] J. Sas and U. Markowska-Kaczmar. Semi-automatic Training Sets Acquisition for Handwriting Recognition, Proc. of 12th CAIP, LNCS4673, Springer, 2007, pp. 521–538.

[21] A. Ul-Hasan, S.S. Bukhari, S. F. Rashid, F. Shafait, T.M. Breuel. Semi-automated OCR Database Generation for Nabataean Scripts, Proc. 21th ICPR, Tsukuba, Japan, 2012, pp.1667–1670.

[22] Chenglin Liu, Longlong Ma. Radical-based Hybrid Statistical-Structural Approach for Online Handwritten Chinese Character Recognition, Pattern Recognition, Machine Intelligence and Biometrics, P.S.P.Wang（ed.）, Springer, 2011, pp.633–655.

[23] Longlong M., Jian Wu. A Component-based On-line Handwritten Tibetan Character Recognition Method Using Conditional Random Field, Proc. of 13th ICFHR , Bari, Italy, 2012, pp.700–705.

[24] Dahang Wang, Chenglin Liu, Xiandong Zhou. An Approach for Real-time Recognition of Online Chinese Handwritten Sentences, Pattern Recognition, 45(10):3661–3675, 2012.

[25] J. Lafferty, A. McCallum, F. Pereira. Conditional Random Fields: Probabilistic Models for Segmenting and Labeling Sequence Data, Proc. 18th ICML, 2001, pp.282–289.

[26] Xiangdong Zhou, Chenglin Liu, M. Nakagawa, Online Handwritten Japanese Character String Recognition Using Conditional Random Fields, Proc. 10th ICDAR, Barcelona, Spain, 2009, pp.521–525.

[27] S. Shetty, H. Srinivasan, S. Srihari. Handwritten Word Recognition Using Conditional Random Fields, Proc. 9th ICDAR, Brazil, 2007, pp. 1098–1102.

[28] Y. LeCun, S. Chopra, R. Hadsell, R. Marc'Aurelio, F. Huang. A Tutorial on Energy-based Learning, In: G. Bakir, et al. (eds.), Predicting Structured Data, MIT Press, 2007.

［29］ M. Cheriet, N. Kharma, C.L. Liu, C.Y. Suen, Character Recognition Systems: A Guide for Students and Practitioners, John Wiley & Sons, Inc., 2007.

［30］ Chenglin. Liu, Xiangdong Zhou. Online Japanese Character Recognition Using Trajectory-based Normalization and Direction Feature Extraction, Proc. 10th IWFHR, La Baule, France, 2006, pp.217–222.

［31］ M. Hamanaka, K. Yamada, J. Tsukumo, On-line Japanese Character Recognition Experiments by an off-line Method Based on Normalized-cooperated Feature Extraction, Proc. 2nd ICDAR, Tsukuba, Japan, 1993, pp.204–207.

［32］ F. Kimura, K. Takashina, S. Tsuruoka, Y. Miyake, Modified Quadratic Discriminant Functions and the Application to Chinese Character Recognition, IEEE Trans. Pattern Analysis and Machine Intelligence, 9(1): 149–153, 1987.

Hybrid Statistical and Structural Online Handwritten Tibetan Character Recognition Method Based on Tibetan Components

Ma Longlong   Wujian

[Abstract] With the increasing use of hand-held mobile devices, online handwriting input is receiving new interests. Meanwhile, higher requirement on recognition accuracy and storage space is needed for online handwriting recognition algorithms. In this paper, we propose a new component-based online handwritten Tibetan character recognition method combining statistical component model and component-based structure feature. During recognition process, we integrate multiple sub-models into a principled recognition framework to enhance the performance of component segmentation and character recognition. To reduce human involvement in component annotation from Tibetan characters, a semi-automatic component annotation method based on optimization segmentation hypotheses is proposed. Experimental results show the effectiveness of our proposed method.

[Key words] Tibetan Component; Online Handwritten Tibetan Character Recognition; Conditional Random Fields; Semi-supervised Learning; Component Segmentation

基础研究

藏语元音的 Z-Norm 归一化研究

周学文

[摘要] 本文对藏语拉萨话一位男发音人的 1500 多个词的元音进行了 Z-Norm 归一，并与 5 种国际流行的元音归一方法进行了比较，结果证实 Z-Norm 的收敛性和性别无关性性能最好，是目前最好的元音归一方法，其归一值是人耳分辨元音音色的关键值。由 Z-Norm 的两个归一值作为坐标可以生成元音的 Z 图，Z1 表示舌位高低，Z2 表示舌位前后。拉萨话元音的 Z 图显示，拉萨话元音大致分布在三个区域：前高和接近前高的区域（/i/、/y/、/e/、/ɛ/、/Ø/）、后低（/u/、/o/）和中低（/a/）。前区的元音舌位都比较高和集中，舌位的两个维度的差别都较小，央元音/Ø/是相当靠前的元音。

[关键字] 藏语；元音；归一；Z-Norm

1 前言

根据经典语音学理论，元音的音色主要是由元音的前三个共振峰 F1、F2、F3 决定的，F1 与舌位高低（开口度）有关，F2 与舌位前后及唇的圆展有关。在研究元音时一般只考虑共振峰的绝对值。由于受到前后音素、元音位置、音高、韵律等的影响，即使同一发音人的同一元音共振峰的绝对值波动也很大。例如普通话男性发音人元音/a/共振峰典型值，F1 和 F2 大约为 800 和 1300 赫兹，F1 和 F2 的波动幅度大约为 150 和 250 赫兹，与 F1 和 F2 典型值的比值（波动率）达到了 20%左右。另外，不同性别发音人元音共振峰的绝对值差别更大，普通话女性发音人元音/a/共振峰典型值，F1 和 F2 大约为 1000 和 1600 赫兹，与普通话男性发音人元音/a/共振峰 F1 和 F2 值有 200—300 赫兹的差别，波动率达到了 20%以上。不同发音人元音共振峰的差别主要是由不同大小的声道长度、共鸣腔（口腔和鼻腔）等发声器官引起的，而同一发音人元音共振峰的差别主要是基于协同发音（Co-articulation）和个人发音习惯引起的，无论是何种原因，我们观察到的元音共振峰绝对值都包含了这些波动因素，为了把这些波动因素从元音的本质特征中分离出来，语音学界提出了元音归一化的思路。

元音归一化（Vowel Normalization）是指在保留元音的音位系统和社会语言学区别意义的同时，最大限度地消除发音人的个性生理特征（发音器官大小）差异、发音特征（发音习惯、语速等）差异、语境影响（其他音素的影响、音节位置、韵律等）等差异，从而得到元音与发音人和语境等无关的、本质的特征（Intrinsic Features）的求解过程。元音归一化在语音比较研究、语音识别方面意义重大，因为如果不能把元音的本质特征从发音人、语境等个性或波动差异中分离出来，语音比较和语音识别就失去了可靠的基础，就只能依靠大样本（发音人、语音材料）数据，而且必须把主要精力投入到分类和消除这些个性或波动差异上。例如在对濒危少数民族语言的语音调查中，找到覆盖性别、年龄、身份等特征的多位发音人是很困难的事；再如在比较不同语言元音的声学空间时，如何判断元音的声学空间是否一致以及声学空间的距离，假如不对元音进行归一化，就需要付出大量精力用以消除发音个性或语境的波动差异，而且必须考虑诸如发音人性别、年龄等限制条件。所以是否能够找到一种简单、归一化效果好、基于小样本（发音人、语音材料）数据的元音归一方法至关重要。

目前，国际语音学界提出了多种归一方法，如 Labov ANAE Method(s)、Lobanov Method(s)、Nearey Method(s)、Watt & Fabricius Method（以上方法均引自[1]）以及这些方法的变种等，这些方法都是先对一个或多个发音人的若干个元音的共振峰或共振峰的对数求得最大值、最小值、平均值等，然后对每个元音的 F1 和 F2 做某种形式的加权变换而生成其变体F1*和F2*，再作为元音图的两个坐标。这些方法的缺点是归一值不固定，随着样本数据的变化而变化。具体的归一方法包括将单个发音人相同元音的共振峰均值归一、在多个发音人之间的相同元音的共振峰归一、对共振峰取对数和用总平均值加权等多种变体。图 1 为用 Nearey 方法对美国英语两位发音人二十多个词归一后的元音图（红女蓝男），归一公式如下：

$$F*n[V]= anti-log(log(Fn[V]) - mean(log(Fn))) \quad (1)$$

（注：n=1，2 为共振峰，V 为元音，mean(log(Fn))为单个发音人所有元音共振峰 Fn 对数值的均值）

分析公式（1），Nearey 归一法是求得某人所有元音的 F1（F2）对数的均值，然后求得每一元音 F1 的对数与该均值的差，再对差取反对数得到的，方法的实质是在对某人所有元音的 F1（F2）进行平均的基础上的归一。观察图 1 的归一结果，两位发音人元音的距离仍然太大，例如 BOUT、TOUR、POOL、BAT 等单词，两人在 F*1 轴或 F*2 轴的值的差距至少超过 10%，所以归一效果仍然不够理想。

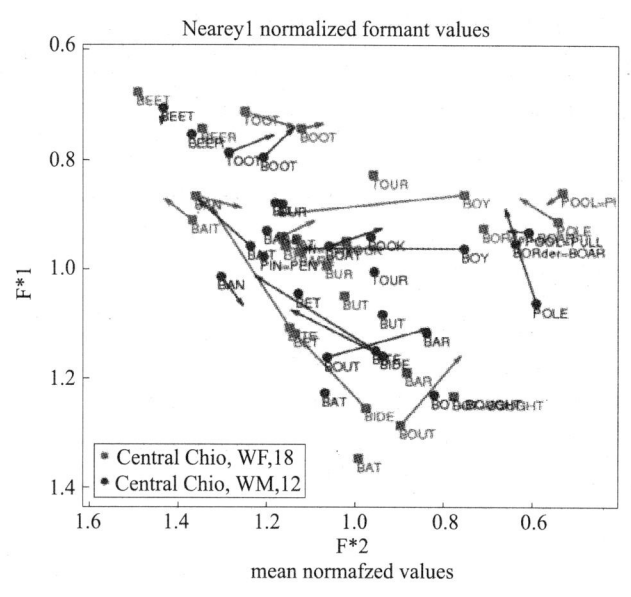

图1 Nearey 方法对英语归一的元音图

资料来源摘自：[1] http://ncslaap.lib.ncsu.edu/tools/norm/index.php。

共振峰比例理论（Formant Ratio Theory）是另一类元音归一化方法，其原理为：a certain spatial pattern of stimulation on the basilar membrane may be identified as a given sound regardless of position along the membrane（Potter & Steinberg，1950），通俗地说，元音共振峰不是绝对的，而是相对的，即在变化中的共振峰值之间存在着不变的相对值。共振峰比例理论是一种基于听觉感知空间 APS（Audio Perception Space）假设的理论，即听觉系统是在对共振峰进行某种比例关系的变换后进行元音音色的分类的。为了寻找此比例关系，语音学家 Peterson（1961）、Sussman（1986）、Syrdal & Gopal（1986）和 Miller（1989）等人提出了各自的共振峰比例公式，共同点是都采用共振峰的对数差作为归一值，例如 Bark(F2)–Bark(F1)，Bark(F3)–Bark(F2)（Syrdal & Gopal 公式）；log(F1/F*)，log(F2/F*)，log(F3/F*)（Sussman 公式，F*=(F1+F2+F3)/3；log(F1/SR)，log(F2/F1)，log(F3/F2)（Miller 公式，SR 为基频 F0 在一个时间段的平均值）。除了 Syrdal 和 Gopal 的 Bark 值公式外，其他公式在归一前必须首先计算所有样本的共振峰平均值（Sussman）、基频平均值（Miller），甚至有的要指定发音人性别等，这些要求使得归一值随着样本数据的变化而变化，降低了公式的通用性。根据笔者用数据测试，这些公式的归一化效果很难令人满意[1]。

为了进一步提高元音归一化效果，笔者提出了基于共振峰比例理论的共振峰对数商公式 Z-Norm（Z1=log F2/log F1，Z2=log F3/log F2，以下称 Z 值），并与 5 种国际经典的归一方法分别对藏语的 3 个元音的少量数据进行了归一，并比较了 6 种方法的归一效果。比较基准是同一发音人同一元音变换后的收敛性，即样本标准差与平均值的比值，该值越小，则归一方法越收敛。结果显示，就收敛性而言，Z-Norm 方法为最佳的元音归一方法。

2 实验数据分析

藏语拉萨话实验数据来自一位男性发音的单、双音节朗读语料，共包含 8 个元音约 1600 个元音数据，元音位置包括词首和词尾。共振峰数据为元音目标位置的三个共振峰 F1、F2 和 F3 的值（赫兹），取值点一般在元音时长的中间位置。录音采用强指向性麦克风 SONY-44B 和笔记本电脑，在专业录音室录音。

首先对藏语拉萨话八个元音中的/a/、/i/、/u/的少量共振峰数据应用 6 种归一方法（Miller、Bark、Nearey 2、Labov、Watt & Fabricius 2、Z-Norm）进行归一，通过比较归一值的标准差与平均值的比值（即收敛性），得到最佳的共振峰归一法（Z-Norm），然后利用 Z-Norm 法计算藏语拉萨话八个元音共振峰的 Z-Norm 归一值，对每个元音的 Z-Norm 值进行分析，并绘出元音的 Z-Norm 图，指出 Z-Norm 图蕴涵的语音发音机理以及藏语拉萨话元音的发音特点。

2.1 元音归一方法比较

为了比较不同的元音归一方法的优劣，本文选取了藏语拉萨话男发音人以朗读语速发音的单音节和双音节词中的元音/a/、/i/、/u/的部分共振峰数据，三个元音的样本数分别为 23、34、24，如表 1 所示。

表 1 藏语拉萨话男发音人 3 个元音的共振峰 F1，F2，F3（赫兹）

	元音/a/				元音/i/				元音/u/		
词	F1	F2	F3	词	F1	F2	F3	词	F1	F2	F3
na	911	1428	2819	mi	364	2293	3061	ku	421	919	2616
ɬa	890	1339	2830	tʂi	299	2316	3032	tsʰu	378	977	2351
sa	884	1199	2682	ji	362	2215	2971	su	372	1017	2607
tsʰa	914	1401	2976	ri	272	2223	2878	pʰu	375	717	2483

续表

元音 /a/				元音 /i/				元音 /u/			
词	F1	F2	F3	词	F1	F2	F3	词	F1	F2	F3
tʂʰa	918	1336	2577	cʰi	352	2220	2934	tʂu	386	1359	2183
ʂa	906	1386	2836	tʂi	362	2142	2720	pu	373	747	2481
tsa	937	1339	2866	tʂʰi	334	2203	2941	piu	406	895	2624
kʰa	866	1399	3010	ʂi	312	2255	3037	tʂiu	389	851	2602
ɳa	907	1455	2636	ɕi	300	2140	2862	pʰiu	372	951	2402
ta	850	1244	2949	piu	342	2156	2628	kur	383	1070	2316
sa	894	1302	2804	tʂiu	361	2061	2375	luŋ	401	1040	2504
ma	850	1177	3053	pʰiu	354	2046	2389	tʂʰuk	401	996	2398
tsa	912	1373	2725	tsʰik	349	2317	2897	sur	418	1243	2293
ŋa	862	1361	2817	ɲiŋ	361	2308	2802	cʰur	416	1295	2444
ja	896	1444	2654	miŋ	396	2326	3226	ɕuŋ	405	1339	2398
la	898	1262	2772	ɲi?	361	2374	3104	tum	412	1100	2624
la	917	1305	2879	tʂʰim	425	2252	2783	nup	401	1269	2400
la	884	1306	2778	sik	363	2186	2763	tʰup	365	1017	2566
la	870	1231	2733	tʂi?	349	2362	3034	tup	458	1118	2629
ʂa	737	1758	2478	mik	346	2223	3030	ɦuk	372	1162	2614
tʂa	885	1398	2608	tʂiŋ	381	2409	3116	pʰur	373	1124	2389
ŋa	896	1373	2657	ril	304	2132	2757	tʰur	399	950	2375
ŋa	857	1280	2825	jip	295	2230	3034	sum	407	1209	2689
				jin	310	2264	3044	ŋku	476	854	2411
				ʂiŋ	381	2280	2882				
				cil	351	2193	2840				
				ntʂi	334	2138	2886				
				ntʂi	296	2220	3018				
				nti	327	2193	2845				
				ntʂik	325	2240	2881				
				ntʂim	377	2128	2590				
				ntsiŋ	359	2262	2920				
				ntsʰi?	357	2230	2700				
				ntsʰip	313	2212	2942				

对表 1 的元音共振峰数据使用 6 种归一方法进行归一，并计算归一值的均值、标准差和收敛性，结果如表 2 所示。

表 2 藏语拉萨话 3 个元音 6 种归一法归一值的均值、标准差和收敛性

归一方法	归一值	元音/a/ 均值	元音/a/ 标准差	元音/a/ 收敛性	元音/i/ 均值	元音/i/ 标准差	元音/i/ 收敛性	元音/u/ 均值	元音/u/ 标准差	元音/u/ 收敛性
Miller	M1	0.183	0.048	26.0	0.813	0.042	5.2	0.416	0.077	18.6
	M2	0.314	0.051	16.2	0.111	0.020	17.7	0.378	0.085	22.4
Nearey 2	F1*	0.706	0.032	4.5	0.275	0.026	9.5	0.318	0.022	6.8
	F2*	1.080	0.093	8.6	1.780	0.067	3.7	0.839	0.142	16.9
Labov	F1*	927	42	4.5	360	34	9.5	417	29	6.8
	F2*	1416	122	8.6	2334	87	3.7	1101	186	16.9
Bark	Z3-Z1	7.38	0.377	5.1	11.94	0.590	4.9	10.42	0.415	4.0
	Z3-Z2	4.79	0.763	15.9	1.68	0.292	17.4	5.65	1.187	21.0
Watt & Fabri. 2	F1/S(F1)	1.688	0.076	4.5	0.656	0.062	9.5	0.761	0.052	6.8
	F2/S(F2)	1.051	0.091	8.6	1.733	0.065	3.7	0.817	0.138	16.9
Z-Norm	Z1	1.062	0.017	1.58	1.321	0.022	1.65	1.160	0.030	2.59
	Z2	1.101	0.017	1.55	1.033	0.006	0.56	1.126	0.031	2.77

注：M1= log(F2/F1)，M2=log(F3/F2)，Z1=log F2/log F1，Z2=log F3/log F2，log 为以 10 为底的对数，其他方法的归一公式参见[1]。

表 2 显示了 6 种归一方法的结果，比较它们的收敛性，对于/a/、/i/、/u/，Nearey 2、Labov 和 Watt & Fabricius 2 的两个归一值的收敛性分别都为 4.5 和 8.6；9.5、3.7；6.8、16.9。即，这三种方法的收敛性是相同的，Bark 的收敛性差于这三种方法，Miller 的收敛性又差于 Bark 方法，最收敛的方法是 Z-Norm，它对三个元音的收敛性介于 0.56 和 2.77 之间，远远优于 Nearey 2 等三种收敛性较好的方法，说明 Z-Norm 公式的元音共振峰对数的商真实地反映了人类听觉对元音音色的感知关系，即人耳是通过元音共振峰对数的商（Z1 和 Z2）而非 F1 和 F2 来感知元音音色的。

2.2 藏语拉萨话的 Z-Norm 值

对藏语拉萨话男发音人以朗读语速发音的约 1500 个单音节和双音节词中的 8 个元音的共振峰用 Z-Norm 方法进行归一，并计算共振峰和归一值的均值、标准差和收敛性，结果如表 3 所示。

表 3 中 8 个元音的收敛性都在 3%以内，Z2 的收敛性要低于 Z1，前高和前央元音的收敛性比其他元音低一些。表 3 的结果与笔者对彝语、维吾

尔语、壮语、汉语、英语元音的 Z-Norm 归一结果类似[2-3]，这些语言元音的收敛性对同一发音人均在 3%以内，而不同性别发音人的 Z 值比值均在 3%以内（即性别无关性很好），结合这些结果，可以证实，藏语拉萨话的 Z-Norm 归一效果是令人满意的。

因为拉萨话中的单元音分鼻化和非鼻化两套，表 3 是不分鼻化的元音归一的结果，如果考虑鼻化元音的 Z-Norm 归一值，结果如下：对于/i/，鼻化使得 Z1 减小、Z2 无影响；对于/y/，鼻化使得 Z1 减小、Z2 无影响；对于/ø/，鼻化使得 Z1 减小、Z2 增大；对于/a/，鼻化对 Z1 无影响，CV 类型使得 Z2 增大；对于/e/、/ɛ/、/o/、/u/，鼻化对 Z 值无影响。总之，鼻化只对部分元音的 Z 值有一定影响，总体上无明显的规律可循。

表 3　　　　藏语元音的共振峰和归一的 Z-Norm 值

元音	比较基准	共振峰			Z-Norm 值	
		F1	F2	F3	Z1	Z2
/a/	平均值	761	1320	2774	1.084	1.104
	标准差	109	157	173	0.033	0.024
	收敛性（%）	14.29	11.91	6.23	3.068	2.148
/i/	平均值	336	2216	2821	1.325	1.031
	标准差	29	113	193	0.022	0.006
	收敛性（%）	8.691	5.111	6.839	1.631	0.614
/u/	平均值	389	1000	2461	1.157	1.134
	标准差	44	182	148	0.036	0.034
	收敛性（%）	11.36	18.21	6.03	3.11	3.00
/y/	平均值	325	1965	2448	1.312	1.029
	标准差	34	103	120	0.028	0.007
	收敛性（%）	10.52	5.23	4.92	2.12	0.64
/ɛ/	平均值	450.4	2121	2701	1.255	1.032
	标准差	40.42	95.91	135.2	0.023	0.006
	收敛性（%）	8.97	4.52	5.0	1.85	0.58
/ø/	平均值	433	1861	2539	1.242	1.042
	标准差	49	122	83	0.032	0.011
	收敛性（%）	11.37	6.60	3.29	2.570	1.012
/e/	平均值	417	2131	2719	1.273	1.032
	标准差	54	119	151	0.032	0.006
	收敛性（%）	12.869	5.574	5.540	2.542	0.598

续表

元音	比较基准	共振峰			Z-Norm 值	
		F1	F2	F3	Z1	Z2
/o/	平均值	551	999	2800	1.095	1.151
	标准差	64	129	174	0.026	0.025
	收敛性（%）	11.59	12.86	6.20	2.39	2.19

2.3 藏语拉萨话的元音图

用表 3 的 F 值和 Z 值分别画出藏语拉萨话元音图，图 2 左为传统的声学元音图（F 图），图 2 右为 Z-Norm 图（Z 图）。

图 2 显示，藏语拉萨话的 Z 图和 F 图中元音的相对位置分布非常相似，传统的 F 图的 F1 表示舌位高低，F2 表示舌位前后，在 Z 图上，Z1 表示舌位高低，Z2 表示舌位前后，与 F 图不同的是，后高元音/u/和/o/在 Z 图上的舌位很低，/u/甚至低于/ɛ/，这似乎与传统观点不符，但实际上，人们只是觉得比前高元音低，究竟有多高，因为缺乏用 X 光照相和电磁发音仪 EMA 测量的大量证据，语音学界并没有一致的结论，所以尽管/u/和/o/被称为后高元音，许多文献把它们画得比前高元音/i/要低一些。胡方用 EMA 设备对宁波元音舌位数据进行了测量[4]，图 3 为十个元音舌位的轨迹剖面图，舌头上固定有三个传感器，从左到右为 TT、TM、TD，TT 离舌尖不到 1 厘米的位置，TM 距 TT 约 3 厘米，TD 距舌尖约 6 厘米。元音舌位的传统定义为舌面与上颚最接近的收紧点的位置[5]，据此，后元音/u/、/o/、/ɔ/的舌位应该认定为靠近 TD 的位置，因为这些元音的 TD 最接近上颚，其他元音的舌位应该认定为靠近 TM 的位置。图 3 显示，宁波话的后高元音/u/和/o/的实际舌位很低，甚至低于/ɛ/，这说明，传统的"后高元音"观点可能有误。Z 图与图 3 的另一个相似点是/i/和/y/的相对位置，图 3 显示它们的距离很近，它们的舌位前后位置很接近，并没有 F 图上那么大的距离。所以，尽管语言不同（宁波话和拉萨话），Z 图应该比传统的 F 图更精确地反映了元音的实际舌位。

观察拉萨话元音 Z 图，元音大致分布在三个区域：前高和接近前高的区域（/i/、/y/、/e/、/ɛ/、/ø/）、后低（/u/、/o/）和中低（/a/）。前区的元音舌位都比较高，舌位的两个维度的差别都较小，央元音/ø/是相当靠前的元音，图 3 可以佐证此推论。

需要指出的是，目前还没有用 EMA 研究拉萨话元音的报道，本文用宁波话的 EMA 数据图来类比研究拉萨话元音舌位的方法虽不够严谨，但可在一定程度上说明问题。

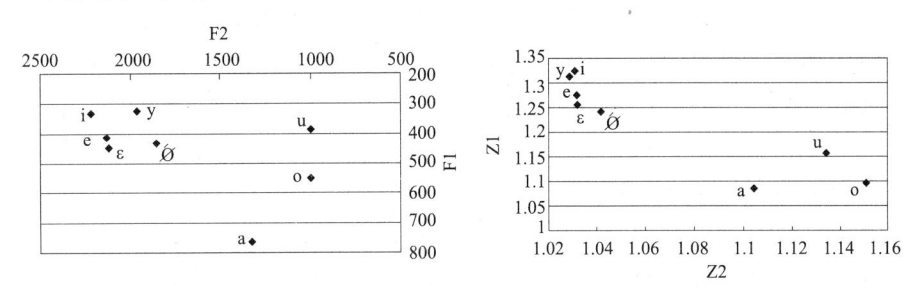

图 2　藏语拉萨话元音图

注：左：F 图　右：Z 图

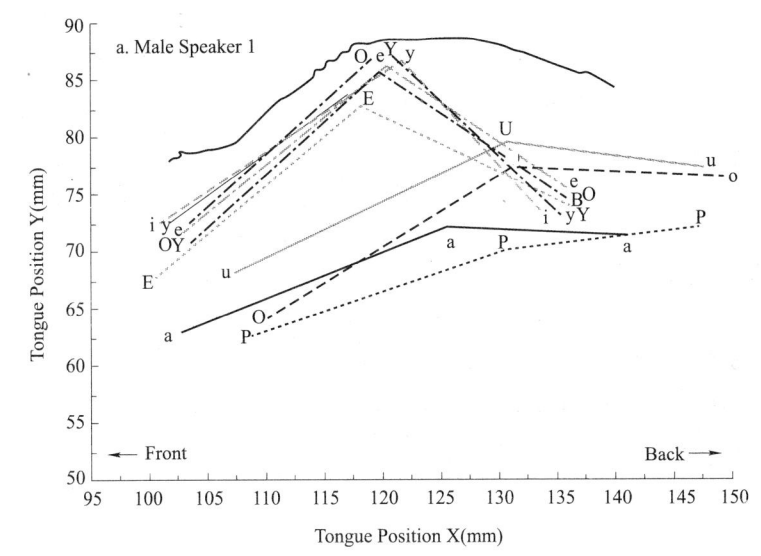

图 3　宁波话元音的舌位生理位置[4]

注：图中 E 应为 /ɛ/，P 应为 /ɔ/，O 应为 /ø/。

3　结论

本文对藏语拉萨话一位男发音人的1500多个单音节和双音节词中元音进行了 Z-Norm 归一分析，通过与5种国际流行的元音归一方法就行收敛性比较证实，Z-Norm 的收敛性最好，结合本人曾对彝语、维吾尔语、壮语、汉语、英语元音的 Z-Norm 归一结果，Z-Norm 的性别无关性也最好，所以可以得出结论，Z-Norm 是目前最好的元音归一方法，其归一值是人耳分辨元音音色的关键值，而且归一值是稳定的，只取决于本元音的共振峰，与其他样本数据的增减和变化无关。

由 Z-Norm 的两个归一值作为坐标可以生成元音的 Z 图，Z1 表示舌位高低，Z2 表示舌位前后。Z 图中元音的分布与传统的元音 F 图大部分类似，但是所谓的"后高元音"/u/、/o/的舌位分布、/i/和/y/的相对位置等与元音 F 图有差别，但它们与 EMA 实测的结果更为接近，所以可以说，Z 图比传统的 F 图更准确地刻画了元音发音的生理位置。

拉萨话元音的 Z 图显示，拉萨话元音大致分布在三个区域：前高和接近前高的区域（/i/、/y/、/e/、/ɛ/、/ø/）、后低（/u/、/o/）和中低（/a/）。前区的元音舌位都比较高和集中，舌位的两个维度的差别都较小，央元音/ø/是相当靠前的元音。

注释：

[1] The Vowel Normalization and Plotting Suite. http://ncslaap.lib.ncsu.edu/tools/norm/index.php.

[2] 周学文：《元音归一化的对数商模型》，《第十二届全国人机语音通讯学术会议（NCMMSC 2013）论文集》，2003 年。

[3] Zhou, X.W. Varying or Unvarying-Logarithmic Quotient Model, 2013.

[4] 胡方：《电磁发音仪与宁波方言的元音研究》，《第七届中国语音学学术会议暨语音学前沿问题国际论坛论文集》，2006 年。

[5] 吴宗济、林茂灿等：《实验语音学概要》，高等教育出版社 1989 年版。

Research on Z-Normalization of Tibetan Vowels

Zhou Xuewen

[Abstract] This paper normalizes Tibetan vowels in 1500 multi-syllabic words, spoken by a male speaker, using Z-Norm and other five popular normalization methods. The results demonstrate that Z-Norm is so far the best normalization method in terms of convergence and gender-independence. Z-values are feature parameters implying vowel quality. Z values (Z-Norm values, Z1 and Z2) constitute two axes of Z-chart, which may represent vowels' articulation physiological position. In Z-chart of Tibetan vowels, Lahsa vowels are distributed in three regions: front-high and close region (/i/, /y/, /e/, /ɛ/, /Ǿ/), back-low region (/u/, /o/), middle-low region (/a/). Tongue positions are high and close for front vowels. The position of /Ǿ/ inclines to the front.

[Key words] Tibetan; Vowel; Normalization; Z-Norm

书面藏语的集合化环缀 s-d 和 s-n[①]

邵明园

[摘要] 书面藏语存在环缀成分，其中之一即是由 s-d 和 s-n 这两种形式所构成的用于亲属称谓词中、表达集合化意义的环缀。由 s-n 构成的 spun 是个集合化名词，既可以表达"兄弟"概念，还可以表达"族属、亲属"等集合化概念，它不是藏文 phu "兄"和 nu "弟"两词合音而成的。s-d 同样附着在某些表达亲属称谓的词根上表达集合化的意义。这类现象往往存在于某些复合词中，具有特殊的构词规律，对此复合词的意义诸多词典也存在注释不精确的情形。另外，s-d 和 s-n 环缀在书面藏语中的能产性也很低。

[关键词] 书面藏语；环缀；亲属称谓词；构词形式

1 绪论

Crystal（2000：12）认为，环缀（circumfixes）是词缀的一种，是前缀和后缀的一种组合模式；Whaley（2009：117）认为，环缀是可以在中间插入词缀或词根的两个成分。已知世界上南岛语系语言存在较为丰富的环缀成分，如台湾高山语族的阿眉斯语（何汝芬等 1986：24—29）、排湾语（陈庚、马荣生 1986：29—33）、布嫩语（何汝芬等 1986：33—36）。藏语中也存在环缀形式，据我们的初步研究，可将藏语中的环缀分为构词环缀，主要是名物化环缀和集合化环缀；构形环缀，主要是致使化环缀和时体屈折环缀等形式。本文只研究集合化环缀的形式与意义，其他形式待另文给出。

---

① 本文藏文转写采用基于标准书面藏语正字法而创设的威利罗马字母转写方案(Wylie' Romanization system)，只将其中的转写符号'改为 v。吐蕃时期一些特殊字符的书写，采用通行的方案，如反 i 我们用大写 I 来表示，现代方言读音则 IPA 放在 [ ] 里来标示。另外，我们在写作中还参考了 OTDO 数据库（古藏文文献数据库），该数据库英文全称为 Old Tibetan Documents Online，网址为：http://otdo.aa.tufs.ac.jp/。藏文译文我们尽量采用已有藏族文史学界的译文，以便对照，也谨对文中常引译文作者王尧和陈践等先生表示感谢。

本文重点讨论如下三个问题：s-n 构成的环缀及 pu nu（phu nu）和 spun（sbun）等的词汇语义问题；s-d 构成的环缀及 ma smad、pha spad 等的词汇语义问题；亲属称谓词中的非集合化环缀、对前辈学者的某些论点提出质疑的问题。结尾部分对藏语环缀的构成形式和语义特点进行简单述评。

2 藏语的集合化环缀

集合化（collective）即一组实体的集合，形式上不同于有明显数对立的名词，有的语言这两类名词有形态区别（Crystal 2000：65），而据刘丹青（2008：335—338）的介绍，我们可以断定藏语典型的名词应该是"集合名词"（set noun），[①]藏语此时的集合化即指附加集合化标记（藏语表现为环缀）来明确表达集体/集合的概念，目前所见附加此类标记的词为亲属称谓词。

Beyer（1992：119）首先指出在书面藏语词汇中存在集合化环缀（collective circumfixes）。其后 Matisoff（2003：447—448，453）和 LaPolla（2003:24—25）也讨论了藏缅语中的-n 和-t/-d 形态后缀，且认同 Beyer 关于-n 和-t/-d 具有组成环缀成分和表达集合化功能的论述。[②]所谓-n 参与构成集合化环缀，即藏语中前缀 s-和后缀-n 或-d 组成 s-d 或 s-n 的环缀形式（circumfixes），用以表达"亲属关系集合词"（kinship collective）。下面我们看 Matisoff 所给的例子：

表 1　　　　　　　　书面藏语的集合化环缀

根词	根词+环缀	根词	根词+环缀
ma 妈妈	ma smad 母女	pha 爸爸	pha spad 父子
phu 哥哥	spun 兄弟	khu 叔叔	skud po 堂兄弟/内兄弟
tsha 孙/侄	khu tshan 叔辈亲属	tsha 孙/侄	pha tshan 父系亲属

笔者亦赞同上述前两行 s-d 和 s-n 为环缀的认识，但对第三行所述持保留意见，本文将对此予以分析。鉴于上述诸位学者并未从历史文献的角度对此进行详细论证，且实际上还存有争论，如藏族学者 Dpavris Sangrgyas（1999：135）即认为 spun 为 pu bo"哥哥"和 nu bo"弟弟"合音而成，显

[①] 这类词的特点是名词原形在语法范畴上属于集合名词，而一个集合既可以是单个体的，也可以是多个个体的，因此名词不加标记既可以表单数，又可以表复数。这类语言即使有类似复数的标记也不是强制性的，特别是数词出现时都是和数词直接结合，不能再用那个数标记。

[②] Matisoff (2003:447—448, 453)实际上是在构拟原始藏缅语（Proto-Tibeto-Burman）的词缀形式时采纳 Beyer 的观点的，即他把这种环缀形式看作原始藏缅语的语法形式。

然与上述学者的认识相左；诸多藏文辞书对上述一些词的注释亦存在与文献不一致的地方。因而我们有必要从历时的角度详细梳理文献中这种构词方式的理据、意义及发展演化，澄清相关问题。

2.1 s-n 环缀及相关问题

与 s-n 环缀有关的词是 spun "兄弟；亲属；亲戚"，根据 Beyer（1992：119）等学者的分析，此为环缀 s-n 附加在词根 phu "哥哥"之上的一个词汇形式，在 phu "哥哥"的词根概念基础上进而表达集合化概念。不过藏族学者 Dpavris Sangrgyas（1999：135）却认为 spun 的来源当是合音的结果：phu bo dang nu bo "哥哥和弟弟" > phu nu > phun > spun "兄弟"。而从 phun > spun 的变化，则是为了与已有的一个同形同音词 phun（意为"兴盛/完满"）区别开来，是故加了个 s-。笔者不认同 Dpavris Sangrgyas 的分析，因为语言中同形同音词自古就很多，若说是为了和已有的同音词区别而加了 s-，则缺乏足够的证据，而且为何偏偏加 s-，而不是其他的语音呢？都不能很好地说明。①

phu bo 为"哥哥"之义，这在 P.T.1071（王尧、陈践，2008，第 342 页第 39 行）和 P.T.1283（同上，第 394 页第 4 行）有明确的体现。② nu bo 为"弟弟"之义，这在 P.T.1071（同上，第 351 页第 327 行）也有体现。有时 nu bo 也写作 nu bu，如 P.T.1287 号卷所载（同上，第 30 页第 196 行）。这可能是由于 bo 处于第二个音节，读音弱化的结果。P.T.1283《兄弟书》这个文本里，更是非常明确地体现出 phu bo 和 nu bo 为"兄"和"弟"的语义区别。phu nu bo 同样在 P.T.1071（同上，第 343 页第 74 行，第 345 页第 129 行）出现，另外在 P.T.1073（同上，第 359 页）和 P.T.1287（同上，第 30 页第 193 行，第 33 页第 293 行）中这一词形则被写作 pu nu（po）。此词形疑为不规范或错误拼法。问题在于 phu nu bo 的词源及词义诸家产生了

---

① 另外，Tshalpa Kundgav Rdorje(1981:33)作于 14 世纪的《Debther Dmarpo》中，spun 被写作 dpun，校注者将其改作 spun 的正字形式。这可能反映的是语音的变化。如现代安多藏语中，书面上的前置辅音 s-和-d 在很多方言中当基本辅音为清辅音时都音变为前置辅音 [h] 或 [χ]。

② 不过，P.T.1071 号卷中却有一个有趣的现象值得注意。王尧、陈践（2008）第 345 页第 128 行和第 346 页第 166 行 phu bo 却明白无误当作"儿子"义解释。这和类似语境的第 343 页第 58、72 行，以及第 347 页第 204 行的 bu po 对照可见，它们出现的语义上下文相同，phu bo 若作"哥哥"理解不妥。而《藏汉大辞典》（张怡荪，1993:1713）和《格西曲札藏文辞典》（格西曲吉札巴著，法尊、张克强等译，1957:522）所收 phu bo 都只注释"哥哥"义。看来 phu bo 的确在吐蕃藏语时代兼有"哥哥"和"儿子"义。这点和现代安多方言有点类似，安多方言内部 argya 兼有"爸爸"和"哥哥"义，有些地方是"哥哥"义（如尖扎），有些地方是"爸爸"义（如夏河）。称谓和婚姻习俗往往有很大的关系，藏族的婚姻制度一直是个有趣的话题，相信基于这种婚姻制度的亲属称谓也别具特点。这种称呼可能反映了藏族传统的承继婚和一妻多夫制婚姻状态，值得继续研究。

分歧。

  phu nu 是书面藏文里的一个常用词，辞典通常将其解释为"兄弟、兄与弟的合称"。《藏汉大辞典》又列出了另外一个义项"亲属、亲戚、亲党"，并注明是安多话。罗那塔斯（此条转引自李方桂、柯蔚南，2006：124—125）考察了有关 phu nu 的各种书面藏文例句，并与古代藏文里的 pu nu po 和 phu nu 相关的例句相比较。他的结论是此词在古代藏文里一般表示亲属或族属，而不是狭义的兄弟。李方桂和柯蔚南先生同时又举藏文《尚书》译本里出现的 phu nu，认为相当于汉文本里的"王父母弟"，并言"该汉语短语如今一般认为是'舅父和母系表兄弟'，不过有些注释者坚持认为是'叔伯或表兄弟'"。同时还引日本学者今之由郎对藏译本《战国策》里"vguvi rgyal povi pu nu pa zhig…"的译文，认为其把此句译作"vgu 国王的父母"是对的。由此认为极有可能早期文献里 phu nu 和 pu nu po 有广义的"亲属、同族者、族属"意思，这个义项在某些书面藏文文献中有所反映并延续到今天的安多话里（李方桂、柯蔚南，2006：124—125）。

  笔者赞同 phu nu 为 phu bo dang nu bo 的合音形式，因而 phu nu 的本义也即是"兄弟"之义。phu nu 本身即是个表集合概念的词，而安多藏语这种 phu nu 表"亲属、族属"的概念，笔者以为是 phu nu "兄弟"一词本义引申的结果，是故罗那塔斯的表述并不精确。再者，《尚书》藏译本里的 phu nu 对应的当是汉语的"王父母弟"，然而该词并非"舅父和母系表兄弟"或"叔伯或表兄弟"之义。唐孔颖达等编著《尚书》正义曰："《释亲》云'父之考为王父'，则'王父'是祖也。纣无亲祖可弃，故为'祖之昆弟'。弃其祖之昆弟，则父之昆弟亦弃之矣。《春秋》之例，母弟称'弟'，凡《春秋》称'弟'皆是母弟也。'母弟'谓同母之弟，同母尚弃，别生者必弃矣，举尊亲以见卑疏也。'遗'亦'弃'也，言纣之昏乱，弃其所遗骨肉之亲，不接之以道。"由此可见，"王父母弟"为"祖父及同母弟弟"的意思。而藏译本《尚书》并非逐字对译，而是译其大意。所以此处用 phu nu 来翻译"王父母弟"，既可以理解为"亲属"之义，实际上也同样可以按字面理解其为"兄弟"之义，不过是用的"兄弟"之义的引申义。此词王尧、陈践（2008：421）就直译为"兄弟"之义，故无不妥。而至于今之由郎所译藏译本《战国策》里"vguvi rgyal povi pu nu pa zhig…"一句，译为"vgu 国王的父母"同样不妥。通过分析 P.T.1291（王尧、陈践，2008：443）第四章藏译文，我们发现此句想要表达的意思是：秦灭魏国，始皇诏书谕告魏国之国君亲属，当入秦受身为秦之籍民。"vguvi rgyal povi pu nu pa zhig…"，译为"魏国国君的亲属"或"魏国国君的兄弟"其实皆无不可。王尧、陈践（2008：436）就直译为"魏之兄弟"。若直译为字面的"兄弟"之义，可实际理解为"亲属",采用"兄弟"的引申义来理解。但若似今之由郎译为"父母"恐不妥当,至少此时它的外延就小了,而且"父母"也难以有"亲属、族属"的广义引申义。

李方桂、柯蔚南(2006:183,第39行)将《谐拉康碑铭》中的 phu nu 注释为"同宗族"(fellow clansmen)(同上,第 194 页),实即"族属、亲属"之义。而王尧(1982:116)则径直译为"兄弟"。两者所译,皆无不可,不过笔者还是以为当直译为"兄弟"更为妥当,其引申义"亲属、族属"则可以通过"兄弟"义推知。

而 spun 即在 phu 基础上附加环缀 s-n 构成的词,表示"兄弟、亲属、亲朋"等概念,但本义还是"兄弟"。因为藏语在音系结构上不允许 s-之后出现送气音,故 phu 在 s-之后变成了不送气清音。另外,有些典籍,如立于公元 813 年的《察雅石刻》(Chabvgag Rtamgrin,2012:110)把 spun 写作 sbun,应该是误写,因为现代藏语方言读音显示 spun 才是合乎历史事实的音读形式,对此我们不做讨论。

透过现代安多藏语方言 spun 的语义和用法,可以帮助我们更好地反观敦煌吐蕃时代这个词的语义和用法到底是什么。现代安多方言单用 spun 造句时,如说 spun gsum yod 通常的理解就是"有三个兄弟",而不包括女性亲属。而 spun ya "弟弟",spun ya ma "妹妹",ma spun "妈妈的哥弟姐妹",pha spun "爸爸的哥弟姐妹",ma spun ma "妈妈的姐妹",pha spun ma "爸爸的姐妹"。可见,要表现女性亲属的时候,要在 spun 后附件阴性标记 ma。

P.T.1287 号卷子第 194 行有 pha spun po 一词,据语境可以译为"兄弟";而第 288 行则有 spad spun 一词,与 pha spun 实为同义词,皆为"兄弟"之义。

(1) myang tseng cung dang / **pha spun po** mu gseng gnyIs nI dku l gthogs ste/

娘·曾古与同父兄弟"木森"二人参与盟誓。(王尧、陈践,2008:30)

(2) dbyI tshab **spad spun** bro stsald bav / btsan po spu rgyal khrI srong brtsan yab sras dang / gdung rgyud la / glo pa vdring re / nam nam zha zhar yang /

义策父兄子侄之誓词云:"对于悉补野赞普墀松赞父子宗系绝不变心,永远永远。"(同上,第 33 页)

在吐蕃古藏文中,-n 和-d 是个构词后缀,关于其具体的语义语法功能,前辈时贤已有一些研究。Koerber Hans(1935:50—51)认为-n 后缀的主要功能是"去动词化"(deverbatives),Benedict(1984:102—108)认为藏缅语中-n 有名物化(nominalizing)功能,而 Dpavris Sangrgya(1988:41—49)将-n 和-d 的功能细分为五类:将动词变为名词、将动词变为形容词、将动词变为动词、将形容词变为名词、将形容词变为形容词、将名词变为名词。Pulleyblank（1991;2000：26—51。注：本条转引自 Thurgood&LaPolla（eds.）：2003：24）也认为在原始藏缅语族语中，存在一个形态后缀-n，而且认为它是持续体标记。Beyer（1992：118）和金理新（1998）将藏语中-n 的功能主要也分析为名物化。Matisoff（2003：443—453）将藏缅语中的-n 后缀功能概况为三个，即名物化（nominalizing）、及物化（transitivizing）和集合化（collectivizing），但书面藏语仅有名物化和集合化的功能。LaPolla（2003：24—25）也讨论了藏缅语中的-n 后缀，同样认为-n 后缀具有名物化和集合化功能。张济川（2009：251—254）对此问题也有讨论，其看法同上述学者基本一致。

综上各家对书面藏语-n 形态的分析，可以看到，诸家对-n 和-d 的功能既有分歧又有一致之处。可以说诸位学者在-n 的名物化功能上具有共识，而在其他功能方面体认不一。表达亲属称谓时，-n 不是单独附加在词根后头，而是和 s-共同组成一个环缀 s-n 来构成新词的，这是其与名物化不同的地方。下面第 2 节将要讨论的 s-d 其实道理一致。详见下面的分析。

2.2 s-d 环缀及相关问题

s-d 环缀主要涉及 smad、spad、skud 三个词。根据环缀理论，这三个词的词根形式分别是 ma "妈妈"、pa/pha "爸爸"、khu "叔/伯"。文献中常以 pa spad、ma smad 和 skud po 的形式出现。其中，ma smad 还有异体形式 ma-mad，但此异体形式我们在 OTDO 古藏文文献数据库中未发现用例，我们推测其应该是后世由于语音演变或不规范书写导致的异体形式。

smad 和 spad 用于表亲属称谓时用例及语义集中体现在 P.T.1071 号敦煌卷子中。通过检索该卷，发现与 smad 搭配所成之词有两种情况：bu mo smad 和 bu smad。据我们对该卷文本的解读，这两个词都可以解释为"妻室子女"。bu 为"儿子"义，bu mo 为"女儿"义，但当其与 smad 结合时，都可以表"妻儿"（妻子儿女）概念，并无区别。即 ma 在经由 s-d 环缀构成 smad 后，与原词根并列取得新的语义，附加在一些亲属词之后表达集合概念。如下所示：

（3）**bu mo smad** nI / sgor rabs chad pI vog na, pha mchis na pha stsaldo / pha ma mchis na / phu nu bo gag vdur pa stsald to /

其**妻室**有父归其父家，无父归其兄弟近亲。（王尧、陈践，2008：342，P.T.1071 号卷，第 22—23 行）

（4）vdam po ma mchis dang / kun yus bdag stsade **bu smad** ni sgor rabs chad pavI vog du / pha mchis dang pha stsald to / pha〔ma〕mchis dang phu nu bo gang vdur pa stsal-to /

若无告发人，全部归受害人。绝嗣之家，其**妻室**有父归其父，无父归其兄弟近亲。（同上，第342页，第32—33行）

（5）khol yul ni: / **bu smad** stsald:/ma na dgodo / bu mo ma mchis na / pha stsaldo / pha yang ma mchis na / kho yul / phu nu bo drung mchis kyang myi stsaldo: / **bu mo smad** phu nu bo su vdur pa zhig stsal tov / khol yul nI / suvi vbangs suvI bran bzhes vtshol zhig /

奴户留在原处，归其**子**、**女**、**妻室**掌管，无子，交与其父，如无父，其奴户虽兄弟近亲亦不能交。其**子**、**女**、**妻室**可投靠最亲近之兄弟，而其奴户可按自愿择主。（同上，第343页，第127—130行）

上述例句是王尧、陈践（2008：327、330）的翻译，我们认为译文相当准确地体现了词义在不同语境中的细微差别。(3)和(4)例中 bu mo smad 和 bu smad 都译为"妻室"是正确的，因为据原文罪犯及其子孙都被处死了，所以只剩下妻子一人。而（5）中 bu mo smad 和 bu smad 皆译为"子、女、妻室"同样是精确的，因为据上下文，法律此时只将罪犯处以死刑，而其妻子儿女未受牵连。故其奴户财产可由其妻子儿女继承掌管。bu smad 在后世15世纪成书的 *Rnalbbyor gyi Dbangphyug Chenpo Milaraspavi Rnammgur*（汉译《米拉日巴传及道歌集》）中同样存在，意思与上述意思同，为"母子"之义。Milaraspa 在父亲死之后，只剩下妈妈、妹妹和自己三人，此时 bu smad 做"母子"义解是非常明确的。如下所示：

（6）de bar la ngavi bu smad gsum gyi skyid sdug khyed a nes gtso byas pavi gnyen tshan kun shes so.

那时我们**母子**三人的苦难主要是由叔父和姑母造成的，这是众亲朋都知晓的。（Ruspavi Rgyan，1981：22）

另外，敦煌 P.T.1289 号卷子中还有 ma smad 和 pho mo smad 两个词。如下所示：

（7）vbri **ma smad** bdun slar byer bu gsum ma / bdun shar shar /[①]

牦牛母子七人亦随之离开，[其中]子三人。七人一直向东走。

（8）lovI dus dusu / **pho mo smad** bdun gcen ba dang bshos dang nams /

彼时，牦牛母子七人与亲属一道离去。

通过语境，可知（7）中 vbri ma smad bdun 为"（母牦牛）母子七人"之义，而（8）中 pho mo smad 通过语境亦可见其与 vbri ma smad bdun 为同义词，只是词形不同而已，亦为"母子七人"之义（pho mo 为"雌雄"之

[①] 这两例均系笔者自 OTDO 古藏文文献数据库中检索所得，并自己翻译而来。

义）。而在我们搜集的一本由现代安多藏区民间知识分子汇编的一本《Miro Rtsesgrung》（汉译《尸语故事》）民间故事集中，ma smad 一词据语境则释为"父母女儿"。如下所示：

（9）kho rgan rgon gnyis la bu mo gzhon nu ma gcig yod / kho **ma smad** gsum gyis rtsa sman dang shing sman bdus shing.

他们老两口有个年轻的女儿，他们**父母女儿**三人靠采集草木药材（来生活）。(*Miro Rtsesgrung*，第 13 页）

spad 在 *P.T.1071* 号敦煌卷子中的用法同样可以归纳为三个组合：bu po spad、phu bo spad 和 pa spun spad。如下所示：

（10）zhang lon bzhi man cad / phra men gyI yi ge pa yan cad / zhang blon khong to ngo bo dang zhang lon vdi rnams kyI myes pho dang / pha dang phyi mo dang mav dang / **bu po spad** phan cad pha spun spad tshun cad / yI ge ma mchis pavi rnams dang / ma yar mo dang bnav ma dang khyo mo dang bu sring khyo ma mchis pa vdi rnams / g·yagI vogdu tshud pa la / stong mnyamo /

尚论四种人以下，颇罗弥告身以上，尚论本文及其祖父、父、祖母、母及其**子侄**、父辈叔伯昆仲等没有告身之人，以及继母、儿媳、妾媵、未婚之妹等，陷于牦牛身下，配价相同。（王尧、陈践，2008：352，P.T.1071 号卷，第 331—334 行）

（11）zhang lon g·yuvI yI ge khong ta ngo bo dang / g·yuvI yI ge pavI myes pho dang phav / dang zhang lon chen po / bzhIvi **phu bo spad** phan cad / **pha spun spad** tshun cadyI ge ma mchIs pavI rnams / dang ma yar mo dang / mnav ma dang / khyo mo dang / bu sring khyo ma mchis pa dang / vdi rnams / ri dag la mdav rngul pa la stsogste / phog pa la / stong mnyomo /

瑜石告身尚论本人与瑜石告身者之祖、父，大尚论四种人之**子侄**及**叔伯昆仲**无告身者诸人，以及继母、儿媳、妾媵、未婚之妹等，如因被狩猎等射中，赔偿相同。（同上，第 38—41 行）

bu po（或 bu pho）为"儿子"义，这个古今藏语是一致的。在 P.T.1071 号卷子中，bu pho 和 bu po 为同义词，都是"儿子"义。如第 332 行 bu po spad 和第 433 行 bu pho spad。后缀 pho 和 po 送气与不送气的交替是自由变体形式。敦煌吐蕃藏语常常出现清浊异体、送气不送气异体的情形，尤其送气不送气是最普遍的，Hill（2007）著文研究吐蕃时期藏语中有可能送气还不是区别特征，或者刚刚萌芽。而例（11）中的 phu bo 本义为"哥哥"，古今藏语此词本义相同。而根据上下文语境来分析，当 bu po 和 phu bo 分别与 spad 组合成例（10）的 bu po spad 和例（11）的 phu bo spad 时，新组成的合成词却为同义词。王尧和陈践先生将其翻译成"子侄"也是恰当的（若译为"父兄子侄"同样是合理的），其基本语义为"以父亲为基点系连的亲属，主要指男性亲属"。而 pha spun spad 一词，基于我们上述第一小节对 s-n 环缀的分析，译为"叔伯昆仲"亦属恰当，即"父系亲属"的意思。

另外，吐蕃文献没有发现 pha spad 的用法，而这在 10 世纪之后的书面语中是常见的，义为"父子"，这倒是有意思的现象，值得探究个中因由。也没有类似上述 bu smad 组合方式的 *bu spad（但如上所述，却有 bu po spad，多了一个后缀 po）。

另外，P.T.1047 号为卜辞的敦煌卷子中还出现了 spad smad 的用例：

（12）phyi mang bzang na ni myi **spad smad** gsum vkhod vkod phavi ngo（王尧，1988：149，P.T.1047 号卷，第 150 行）

后，三兄妹争吵。

理论上，spad smad 这个词具备表示"父母兄弟姐妹"的意思，但此句中由于上下文语境的限制，译为"兄妹"是恰当的。

在 P.T.1287 号敦煌卷子中，还有 spad mtshan 和 spad spun 两个词形，其义为"父兄子侄"，指父辈男性亲属，为同义词。如下所示：

（13）**spad mtshan** bdun gyIs gtang rag ched po btang ngo（王尧、陈践 2008：32，P.T.1287 号卷，第 273 行）

父兄子弟辈七人共同盛大而隆重酬神谢天。

（14）dbyI tshab **spad spun** bro stsald pav（同上，第 33 页，第 288 行）

义策父兄子侄之誓词云。

经由上述例子可见，spad 和 smad 的意义，实际是在其根词 pa 和 ma 的基础上的引申，语义外延扩大，转指与"父"和"母"有关的亲属族属。而具体释义时，则要根据具体语境选择不同的族属范围。而且，spad 和 smad 在参与组词的过程中，其语义存在不对称性，即 spad 所组词只能指称男性亲属，而 smad 所组词既可以指称男性亲属也可以指称女性亲属。这点在现代安多藏语方言中也有类似反映。如同仁方言中［ha wuɪ］（＜pa bu）只能指"父子"，而［ma wuɪ］（＜ma bu）既可以指称"母子"，也可以指称"母女"。

接下来我们讨论 s-d 环缀构成的 skud 这个词。khu bo、khu gu 和 a khu（Dgebshes Chos kyi Gragspa 著，法尊、张克强等译，1957：79）都是"叔伯"义。可见这三个词的词根是 khu。khu 在吐蕃时期是指父系"叔伯"（与母系具有同等地位的 zhang 相对），如 P.T.0126（3）即有 yab khu 一词，即"父叔"。《谐拉康碑（甲）》亦有 khu bo"叔伯"记载（王尧，1982：113，第 55 行）。其他例子如下所示：

（15）phu bo rdeg tu rung na / nga tsha bo **khu gu** la rdeg tu myi rung ba ji yod ches mchiv zhing thab.

"（彼之）兄长能来帮打，吾之子侄为何不能为叔伯帮打？"继续对打。（王尧、陈践，2008：206，P.T.1297₂，第 23 行）

（16）bu tsha zhig **pha khu**vI phyi na vdug na / nam duvang ngan du dogs pavI phyir / btams shing bchos pa dang / spyos / shing gzhus pa mkhon du byar myi rungo / **pha khu** dang pha ma las ma bsamste / nyes pa zhig rdul na / gzhan la brjod pavI myi rigso/

子侄不在父叔跟前，无论何时，担心其变坏，教诲、批评、斥责甚至鞭打，子侄不应忌恨。若不惦记叔伯父母，犯小过失，告诉别人实为不宜。（同上，第 405 页，P.T.1283，第 371—374 行）

上述例子明确显示出 khu 的本义是"父系兄弟"。而 skud po 一词，《藏汉词典》（西北民族学院藏文教研组编，1996：54）将其注释为"堂兄弟，内兄弟"。《格西曲札藏文辞典》（Dgebshes Chos kyi Gragspa 著，法尊、张克强等译 1957：44）注释为"夫或妻的弟兄"，又据 Das 增补"岳父"一义。《藏汉大辞典》（张怡荪主编，1985：126）则将其释义为"妻兄"和"妹夫"。不过我们在 OTDO 敦煌吐蕃古藏文文献中却没发现 skud po 这个词的用例，现代安多方言也没有 skud po 的用例。是故我们推测 skud po 有可能是 9 世纪之后才产生的词。不过通过上述 s-d 和 s-n 环缀构成词的语义分析可以发现，新词语义是在原词根基础上的外延扩展而来，而且外延具有不确定性，常随语境而变化。所以我们认为兼采 Das"岳父"之义的《格西曲札藏文辞典》的注释最为精当。现代安多藏语方言仍有不少地方用［a ku］来称呼"岳父"，所以 skud po 有"岳父"义不足为奇①。把岳父称为 skud po，实际上应该是把岳父与自己父亲并列来看待的称谓。而把"夫之弟兄"归入 skud po 之中，可能是基于从孩子视角看待夫之兄弟，类似汉语的"小叔子"，实际是亲切的称呼。而从孩子视角看待妇之弟兄，藏语当称"舅"，汉语俗称"大舅子""小舅子"，也是亲切的称谓。藏语可能是把 skud 的语义外延延伸到了母系兄弟一边。

经由上述的分析，我们来看一些词典有关这些词的注释。张怡荪（1985：1654）将 spad 单独列为一个词条，释义为"子、儿子"，笔者认为这是不恰当的。而在注释 smad 时只列出了"低下"之义，而未列"女儿"之义，这是对的（同上，第 2159 页）。spad 和 smad 在表达集合化概念时都是和词根在一起构成集合概念，是个不自由语素，不能单用，更不能采用一对一的概念将其解释为"儿子""女儿"。《格西曲扎藏文词典》（Dgebshes Chos kyi

---

① 笔者家乡鲁南亦通行把岳父称"叔"的习俗。

Gragspa，1957：626）亦径直将 ma smad 和 pha spad 注释成了 "ma dang bu mo gnyis lavang"（母亲和女儿俩）、"pha dang bu gnyis"（父亲和儿子俩）。而《藏汉大辞典》（张怡荪，1985：2047）则将 ma mad 解释为 "母亲和女儿"，ma smad 解释为 "母女"。经由上述分析，我们看到这种注释并不精确，释义为 "亲子" 才是最精练的。skud po 已如我们上述的分析，《藏汉大辞典》（见上）将其释义为 "妻兄" 和 "妹夫" 也是不十分妥帖的。

当然，我们有必要在此说明，藏语亲属称谓地域差别非常大，即使同一词的内涵和外延不同地域都可能差别很大，若再加之古今差别，可以想象其复杂程度，精确的释义亦常常勉为其难。我们只能尽量据其出现的语境拟测其语义，至于妥当与否，都还需进一步的研究。

2.3 pha-n/khu-n 的环缀地位

如表 1 所示，Matisoff 和 Beyer 认为 pha-n 和 khu-n 也是环缀成分，附加在 tsha "子/侄" 一词的两边表达集合化概念。此认识有待商榷。笔者认为它不是环缀成分，而只是个表集合化的后缀成分。最主要的证据是 tshan 这个词在敦煌吐蕃文献中实际上是个复辅音尾的词，文献记载其还有 tshand 词形，为 tshan 的同义异形词。tshand 和 tshan 这两个词形常常是交替分布的，显示此时的复辅音之第二辅音-d 正处于消失的过程中。如敦煌卷子 P.T.1047 所示：

（17）sku bla myI **pha tshand** dam spun gnyIs sla g•yas g•yosu vgro bavI ngo / gsol ba, myi vchad phavI ngo / khyIm sa nas gu/

于父系亲属或二兄弟左右。食物不断。不会离乡别井。（陈楠，2010：50，16 条卜辞。原卷第 49—51 行）

而 P.T.1287 号被称为《赞普传记》的卷子共出现两例 pha tshan 和三例 spad mtshan，都不带第二辅音尾-d，其义皆为 "父兄子侄"。如下所示：

（18）vung gI vog du bkrags kyI bu lha bu ru la skyes **pha tshan** dang / rhya **pha tshan** du vthabs so/

有札氏之子，名天子菇拉吉者，领父系子弟与哈牙氏之父系子弟交战。（王尧、陈践，2008：24，P.T.1287 号卷，原卷第 26 行）

（19）da pyin chad khyed **spad mtshan** gyis / btsan po spu rgyal gyi zha / sngar / glo ba ma rIngs mthavng ma grang na /

自今尔处，尔父兄子侄于悉补野赞普驾前忠贞不贰，不阳奉阴违。（同上，第 32 页，原卷第 278—279 行）

罗秉芬（1991）也通过专题研究敦煌 P.T.1047 号卷子，发现复辅音之第二辅音-d 在此时已经近于消失，有的词在同一份卷子中甚至会有两种写法。这和广泛调查敦煌文献的事实也是相符的。复辅音尾-d 的消失在文献上被判定为古藏文和后世书面藏语一大区别。

由此可见，-n 尾并非在 tshand 这个词的最外层，并不能与 pha 构成环缀形式。那是否 pha-nd 和 khu-nd 构成环缀成分呢？我们认为若从藏语构词法角度来讲，这个分析同样不科学。tshan 实际是以整体形式附加在词根后面，表达具有集合概念的类属意义，这种情况和环缀属性是明显不同的。tsha 为"子孙"或"侄子"义。如 tsha bo 在 P.T.1047 中作"侄子"义解（王尧、陈践，2008：30，第 195 行）。另一词形 bu tsha 在 P.T.1283 中作"子侄"义解（王尧、陈践，2008：400，第 208 行），笔者认为都是恰当的义解。现代安多同仁方言中，"孙子"和"甥侄"义作 [tsha wo] 或 [tshu]（为 [tsha wo] 的合音形式），而 [wo tsha] 为"男孩、子侄"义，这与敦煌文献也是相通的。而 tshan 本义为"族属、类、组"，如 P.T.1287 中 "yum vbangs tshan gsum" 释义为"母系族属三支"（王尧、陈践，2008：23，第 8 行），这是恰当的。后世书面语中还有 ma tshan "母族"，gnyen tshan "亲族"，sde tshan "部分"等词，都与之类似。此种以具有"族属"义的词附着在名词后头表达集合化的概念，在汉语中同样存在，且分布较广（刘丹青，2008：333—334）。再如笔者母语方言（山东省兰陵县，属中原官话郑曹片）中的"家"：

（20）恁舅家都来了。a. 你的几个舅舅都来了；b. 你的舅舅家的亲属都来了。

其义可作 a、b 两种解释：a 表复数义，而 b 则表集合概念。

3 小结

上面我们对藏语亲属称谓词中表集合化的环缀进行了初步研究，并对其中某些争论进行了剖析，从而提出了自己的某些观点，也从中窥探到藏语形态构词法的某些特点，而这些在以往的研究中相对较少受到关注。

整体而言，s-n 和 s-d 这两个环缀，从书面藏文所反映的情况来看，仅仅在有限的几个表亲属称谓的名词性成分中得以应用，而尚不见于其他词类成分，也即它的能产性低。但书面藏文存在这种构词现象却是不容忽视的。至于能否像 Matisoff 那样认为在原始藏缅语中也可以构拟词类环缀，我们尚不能完全断言。另外，Matisoff（2003：453）也指出，作为一种表亲属称谓的集合化环缀，-n 可能比-t/-d 更具有原始性，因为在汉藏语的其他语言中表集合化词缀更常用-n 来表达。

另外，恰如绪论所言，藏语中构词性的环缀除了集合化环缀之外，还有名物化环缀；构形性环缀，则主要是致使化环缀和时体屈折环缀等形式。

如下所示：

表2　　　　　　　书面藏语的名物化环缀和致使环缀

环缀性质	环缀+词根	词根	例词
名物化环缀	g-R-n	shi ba 死	gshin po 死者
		nye ba 近的	gnyen 亲戚
致使环缀	b-s-R-n	nye ba 靠近/近的	bsnyen pa 使靠近
		lta 看	bstan pa 使看
	s-R-n	nu 吮吸	snun ba 给喂奶

　　shi ba"死"有"时式"变化，是个动词，附加环缀 g-n 后，变成名词 gshin po"死者"。与 shi ba"死"有关系的还有一个词 shi bo，意为"死者/亡人"，是个名词，它也是 shi ba"死"的名物化形式。nye ba"近的"为形容词，另外还有"亲戚"义，是名词。附加环缀 g-n 后，gnyen 仅有"亲戚"义，没有了形容词的用法。bs-n 和 s-n 中都有一个 s 成分，s-在书面藏语中的形态功用主要是使动化与名谓化。当其和-n 一起构造成环缀时，则结合起来表达一定的功能意义。像表中所列 shi ba"死"和 gshin po"死者"为 g-n 结合起来表达"名物化"功能，而 bstan pa"使看"和 snun ba"给喂奶"（b）s-n 结合起来表达致使态，主要是给动词增加论元成分。

　　复辅音韵尾中的第二辅音-s（出现在-VCs 音节结构中）可以构成完成体动词，但复辅音声母的第一音节 b（C）-绝少构成完成体形式，而只能和复辅音韵尾的第二辅音-s 共同构成 b-s 环缀来表达完成体形式，如 lta 的完成体形式 b-lta-s"看"，sgrig 的完成体形式 b-sgrig-s"排列"，ngu 的完成体形式 ø-ngu-s（ø 表示零语素）"哭"。因而传统文法中只分析 b-表完成体而没有把 b-s 作为一个整体来分析的观点笔者认为是不精确的（Karma Situ 2003：153—195）。

注释：

[1] 陈庚、马荣生：《高山族语言简志（排湾语）》，民族出版社 1986 年版。

[2] 陈楠：《P.T.1047 写卷卜辞与吐蕃相关史事考释》，《西北民族大学学报》（哲学社会科学版）2010 年第 4 期，第 46—53 页。

[3] 何汝芬、曾思奇、田中山等：《高山族语言简志（阿眉斯语）》，民族出版社 1986 年版。

[4] 何汝芬、曾思奇、李文甦等：《高山族语言简志（布嫩语）》，民族

出版社1986年版。

[5] 金理新：《汉藏语的名词后缀*-n》，《民族语文》1988年第1期，第43—48页。

[6] 李方桂、柯蔚南著：《古代西藏碑文研究》，王启龙译，西藏人民出版社2006年版。

[7] 刘丹青：《语法调查研究手册》，上海教育出版社2008年版。

[8] 西北民族学院藏文教研室编：《藏汉词典》（第2版），甘肃民族出版社1996年版。

[9] 王尧：《吐蕃金石录》，文物出版社1982年版。

[10] 王尧、陈践：《敦煌古藏文文献探索集》，上海古籍出版社2008年版。

[11] 张怡荪主编：《藏汉大辞典》，民族出版社1985年版。

[12] 张济川：《藏语词族研究》，社会科学文献出版社2009年版。

[13] Benedict, Paul K. Sino-Tibetan: A conspectus (Princeton- Cambridge Studies in Chinese Linguistics II, James A. Matisoff, Contributing Editor). Cambridge University Press, 1972. 中译本《汉藏语概论》，乐赛月、罗美珍译，中国社会科学院民族研究所语言室1984年版。

[14] Beyer, Stephan V. The Classical Tibetan Language. State University of New York Press，1992.

[15] Bsamgtan（བསམ་གཏན་）（主编），Dagyig Gsarbsgrigs（དག་ཡིག་གསར་སྒྲིགས་），青海民族出版社1989年版。

[16] Chabvgag Rtamgrin（ཆབ་འགག་རྟ་མགྲིན་），Wod kyi Rdoring Zhibvjug（འོད་ཀྱི་རྡོ་རིང་ཞིབ་འཇུག་），西藏人民出版社2012年版。

[17] Crystal, David. A Dictionary of Linguistics and Phonetics. 4th edition. Blackwell Publishers Ltd.，1997. 中译本《现代语言学词典》，沈家煊译，商务印书馆2000年版。

[18] Dpavris Sangrgyas（དཔའ་རིས་སངས་རྒྱས་），Rdzesvjug -n dang -d yi Thunmong ma yin pavi Vjugpa Ngomtshar Vphrul gyi Mestag（རྗེས་འཇུག་ན་དང་ད་ཡི་ཐུན་མོང་མ་ཡིན་པའི་འཇུག་པ་ངོམ་ཚར་འཕྲུལ་གྱི་མེ་སྟག་），《西北民族大学学报》（藏文版）1988年第1期，第41—49页。

[19] Dpavris Sangrgyas（དཔའ་རིས་སངས་རྒྱས་），Dagyig Rigpavi Gabpa Mngonphyung（དག་ཡིག་རིག་པའི་གབ་པ་མངོན་ཕྱུང་），青海民族出版社1999年版。

[20] Dgebshes Chos kyi Gragspa（དགེ་བཤེས་ཆོས་ཀྱི་གྲགས་པ་），Dgebshes Chos kyi Gragspas Brtsamspavi Brdadag（དགེ་བཤེས་ཆོས་ཀྱི་གྲགས་པས་བརྩམས་པའི་བརྡ་དག་），《格西曲札藏文辞典》，法尊、张克强等译，民族出版社1957年版。

[21] Hill, Nathan W. Aspirated and Unaspirated Voiceless Consonants in Old Tibetan, Language and Linguistics, 2007, 8(2): 471–493.

[22] Karma Situ (གཉུ་སི་ཏུ), Karma Situvi Sumrtags Vgrechen (གཉུ་སི་ཏུའི་སུམ་རྟགས་འགྲེལ་ཆེན 第2版), 青海民族出版社 2003 年版。

[23] Koerber Hans, N.V. Morphology of the Tibetan language. Suttonhouse publishers, 1935.

[24] Lapolla, Randy J., Variable Finals in Proto-Sino-Tibetan, Bulletin of the Institute of History and Philology Academia Sinica, 1994, 65(1): 131–173.

[25] Matisoff, James A, Handbook of Proto-Tibeto-Burman: System and Philosophy of Sino-Tibetan Reconstruction. Berkeley: University of California press, 2003.

[26] Pulley blank, Edwin G., Morphology in Old Chinese, JCL, 2000, 28(1):26–51.

[27] Ruspavi Rgjancan (རུས་པའི་རྒྱན་ཅན), Rnalvbyor gyi Dbangphyug Chenpo Milaraspavi, 1981.

[28] Simon, Walter, Certain Tibetan Suffixes and Their Combinations, Harvard Journal of Asiatic Studies, 1941, 5:388–389.

[29] Simon, Walter, The Range of Sound Alternation in Tibetan Word Families, Asia Major (new series), 1949, 1:11–15.

[30] Simon, Walter, Alternation of Final Vowel with Dental Nasal or Plosive in Tibetan, Bulletin of the School of Oriental and African Studies, 1977, 40(1): 51–57.

[31] Thurgood, Graham & LaPolla, Randy J (eds), The Sino-Tibetan languages, Routledge, 2003.

[32] Tshalpa Kundgav Rdorje (ཚལ་པ་ཀུན་དགའ་རྡོ་རྗེ), Debther Dmarpo (དེབ་ཐེར་དམར་པོ), 民族出版社 1981 年版。

[33] Wolfenden, Stuart N., On Certain Alternations between Dental Finals in Tibetan and Chinese, Journal of the Royal Asiatic Society of Great Britain and Ireland, 1936, 3:401–416.

[34] Whaley, Lindsay J., Introduction to Typology: The Unity and Diversity of Language. Sage Publication, Inc, 1997. 重印本，世界图书出版公司 2009 年版。

Collective Circumfixes *s-d* and *s-n* in Written Tibetan

Shao Mingyuan

[**Abstract**] In Written Tibetan, *s-n* and *s-d* are collective circumfixes used in kinship terms. The word *spun* composed by circumfixes *s-n* act as a collective nominal word and can not only convey the meaning of 'brothers' or 'siblings' but also can indicate 'relatives'. Moreover the hypothesis that *spun* is reduced by the two words *phu* and *nu* is incorrect. Analogously words composed by another circumfixes *s-d* also denote the similar function. The special word formation regularly reflected in compound words and existing dictionary demonstrate many inaccurate annotation, furthermore the circumfixes *s-d* and *s-n* show low productivity in Written Tibetan.

[**Key words**] Written Tibetan; Circumfixes; Kinship Terms; Word Formation

古藏语非音节性名词化派生后缀的类型与功能[①]

江 荻

[摘要]藏语早期有多种内部派生（inner derivation）构词方式，最典型的是添加构形后缀-s、-n、-d 从动词构成名词，这些后缀是非音节性构词词素（non-syllabic formatives）。从 8-9 世纪的古文献来看，这种构词方式当时已经残缺不全，功能模糊。本文汇集了近百组动词～名词派生词对子，并对其内在词法意义、构词功能展开分析。后缀-n 和-d 添加在及物动词和不及物动词（含形容词）词根上，使动词转化成名词。从词形上看，这些动词有的可直接成词，例如 snyed "后鞦"。有的需要进一步添加构词词缀才能构成完形词，例如，vdun-ma "会议，协商"。从派生词的功能类型上看，这类词缀基本属于功能性派生，少量属于转类派生。主要的功能类型有多种，表示受事：za "吃" ><zan "食物"，表示施事：rga "变老" ><rgan "老者"。表示处所：gdav "有，存在"，><gdan "坐垫"。表示工具：mtchi "说" ><mchid "言语"，等等。后缀-s 原本是动词过去式后缀形式，因含有动作或事件完结或实现含义，转指动作结果形成的状态或事物。这三类派生后缀的功能相互间混用程度很高，究其原因，与更早期的复合音素词缀-ds 或-nd 等有关，也与它们的功能逐渐消失相关。本文尝试对此作了具体的分析。

[关键词]古藏语；非音节性后缀；名词化

1 引言

现代藏语书面语名词派生词的构成方式是词干加上词缀，其中的词干是名词词干、动词词干、形容词词干，词缀则分别是名词化词缀、完形化词缀和类义词缀。这几类词缀表达的意义丰富，名词化词缀构词能自指事

[①] 本文初稿曾在第 16 届国际人类学与民族学会议（昆明，2009 "跨喜马拉雅地区的藏缅语族语言"专题会）宣读，修订稿提交 The 5th International Conference in Evolutionary Linguistics(Aug.17-19, 2013, The Chinese University of Hong Kong)。这次发表有所修改。

物或事物概念，完形化词缀能指明词干的性质和地位，类义词缀具有按照词缀语义类别给派生词分类功能[1]。从理论上看，这几类词缀兼具构词和构形双重性质，又分为四类[2]：（1）特征值转换派生（featural derivation），不改变词的语法类别，仅改变词的某项或某些项特征，例如表达自然性别词缀：rgyalpo"国王"，rgyalmo"王后"。（2）功能性派生（functional derivation），用词缀改变词的所指，例如表施事、受事、工具等词缀：rngon pa "猎人"，gla pa "雇工"。（3）转类派生（transposition）指改变词类的属性，例如动词词根添加名词化词缀 pa 或 ba，rdeb"拍击"：rdeb+pa。（4）表达性派生（expressive derivation）不改变词类、词义，也不改变语法意义，仅添加表现说话人的态度或评价。例如表轻蔑或者喜爱等词缀：phrugu"婴儿"，khreb to "无赖"。也就是说，藏语派生词缀是一个相当完备的构词和构形体系。从形式上看，藏语这类词缀基本都是音节性语素，例如-pa、-ba、-ma、-po、-bo、-mo 等。

然而，我们注意到，藏语书面语中还有一类呈现构形和构词功能的词缀，只是这类词缀数量不算太多，且似乎不具能产性。例如，dro [v]"热" > drod [n]"温度"，其中词缀{-d}是一种黏着性派生词缀，基本功能是使动词转换为名词或动名词，也就是名词化。与普遍性的音节性词缀不同，这类词缀类别少，数量少，而且是辅音性黏着词缀。

早在 20 世纪 Wolfenden[3]就已经指出藏语中存在构形的黏着词缀：-n、-d、-s，主要指动词添加这些词缀构成名词的名词化现象。此后还有多部论著提及这类现象，或者单纯的藏语描述，或者放在汉藏语构形范畴讨论。例如，Von Koerber[4]对藏语形态的分析；Benedict 和 Matisoff[5]分析了包括藏语在内的藏缅语后缀形态；Beyer[2]的分析更为精细，他区分了派生的两大类型：内派生（inner derivation）和外派生（outside derivation），内派生采用非音节性形式（nonsyllabic formatives），外派生采用音节性形式（syllabic formatives），他还列出了部分藏语动词与名词相对的实例（1992：111—119）。金理新[6]也用此作为汉语上古形态的旁例。不过，书面藏语较完整的词缀构词和构形面貌及其功能究竟如何却一直未见更详尽讨论。

2 古藏语的名词化词缀-n、-d、-s

Beyer 讨论藏语派生词时讲了一个故事（1992:112），即名词词干直接用作动词的情况总是出现在文字游戏中，他引了来自中亚的古诗说：rtakyodnikharsrab [N] gyissrab [V] "You, horse, are bridled with a bridle in your mouth. 嘿，马，你嘴上的拴绳（T:srab: E:a bridle)拴（T:srab: E:be bridled）

着你"。又有，rgyan[N]gyisbrgyan[V] pa"用装饰品（T:rgyan: E:adornments）装饰（T:brgyan: E:adorned）"。这一点藏语恰如译文中的英语，只是英语采用了构形词缀。不过，我们知道，藏语中的确也存在类似英语那样添加词缀的名词化现象，除了音节性词缀（外派生），例如 vtsho [V]"放牧"～vtshoba [N]"放牧"，还有非音节性词缀。这种非音节性词缀现象表现为动词词干添加名词化词缀而转变为名词，它们是古藏语中一种残存的构形或构词方法。

藏语书面语保留的古藏语非音节性名词化词缀在敦煌文献中有所反映，例如《吐蕃大事纪年》[8]中的一段：btsan [po]（赞普） pho brang（宫殿） nas（从） yam-cu（严木久） dang（和） sdag-cungbjang（达炯桑） gyis（angent） kwa-cu（瓜州） kharnang（城里） du（loc） .Mchis（在） pa（nom） vi（gen） du（时） sukharnang（城内） nas（loc） rgya（唐人） po-ko-te（博高德） mchispavi（在 nom-gen） kam-cu（甘州） mjal de（会见） .rmas pa（询问） mchid（话语） nas ……btsan pho（赞普） [vi]（gen） pho brang（牙帐） lhasgal（拉垓） nas（于） bzhug（驻扎） ste（c） blana（叙说） bkav nan（言谈） thur（下方） drags sde（太） mchi（命令说）。"严木久与达炯蒋（桑）自赞普行宫往瓜洲城时，与自该城前往甘州之唐人博高德相遇，谈话如下……，时赞普行宫驻于拉垓，下令严饬……"。其中 mchid"话语，言谈"用作名词，而句末的 mchi"命令，说"用作动词。

由此我们知道藏语的非音节性词缀是古藏语现象。为了详尽了解这类现象，本文从词典和文献中尽量多地汇集辅音性黏着词缀，并观察这些词缀的名词化功能和可能的其他功能。

2.1. [-n]，动词词干添加后缀-n 主要表示动作结果的抽象性质或对象。

bzho"挤（奶）"，bzhon"乳"	skyo"犯错"，skyon"缺点，错误"
gdav"存在"，gdan"坐垫，座位"	ri"估价"，rin"价钱"
zhu"溶解"，zhun"溶液"	rgyu"贯穿"，rgyun"传统"
gci"撒尿"，gcin pa"尿"	rdzu"假装"，rdzun"谎言"
smyo"疯"，smyun pa"疯子"	phra[A/V]"细小"，phran"琐细，零碎"
mdza"做夫妻"，mdzanpo"丈夫"	vdre"混合"，vdren ma[N]"混合"
shu"剥"，shun pa"外皮"	dbye"（使）分开"，dbyen"离间"
bsu"迎接"，bsun ma"女接待"	rmo"耕"，rmon pa"耕作"
rku 偷，rkunma 贼	za"吃"，zan"糌粑类食物"
vgro"往来"，vgronpo"客人"	vdu"聚"，vdun ma"会议"
rga"老"，rganpo"老人"	

无论表示动作结果的性质还是对象，我们注意到添加后缀-n 构成名词的动词一般都是现在时形式或者未来时形式。例如 bzhon"乳"（<bzho, bzho, vzhos, vjos "挤［奶］"），shun pa "外皮"（<shu, bshu, bshus, shus "剥"），rmon pa"耕作"（<rmod, rmo, rmos, rmos "耕"），bsun ma "女接待"（<bsu, bsu, bsus, sus）"迎接"。派生名词形式包括两种情况，有些在动词上添加黏着词缀后即构成名词，例如 bzhon "乳"（<bzho），rdzun "谎言"（<rdzu "假装"），skyon "错误"（<skyo "犯错"），rgyun "传统"（<rgyu "贯穿"），有些带黏着词缀的名词还要添加现代独立音节形式的词缀，例如 gcin pa "尿"，mdzanpo "丈夫" 或 mdzanmo "妻子"，vdun ma "祭奠"。某些词添加或不添加独立音节形式有意义上的差别，例如 dbyen "离间"，dbyen pa "离间者"（<vbyed, dbye, phye, phyes "［使］分开"）。添加独立音节词缀可以带来更丰富的构词形式：smyun pa "疯子"，smyon ma 疯女人。rkunma 也可写作 rku ma 贼，vgronpo 可写作 mgronpo "客人"，vthun pa "采集者" 也作 mthun pa （<vthu "采集"），有词法上的原因，也有音变上的原因。

2.2. [-d]，动词词干添加-d 主要表示动作引发的现象或该现象涉及的对象和结果。

dro "热"，drod "温度"	rga "变老"，rgadpo "老翁"
ngu "哭"，ngudmo "大哭"	snye "倚"，snyed "后鞦"
mchi "说"，mchid "言语，谈话"	lu "咳，吐"，lud pa "痰"
na "生病"，nad "疾病"	bro "（气味）散发"，brod "味道"
shi "死"，shid "超度"	gshe "辱骂"，gshed "仇敌"
brnya "讥笑"，snyadka "缺点"	rtse "玩"，rtsedmo "游戏"
lta "看"，ltadmo "热闹"	tsha "热"，tshad pa [N] "热"

添加-d 词缀名词化的词数量较少，其中个别动词语音上有较大变化，例如 snyadka "缺点，过错"（<brnya, brnya, brnyas, rnyos "讥笑"），可能发生过 r>s 的变化并记录在名词之中。有些词通过动词内部屈折变化可以判定名词词根，例如 shid "超度" 来自过去时形式（vchi, vchi, shi "死"）。语义上，有些是动作涉及的对象，例如 snyed "后鞦"，有些事受事结果，例如 gshed "仇敌"，或者动作现象 rtsedmo "游戏"。

2.3. [-s]，动词词干添加-s 主要表示有受动意义动词的名词化，或者动作引发的相关事物或现象，形成名词。

vchib "骑"，chibs pa "坐骑"	vgro "走"，vgros "步态"
skug "赌博"，skugs "赌注"	rtsi "计算"，rtsis "算学"

rdzong "送礼", rdzongs "礼品"	ldob "学会", ldobs "悟性"
g-yo "烹调", g-yos "做好的食物，熟食"	sbreng "排列", sbrengs "行列"
vthag "织", thags "织物"	skyob "拯救", skyabs "佛，保护者"
za "吃", zas "食物"	rko "雕，刻", rkos "雕刻"
vching "系", chings "条约"	rje/brje "替代", rjes "痕迹"
blug "灌", blugs "铸件"	srub "摇动", srubs "裂缝"
bsho "倾出", bshos "供品"	sgrig "编排", sgrigs "秩序"
blu "赎", blus ma 赎回物	sdom "捆", sdoms "捆儿，束"
vbri 画, ris 图画	khyog "举得住", khyogs "轿"
spo "变化", spos "藏香"	vbug "钻", sbugs "洞，穴"
vgebs "盖", khebs "盖子"	gzhog "隔离", gzhogs "侧面"
dkri "缠", dkris "桶箍"	bgrang "计数(v)", grangs (ka) "数目"
vtshod "染", tshos "染料"	byas (PST) 做, byas pa 陈迹，往事
skyem "渴", skyems "饮料"	gshong 疏浚, gshongssa 盆地
vkhyug "敏捷", vkhyugs "草书"	lta "看", ltas "预兆", ltas pa 卦师
sbub 盖/覆, sbubs ma 桶装物	phyug "富", phyugs "家畜"
lug "铸造", lugs "铸件"	zab (mo)[A] "深", zabs "深度"
vdom "集", vdoms "阴部"	bgro "商议", gros "言论"
bshav "杀", bshas pa "屠夫"	

后缀-s 可添加于 g-、b-、m-、ng-等所有非齿龈音或边音韵尾和无辅音韵尾的词之后，因此数量比较多。有相当部分动词转指事物的名词都带有动作受事的含义，例如 vchib "骑"，chibs pa "坐骑"，vbri 画，ris 图画。但也有表示材料的 vtshod "染"，tshos "染料"；表示工具的 dkri "缠"，dkris "桶箍"；表示动作的结果，vkhyug（FUT:vkhyug- PST:vkhyugs）"敏捷"，vkhyugs（=vkhyugyig）"草书"。部分词通过再添加音节性词缀可以表示施事和受事，例如 bshav "杀"，bshas pa "屠夫"；vtshod "染"，tshos pa 染匠；lta "看"，ltas pa 卦师；sbub 盖/覆，sbubs ma 桶装物。

以上几个黏着词缀有时相互替换，意义差别不大。例如 rga "老"，>rganpo "老人"，rgaspo 容颜苍老者，后者与形容词 rgas pa [A] "衰老的"有一定联系。再如 bshav（bshav, bshav, bshas, shos）"杀"，>bshas pa，也写作 bshan pa "屠夫"，拉萨话分别读作 [ɕɛ⁵⁵pa⁵⁵] 或 [ɕɛn⁵⁵pa⁵⁵]。

3　名词化词缀的形态意义

据 Stephan V. Beyer[2]、Stuart N. Wolfenden[3]、Paul K. Benedict[5]、Walter Simon[9-10]、James A. Matisoff[11] 等人的研究，藏语和其他藏缅语的 -n、-d、-s 这几个词缀形式有多种功能，包括名词化、处所性、集合性、受动性、静态性、及物性/使役性，处理起来相当麻烦。例如 Benidict 指出，藏缅语中-n、-d、-s 的具体含义非常含混，有时候表示体貌意义，有时候只是名词化词缀，很难确切判断它们的意思[5]。其中还有一些要处理为特殊意义，例如-n 具有集合意义，可表示复数化词缀（pluralizing suffix）意思：缅语的 yun"（群）鼠兔"来自藏缅语的*b-yəw"鼠"，可比较景颇语 yu～yun"鼠"，藏语 byiu（=byiba）"鼠（子）"。这样的案例原始藏缅语和古汉语也有反映：*r-mi "person，人"，*mjin "the people，民"[12]；za "吃"，zan "食物"（集合性）；bgo "穿"，gon pa（=gyon pa）"衣服"（集合性）。Matisoff[11] 还指出，该类词缀甚至还有一个动词化反过程（所举例证为-d），例如，sta-gon（preparation，准备）stad-pa（put on，lay on，做成），或者把不及物动词和静态动词转变为及物动词或使役动词，这个用法比-n 广得多：Ndzu "enter，进入"，Ndzud "insert，插入"，Nu "suck，吮"，Nud "suckle an infant，喂"。

根据 Beyer 的看法[2]，这类词缀可能是原始藏语（Proto-Tibetan）的现象。他还提出-s 来源于早期的-sa "地方"，例如，nag sa "黑地方" > nags "树林"，shongsa "挖的地方" >shongs "（挖掘的）洞穴"。甚至还有来自名词的构词，khungsa "（有）洞的地方" >khungs "矿井"。

但就本文研究看，词缀-s 构形和构词意义明显不同于-n（和-d）。-n 主要表示动作结果或对象，-s 主要表示有受动意义的名词化事物和现象。以 za [v] "吃"为例，zan 表示"糅合了的长条状糌粑"，或者"糌粑类食物"等意思，也引申为"食物"，来自动作的结果所形成的对象；zas 则泛指"食品，食物"，来自受动意义"可吃的东西"，泛指任何食物。由于新生的独立音节词缀构词方法出现，这两种古藏语构词方法逐渐失去构词价值，作为固化的词形在部分词保留下来，它们之间的区分也逐渐模糊。例如，zan ma "糌粑，炒面"，zas ma "饭食"；zanrdza "砂锅"，bod zas "藏餐"。现代藏语可以直接采用动词词干添加词缀构成复合词，或者词干组合成复合词，例如 zaba "食物"，za ma "食物"，zakhang "食堂"，ham za "贪食"。最有意思的是，由于非音节性词缀功能丧失，人们造出了 zanzas "食物"这样的词，说明人们已经不知晓两种词缀分别包含的早期意义。

另一个案例 rdzu [v]"变化，变幻"，带古词缀 rdzun 构成名词"假话"。但从添加非黏着词缀看，rdzun pa "假的" 具有形容词词干特征，可以构成名词 rdzun ma "赝品，谎言"。rdzus ma 也是"赝品，伪造物"意思，显然采用了受动构造方式。Benedict[5]认为藏语后缀-n 经常是形容词性质，本文归纳为抽象属性，指动作结果的属性值，另外还可以有指示动作对象的意义。所以，在复合词中，rdzun 可以前置或后置（形容词修饰名词语序是 N+ADJ），rdzunvbag "假面具"，zhalrdzun "假语"。就书面语保存的情况看，目前已经很难区分这个词干添加-n 与-s 的差异，例如：rdzundmag～rdzusdmag "伪军"，rdzunrgol～rdzusrgol "佯攻"，skrardzun～skrardzus "假发"。

关于非音节性词缀出现的环境，-s 可以出现在-g、-ng、-b、-m 韵尾以及零韵尾后面，而-n、-d 只出现在零韵尾环境。这个因素与藏语韵尾语音结构有关，即使作为动词形态标记的-d 也只出现在齿龈音韵尾-r、-n、-l 之后。吐蕃藏语时期，藏语的复辅音韵尾-nd、-ld、-rd（-sd）随着语音演化基本都消失了[13]。由此可见，非音节性名词化词缀在语音演化条件制约下很难获得完满的发展，很难设想零韵尾词具有名词化功能，而齿龈韵尾词则没有这项功能，非齿龈韵尾词则用其他形式表示名词化。这也是上文所说该类词缀是古藏语残存或未臻完善构词方法的理据。

除此外，书面藏语还有由前缀 s-与后缀-n 或-d 构成外接缀或环缀（circumfix，前后双缀），即 s-n 或者 s-d 格式。Beyer[2]较早在他的专著中提出了这类词缀现象，并认为这类构词形式具有亲属称谓集合性（kinship collective）意义，表示亲属称谓群。例如：phubo "长兄"，phumo "长姐"，通过添加环缀和拼读规则构成 spun（<s-phu-n）"同胞，兄弟姐妹"。同样，khubo "叔、伯"构成 skudpo（<s-khu-d po）"妻之兄弟"/"大伯，小叔"/"连襟"，并类推出 skudmo "妻之姊妹"。tshabo "孙子，侄子"的词根添加环缀也获得集合意义，但是拼读规则上 s-不能添加 tsh-或者 ts-声母辅音，因此只能构成 tshan "亲族"。例如 khutshan "堂叔伯"，pha-tshan "父系亲属"；spad 是一个非独用语素，仅与 pha "父亲"构成复合词 pha-spad "父子"，表示父子集合性统称，但现代一般用 phabu 表示父子。ma "母亲"也构成 ma-smad "母女"，这个形式现代仍然保留。总之，tshan 表示亲属集合性，这类形式在较早期的藏语文献中还有一些遗存，例如：

Gsal snang / gis / sngon / du / glag mdavi / lha khang / rtsigs / nas /sba ba /tshan/chos / la / bkod /
塞囊　　施格　先　LOC 拉德寺的　佛堂　　建造　并　拔氏父子亲属佛事　　安排

塞囊先修了一座拉德寺并安置拔氏父子亲属从事佛教。《拔协》

4 辅音性名词化词缀与音节性词缀

非音节性词缀之所以只能看作古藏语未臻完善的构词方法主要还是因为它的功能表达的不完备性。

藏语的音节性名词化词缀也是古老的形式，在吐蕃藏语时期就已经相对完善。正是这种灵活度更强的词缀发展，使得藏语词法获得了逻辑细密的品质。古代一个词无论是否完成了非音节性名词化过程，都再次进入了音节性名词化进程。通过这个进程扩展了词法范围，也丰富了藏语词汇。

非音节性词缀之所以未能发展完善可能与它所承担的功能相关。例如 rmo "耕地，犁田"是一种具体劳作动作，名词化以后则可以指该动作的概念或事物，rmon "耕作，耕耘"，具有自指功能。再如，bzho "挤奶"，通过名词化所指是挤奶动作的获得物，bzhon "奶，乳"，这是转指。由于名词化具有自指和转指两方面的功能，而转指又具有模糊性，例如挤奶动作关联的概念还可能是挤奶者、被挤奶物、挤奶的工具、挤奶的结果；rku "偷"涉及的可能是被偷的物品、偷窃者，所以，非音节性词缀的单一性很难承担这么丰富的功能。

还有一个形式上的因素可能阻碍非音节性词缀的发展。单音素的辅音性非音节词缀在词尾可能与同形韵尾混淆，也可能与词尾结构制约冲突。例如，skyo "犯错"的名词化形式是 skyon "缺点，错误"，而该形式与 skyon "使骑"同形。根据现代词库理论，这种同形现象很可能会受到抑制而难以产生。至于非零韵尾和非齿龈音韵尾动词因音韵规则制约只能添加-s 而不能添加-n、-d，这也可能是-s 一度获得名词化功能的原因之一。

最后，我们比较现代书面语中动词名词化之后的形式和语义上的差异。表1区分了三种语义类型。第一类保持了动词的抽象动作意义（A），第二类转化为动作结果形成的状态或事物（B），第三类有动作结果所指称的事物，也有转指的指人名词。

表1　　　　现代藏语带非音节性词缀名词的形式和语义

	动词		名词	
A	vdre	混合，夹杂	vdren ma	混杂，间杂
	vdu	汇集，聚集	vdun ma	会议，商议
	lta	看，观看	ltadmo	热闹，游艺
B	rnga	刈，收获	rngan pa	奖赏，报酬，零食

续表

	动词		名词	
	rdzu	假装	rdzun	假话，谎言
	skyi	借	skyin pa	赔偿，借的东西
	skye	生长	skyed	生长，利息
C	smyo	疯癫	smyon pa	疯子
	na	生病	nad pa	病人
	rga	衰老	rgan pa	年老，老者
	za	吃	zan pa	食物
			zan ma	厨子
	vphyo	游荡	vphyon pa	烟花浪子
			vphyon ma	娼妇，妓女

我们注意到名词栏的词例大多带有构词词缀-pa、-ma、-mo等，这很可能反映了非音节性构形词缀在历史失去了名词化功能，它们仅仅作为残余形式保留下来，名词化功能由音节性词缀表现，而且兼构形与构词于一身，这是音节性词缀的主要功能。

注释：

[1] 江荻：《现代藏语派生名字的构词方法》，何大安主编《语言暨语言学》专刊外编之六，台湾"中研院"语言研究所2006年版，第395—418页。

[2] Beyer, Stephan V. The Classical Tibetan Language. Albany: State University of New York Press, 1992.

[3] Wolfenden, Stuart N. Outlines of Tibeto-Burman linguistic morphology.London: Royal Asiatic Society, 1929.

[4] von Koerber, H. N. Morphology of the Tibetan Language.A Contribution to Comparative Indosinology.Los Angeles and San Francisco: Suttonhouse, 1935.

[5] Benedict Paul K. Sino-Tibetan: A Conspectus. (James A. Matisoff, Contributing Editor) .Cambridge: Cambridge University Press, 1972.

[6] 金理新：《上古汉语形态研究》，黄山书社2006年版。

[7] 黄布凡、马德：《敦煌藏文吐蕃史文献译注·吐蕃大事纪年》，甘肃教育出版社2000年版。

[8] Wolfenden, Stuart N. On Certain Alternations between Dental Finals in Tibetan and Chinese.Journal of the Royal Asiatic Society, 1936: 401–416.

[9] Simon, Walter. Certain Tibetan Suffixes and their Combinations. Harvard Journal of Asiatic Studies, 1941, 5: 372–391.

[10] Simon, Walter. The Range of Sound Alternation in Tibetan Word Families. Asia Major (New Series), 1949, 1:1–15.

[11] Matisoff, James A. Handbook of Proto-Tibeto-Burman: System and Philosophy of Sino-Tibetan Reconstruction. Berkeley and Los Angeles: University of California Press, 2003.

[12] LaPolla, Randy J. Overview of Sino-Tibetan Morphosyntax. In The Sino-Tibetan Languages.Thurgood, Graham and Randy J. LaPolla, eds. London: Routledge Language Family Series, 2003, pp. 22–42.

[13] 江荻:《藏语语音史研究》,民族出版社 2000 年版。

The Types and Functions of Non-Syllabic Suffixes in Archaic Tibetan

Jiang Di

[**Abstract**] In Archaic Tibetan there are many inner derivational suffixes such as -n, -d, and -s, which are non-syllabic formatives. These suffixes, however, are not consistently applied in the nominalizing system and their functions recorded in ancient Tibetan literature are rather ambiguous. To investigate these formatives, this paper gathers nearly one hundred sets of noun-verb derivational pairs. Further analysis on their morphological senses and word-formation functions reveals some interesting phenomena. For instance, suffixes -n and -d may be added to verbal roots to derive nominals, some of which are independent words, such as snye 'lean against'>snyed 'crupper', and others of which may be gestalt words attached with additional full-syllabic formatives, such as vdu 'meet'>vdun-ma 'council'. In terms of derivational types, nearly all words are functional derivation, with only a few of them being transpositional derivation of parts of speech. For example, the patient type: za 'eat'>zan 'food', the agent type: rga 'be old'>rgan 'old man', the position type: gdav 'be there'>gdan 'position', and the instrument type: mchi 'speak'>mchid 'conversation'. Suffix -s is originally a past-participle suffix indicating the resultant status and events as a nominalizing formative. The functional mixture of the three formatives may be traced back to earlier compound suffixes -ds and -nd, and their non-syllabic suffixal nominalizing category gradually vanished following phonetic change trends in Tibetan.

[**Key words**] Archaic Tibetan; Non-syllabic Derivational Suffix; Nominalization

藏语甘孜话的数词

燕海雄

[摘要] 本文描写了藏语甘孜话的数词，比较基本数词的语音形式，归纳复合数词的构成规则，描述了序数词、倍数、分数、加法和减法的表达方式。

[关键词] 藏语；甘孜话；数词

藏语甘孜话是指四川省甘孜藏族自治州甘孜县城的藏语，属于藏语康方言[1]。甘孜话的数词采用十进制，包括基本数词、复合数词、序数词、倍数、分数等。

1 基本数词的语音比较

甘孜话的基本数词是由个位数词（即从"一"到"九"）和位数词（即"十、百、千、万、亿"等）构成，其语音形式如下：

表1　　　　　　　　甘孜话的基本数词

一	二	三	四	五	六	七
tɕi52	ȵi13	sen55	zɯ31	ŋa55	dzy13	ti13
八	九	十	百	千	万	亿
dze31	gu31	tɕe55	dza31	tũ55 tʂhɔ55	tʂhɯ55	ty13

与其他藏语方言基本数词的语音形式比较，不难看出具有明显的对应关系：

表2　　　　　　　　基本数词在藏语方言中的对应

语言名称	书面藏语	拉萨话	巴塘话	夏河话	阿力克话	甘孜话
一	gtɕig	tɕi52	tɕiʔ53	htɕəχ	ɣçɕək	tɕi52
二	gȵis	ȵi:55	ȵi55	hȵi	ɣȵi	ȵi13

续表

语言名称	书面藏语	拉萨话	巴塘话	夏河话	阿力克话	甘孜话
三	gsum	sum⁵⁵	sã⁵⁵	hsəm	ɣsəm	sen⁵⁵
四	bʑi	ɕi¹³	ɣi⁵³	zə	wzə	zɯ³¹
五	lŋa	ŋa⁵⁵	ŋa⁵³	hŋa	rŋæ	ŋa⁵⁵
六	drug	tʂhu¹³²	tʂuʔ²³¹	tʂəχ	tʂuk	dzy¹³
七	bdun	tỹ¹³	dỹ⁵⁵	dən	wdən	ti¹³
八	brgjad	cɛ¹³²	dzɛʔ⁵³	dzal	wdzat	dze³¹
九	dgu	ku¹³	gʊ⁵³	gə	rgə	gɯ³¹
十	btɕu	tɕu⁵⁵	tɕu⁵³	tɕə tha mba	ptɕə	tɕe⁵⁵
百	brgja	ca¹³	dza⁵³	dza tha mba	wjæ	dza³¹
千	stoŋ	toŋ⁵⁵	tũ⁵⁵	htoŋ	rtoŋ zək	tun⁵⁵ tʂhɔ⁵⁵
万	khri	tʂhi⁵⁵	tʂhi⁵³	tʂhə	tʂhə	tʂhɯ⁵⁵

甘孜话的基本数词在书面藏语的基础上已有发展，主要体现在以下几个方面：第一，甘孜话发展出了系统的声调；第二，甘孜话的复辅音声母已经简化；第三，甘孜话的辅音韵尾已经消失。需要注意的是，甘孜话基本数词"千"的语音形式双音节化了，其第一个音节[tun⁵⁵]显然与书面藏语和其他藏语方言之间具有同源关系，但第二个音节[tʂhɔ⁵⁵]却另有来源，需要另行考察。

2 复合数词的构成规则

甘孜话的复合数词是由基本数词根据不同的规则组合而成。复合数词至少由 1 个系位组合而成。当位数小于百（包含百）的时候，系数词在前（系数词由个位数词充当），位数词在后，系位组合之间是相乘关系；当位数大于百的时候，位数词在前，系数词在后，系位组合之间是相乘关系。各个系位组合从大到小排列，之间是相加关系，并用[tu³¹]连接。复合数词的个位数由个位数词充当，单独构成一个系位组合。例如：

(1)   tʂhɯ⁵⁵   ŋa⁵⁵   tu³¹   tũ⁵⁵ tsh ɔ⁵⁵   ȵi⁵⁵   tu³¹
         万   五   LNK   千   二   LNK
         位数   系数   位数   系数
         [系位组合 5]   [系位组合 4]

ʑɯ⁵⁵	dza³¹	dzy¹³	tɕe⁵⁵	ze³¹	ŋa⁵⁵
四	百	六	十		五
系数	位数	系数	位数		个位数
[系位组合 3]		[系位组合 2]			[系位组合 1]

五万二千四百六十五

上述复合数词是由 5 个系位组合构成。每个系位组合内部是相乘关系，例如系位组合 5 表示 5*10000，系位组合 4 表示 2*1000，系位组合 3 是 4*100，系位组合 2 是 6*10，系位组合 1 是个位数词 5 充当。5 个系位组合之间是相加关系，即：5*10000+2*1000+4*100+6*10+5=52465。

复合数词从大到小排列，如果中间缺省一个或几个系位组合，那么用且仅用 1 个 [tu³¹] 连接。例如：

(2)　　tũ⁵⁵ tʂʰɔ⁵⁵　　　tsɿ⁵⁵　　　tu³¹　　tsɿ⁵⁵
　　　　千　　　　　　一　　　　LNK　　一
　　　　位数　　　　　系数　　　　　　　个位数
　　　　一千零一

复合数词"一十"和"一百"的表达与上述规则不太符合，需要删去系数词"一"，直接用相应的位数词表达。当复合数词大于等于十一、小于等于十九的时候，按照基本规则应该表达如下：

*(3)　　tsɿ⁵²　　　　tɕe⁵⁵　　　　tsɿ⁵²
　　　　一　　　　　十　　　　　　一
　　　　系数　　　　十位数　　　　个位数
　　　　一十一

*(4)　　tsɿ⁵²　　　　tɕe⁵⁵　　　　ȵi¹³
　　　　一　　　　　十　　　　　　二
　　　　系数　　　　十位数　　　　个位数
　　　　一十二

例句（3）和（4）是不合法的，在实际的使用过程中系数词必须要删去，即：

(5)　　　tɕe⁵⁵　　　　　tsɿ⁵²
　　　　十　　　　　　　一
　　　　十位数　　　　　个位数
　　　　十一

(6)　　　tɕe⁵⁵　　　　　ȵi¹³
　　　　十　　　　　　　二
　　　　十位数　　　　　个位数
　　　　十二

当复合数词大于等于二十一、小于等于九十九的时候，按照规则，两个系位组合之间应该用［tu³¹］连接。事实上，在实际的使用过程中，十位数和个位数之间另有专门的连接词，例如：

(7) （ȵi³¹ ɕɯ⁵⁵） tsa⁵⁵ tsʅ⁵⁵
二 十 LNK 一
十位数 个位数
二十

(8) （sɯ⁵⁵ tɕʰe⁵⁵） sɔ⁵⁵ tsʅ⁵⁵
三 十 LNK 一
十位数 个位数
三十一

(9) （ʐɯ³¹ tɕe⁵⁵） ɕi³¹ ȵi¹³
四 十 LNK 二
十位数 个位数
四十二

(10) （ŋa⁵⁵ tɕe⁵⁵） ŋa³¹ sɯ⁵⁵
五 十 LNK 三
十位数 个位数
五十三

(11) （dʐu̥³¹ tɕe⁵⁵） ze̥³¹ ʐɯ⁵⁵
六 十 LNK 四
十位数 个位数
六十四

(12) （dɯ³¹ tɕʰe⁵⁵） te³¹ ŋa⁵⁵
七 十 LNK 五
十位数 个位数
七十五

(13) （dʑa³¹ ʐɯ⁵⁵） dʑa³¹ zy⁵⁵
八 十 LNK 六

	十位数			个位数
	八十六			
（14）	(gɯ³¹	tɕe⁵⁵)	kɔ³¹	ti⁵⁵
	九	十	LNK	七
	十位数			个位数
	九十七			

由于每个阶段的连接词具有不同的语音形式，上述复合数词中的十位数是选择性的，通常情况下可以省略。与书面藏语比较，每个阶段的连接词如下：

表3　　　　　　复合数词的连接词（21≤N≤99）

复合数词	连接词（甘孜话）	连接词（书面藏语）
21≤N≤29	tsa⁵⁵	rtsa
31≤N≤39	sɔ⁵⁵	so
41≤N≤49	ɕi³¹	ze
51≤N≤59	ŋa³¹	ŋa
61≤N≤69	ze̱³¹	re
71≤N≤79	te¹³	don
81≤N≤89	dʑa³¹	gya
91≤N≤99	kɔ³¹	go

通过上表可以看出，甘孜话的连接词与书面藏语的连接词具有严格的语音对应关系。连接词的来源还需具体考证，但有一点是肯定的，即与相应的基本数词有密切关系[2]。

3　序数、倍数和分数的表达方式

甘孜话的序数是个开放性的，表达方式为"a⁵⁵+数词+[pa⁵⁵]"，其中[pa⁵⁵]在语流中存在自由变体[wa⁵⁵]，例如[a⁵⁵ sũ⁵⁵ pa⁵⁵]"第三"、[a⁵⁵ ŋa⁵⁵ wa⁵⁵]"第五"、[a⁵⁵ dɯ⁵⁵ pa⁵⁵]"第七"、[a⁵⁵ tɕe⁵⁵ tsʅ⁵⁵ pa⁵⁵]"第十一"等。当序数大于100的时候，后面的音节[pa⁵⁵]可以省略，例如[a⁵⁵ dʑa⁵⁵ tu³¹ tsʅ⁵⁵]"第一百〇一"。甘孜话的"第一"没有遵循上述规则，其语音形式为[a⁵⁵ tũ⁵⁵ pa⁵⁵]。与其他藏语方言比较：

表 4　　　　　　　　　藏语方言中的"第一"

书面藏语	拉萨话	巴塘话	夏河话	阿力克话	甘孜话
daŋ po	thaŋ¹³ ko⁵⁵	tā¹³ mbu⁵³	taŋ wo	toŋ mo	a⁵⁵ tũ⁵⁵ pa⁵⁵

比较词根，甘孜话中的"第一"与其他藏语方言之间具有明显的语音对应关系。从构词的角度看，甘孜话的"第一"与众不同，既有前缀［a⁵⁵］，又有后缀［pa⁵⁵］。而书面藏语和其他方言仅有后缀，没有前缀。基于上述比较，甘孜话"第一"的词根和后缀与其他藏语方言有共同的来源，而前缀则是自己的创新。

甘孜话的倍数有两种表达方式，即"数词+［lu⁵⁵］"或"［lu⁵⁵］+数词"。当倍数小于等于十的时候，应当用第一种表示方法；当倍数大于十的时候，应当用第二种表示方法。例如：

表 5　　　　　　　　　甘孜话倍数的表示方式

词义	二倍	五倍	十倍
语音形式	ȵi³¹ lu⁵⁵	ŋa⁵⁵ lu⁵⁵	tɕe⁵⁵ lu⁵⁵
词义	十五倍	五十倍	一百倍
语音形式	lu⁵² tɕe⁵⁵ ŋa⁵⁵	lu⁵² ŋa⁵⁵ tɕe⁵⁵	lu⁵² dza³¹

甘孜话的分数的表达方式如下："数词1+［tɕʰa⁵⁵］+数词2"，其中数词1表示分母，数词2表示分子，［tɕʰa⁵⁵］表示数词1和数词2的关系。例如：

(15)　　　ȵi³¹　　　　　tɕʰa⁵⁵　　　　　tsɿ⁵⁵
　　　　　二　　　　　　LNK　　　　　　一
　　　　　分母　　　　　　　　　　　　　分子
　　　　　二分之一

(16)　　　tɕa³¹　　　　　tɕʰa⁵⁵　　　　　sɯ⁵⁵
　　　　　一百　　　　　　LNK　　　　　　一
　　　　　分母　　　　　　　　　　　　　分子
　　　　　百分之三

4　加法和减法的表达方式

甘孜话加法的表达方式为"数词1+［tʰu⁵⁵］+数词2+［ne⁵⁵］+数词3"，其中数词1表示被加数，数词2表示加数；"［tʰu⁵⁵］"位于数词1和数词2

之间，用来连接两个数词；[ne⁵⁵] 表示数词 1 与数词 2 之间是加法关系，数词 3 表示和。例如：

(17)　　tsʅ⁵⁵　　　　tʰu⁵⁵　　　　tsʅ⁵⁵　　　ne⁵⁵　　　ȵi¹³.
　　　　一　　　　　LNK　　　　一　　　　加　　　　二
　　　　加数　　　　　　　　　加数　　　　　　　　　和
　　　　壹加壹等于二

(18)　　dʑa³¹　　　　tʰu⁵⁵　　　tsʅ⁵⁵　　　ne⁵⁵　　dʑa³¹ tu¹³ tsʅ⁵⁵.
　　　　一百　　　　 LNK　　　 一　　　　 加　　　 一百〇一
　　　　加数　　　　　　　　　加数　　　　　　　　　和
　　　　一百加一等于一百〇一

甘孜话减法的表达方式为"数词 1+[tʰu⁵⁵]+数词 2+[tʂʰɯ⁵⁵]+数词 3"，其中数词 1 表示被减数，数词 2 表示减数；[tʰu⁵⁵] 位于数词 1 和数词 2 之间，用来连接两个数词；[tʂʰɯ⁵⁵] 表示数词 1 与数词 2 之间是减法关系，数词 3 表示差。例如：

(19)　　ȵi³¹　　　　tʰu⁵⁵　　　　tsʅ⁵⁵　　　tʂʰɯ⁵⁵　　　tsʅ⁵⁵.
　　　　二　　　　　LNK　　　　一　　　　减　　　　　一
　　　　被减数　　　　　　　　 减数　　　　　　　　　差
　　　　二减一等于一

(20)　　sɯ³¹ tɕʰe⁵⁵　　tʰu⁵⁵　　tɕe⁵⁵ ŋa⁵⁵　　tʂʰɯ⁵⁵　　tɕe⁵⁵ ŋa⁵⁵.
　　　　三十　　　　　LNK　　　十五　　　　　减　　　　十五
　　　　被减数　　　　　　　　 减数　　　　　　　　　差
　　　　三十减去十五等于十五

注释：

[1] 格桑居冕、格桑央京：《藏语方言概论》，民族出版社 2002 年版。

[2] 周毛草：《藏语复合数词中的连接成分》，《民族语文》1998 年第 2 期，第 53—58 页。

Numerals in Ganzi Tibetan

Yan Haixiong

[Abstract] This paper describes the numerals in Ganzi Tibetan, compares the basic numerals, summarizes the composition rules of the compound numerals, describes the expression of ordinal number, multiple, fraction, addition and subtra.

[Key words] Tibetan; Ganzi; Numeral

藏语动词 byed 的发展和虚化初探

张济川

[摘要] 藏语中有一类单音动词的用法十分灵活，意义逐渐虚化，但使用频率相当高。这类动词中 byed 是最典型的代表。本文通过大量的实例，旨在描述动词 byed 及其变体形式在现代拉萨口语中的广泛意义及虚化情况。

[关键词] 藏语；动词虚化；byed

1 引言

藏语里有个动词 byed，它的形态变化是：byed-bya-byas-byos/gyis，按照传统藏文文法的说法，它们依次是现在式-将来式-过去式-祈使式[①]。藏语里还有 2 个虚词，作用不同，但是发音相同，都被写作 byas，跟动词 byed 的过去式 byas 的写法相同，这种相同只是偶然的巧合还是有来源上关系？如果我们看张怡荪先生主编的《藏汉大辞典》和于道泉先生主编的《藏汉对照拉萨口语词典》，它们对动词 byed 的释义，是有差别的，这是为什么？而且不论《藏汉大辞典》还是《拉萨口语词典》，它们对 byed 的释义是不是充分反映了现代藏语中动词 byed 的实际情况？我们想就此做些初步的讨论。

2 byed 的意义

byed 这个词的意义在张怡荪先生主编的《藏汉大辞典》中是：做，作，从事。按照这一释义，byed 几乎就是个单义动词。但是在今天的拉萨话里，它所能表达的意义没有这么简单，我们在手头不多的材料中就发现这个动词表达以下一些意义。

做 1（从事）

---

① byed 的祈使式，在书面上有 2 种写法：byos, gyis，但是拉萨话却读作 byis，在本文中就暂用 byis。

las ka vdi khong gis byed thub rgyu thub gi red yin na yang① zhe drags byed myong yog ma red.

这项工作他做是做得了，只是没怎么做过。

de ring khyed rang tshor ga re byed rtsis yog②

今天你们打算干什么？

lo gsar la ngus pa dang kha rtsod brgyab pa dang gshe gshe btang pa dang rgyag res brgyab pa ci dag byed chog gi ma red

过年时，哭、吵嘴、训人、打架，都是不允许的。

a ma dang a cag khong gnyis kyis mnga bdag gi kha lag bzos dug log bkrus gad brgyab ci dag byed gi yog red

妈妈和姐姐她们俩为领主做饭、洗衣服、打扫卫生，等等。

做 2（充任）

nga sngon ma kruu ren byas pa red pa

我以前当了主任吧。

nga rang rgyal gyi sku tshab byas nas vdzam gling po loi vgran bsdur nang la zhugs nas rim pa/ dang poi gser gyi rtags ma cig len vdod gi vdug

我想代表我国参加国际球赛得个头等金牌。

dgon pai nang la grwa pa byed gag phyin na rig gnas slob sbyong byed thub gi red

到庙里当喇嘛可以学文化。

bong bu da cha be cho be ra pa4 vdi vdras bco lnga tsam cig yod lag gcig lhag yag cig da yag shos pha bong byed yag gi bong bu yag po cig yod yang

那种一般的驴（我）有 15 头左右，一组多点；最好的，能配种的好公驴还有一头。

做到，使达到某种状态

nga slob tshan tshang ma ngag la skyor thub pa byed gi yin

我要争取把所有课文都背下来。

rgan lags kyis gsungs pa de gyad ma brjed pa byis a

老师说的那些别忘啦！

rgyu ma ring po byas nas sgug bsdad dgos red

要耐心等待。

---

　① yin na yang 在口语中已合并成一个词，读如 yin nai，意为"但是"。

　② 在书面语中，yog 写作 yod，但是在拉萨话里，既有 yod 也有 yog，本文分别写作 yod、yog 两种形式。

使成为

snam bu yag po song tsang a ni dpon po zhal tshor ba vdi vdras yod de tsho la yang1 phar tshur phul yag byas byas gang ga sdeb la nyo gi yin

这氆氇挺好，（我）有些熟识的当官的，作为送给他们的礼物，（我）都要了。

zhing kha btab yag yog ta yog red ste snam bu de zhe drags phar tshur dar bzo chen po red btsongs cig byed yag

地倒是种，但还是卖氆氇到处都受欢迎。

de ring sngan la yig cha cig brgyud bsgrags byed gi yin dei rjes la tshogs chung so so byas nas gros sdur byed rgyu yin tshang mas gzab gzab byas nyon la

今天先传达一个文件，然后分组讨论。大家注意听啦。

打算，安排

dang po byas na lo phyed tsam sdod dgos bsams byung yin na yang gnam gshis tsha ba che thag chod byas bsdad thub yag mi vdug

最初想住个半年左右，但是天气实在太热了，住不下去。

(yi ge) gzhis ka rtse la btang nai[①] gzhis ka rtse la vgro gi red —— a ni gro mo phag ri de bag yai[②] vgro gi red thag nye por byas na chu shur bar du btang nai vgro gi red

（信）寄日喀则，能到日喀则。——还有，（寄）亚东、帕里那边也到。如果想（寄）近处，寄曲水也到。

认为

nga ras byas na de ring phyag rogs yag po zhu thub ma song

我看，（我）今天没有好好帮上忙。

yi ge btang stangs ma vdra ba ga tshad yog red gong che chung

寄信有几种不同的寄法？多少钱？

khyed rang gi de gal che chung red gal chen po byas nas mgyogs po cig gtong rgyu yog red

这要看你寄的重要不重要。重要的，有一种快寄。

pha gir rta wa la cig vdug gang vong pha gi da nga tshoi vdii nang la vgros yag pa ra[③] cig byed gi red

---

① 口语中 yang（也）和前面的助词 la 合并为一个音节，读如 lai。
② 书面上是 na yang，口语里合并成一个音节一个词，读如 nai。
③ ra pa 是纯口语词，我们暂时按读音这样转写。

那边有匹青灰马吧？对，它在我们这里头走相是比较好的。
商量

nga tsho nyi ma cig glog brnyan la vgro rgyu byas pa yin
我们商量哪天去看电影。

khos nga bsgug rgyu byas pa yin
（我们）说好了他等我。

dang po khong khrom la thad dus zhor la nyo rgyu byas pa red
原来说好了他去街上的时候顺便给买来。
说

rgan rabs la skad cha bshad dus zhe sa zhe drag byed gi red
跟长辈说话多用敬语。

da dgos yod ra zer mkhan vdug na vdir vdug zer byas byas khyed rang bzhes gag phebs rogs gnang
如果有人需要，就说这儿有，您就过来取一下。

rdo la tshad ci dag skyon rogs gnang zer byas byas, las rgyab par vdug se lab bzhag yod
（我）给工头留了个话："请把石料量量"。
称作

bong bu vdi kha mig dkar ba   a ni brang khog vog de bag yai dkar po yod pas   spu kha yag pa gzugs po che ba   da vdug se lta gi yin na bong bu zer byas nai   drel nang bzhin cig yod
这头驴嘴白眼（圈）白，下面肚子也是白的，毛色好，个头大，这么看，虽说是驴，就跟骡子一样。

khyed rang gi vdir o sun la ga tshad yin pa
你这儿莴笋多少钱？

o sun chag par sgor mo gcig
莴笋一捆一元。

o sun chag pa byas nai   rkang la ya lags vong
（你）说"一捆莴笋"，（是）一根（吧）？是的。

讨（价）

da vo na srang do skyon a ni ngas tog tsam nyos go gzhan yang da lta pha tsam de nas yang tam ka bcu byed mkhan cig vdug ste spus dag los da ga tsam rang mi vdug
我说，二两银子卖吧，我买点。要说那边就有个要十个章噶的，但是没这么好。

gzigs na ni bubs la sgor mo da de ring bcu gsum la phul chog gzhan vdi bag bco lnga bcu drug byed gi yog red de nga phar log ran yod byas tsang bcu gsum la phul gi yin

你要是买呐，一匹今天就算十三元。其实这儿都卖十五、十六，我是得回去了，所以，十三就给您。

kha la ga tshad byed gi yog   kha la sum cu so lnga
一方（绸子）多少钱？   一方三十五（元）。

从上面的例子不难看出，现代拉萨藏语中，动词 byed 的意义丰富多了。在于道泉先生主编的《藏汉对照拉萨口语词典》里，除了"作，进行，做，干，搞"等自主用法（前面讨论的都是自主用法），还列有不自主的用法："成为——，搞得"，这种用法的形态是：byed（现）-byed（未）-byas（过），也就是说，除了自主用法，动词 byed 又发展出了不自主用法。对此，于先生的口语词典做出了反映，而张先生的大辞典缺了这一部分。比起自主用法，不自主用法没有祈使式，而且形式变化实际上简化为 byed-byas 二式。从我们接触过的材料看，拉萨话不自主用法的意义，也不只是《藏汉对照拉萨口语词典》列出的那些，我们辨识出来的有下面几项。

变得，发生、出现、处于——状况

ja vdii sgang la ma bzhag na grang ru byas yong 茶不放在这上面会凉。
khyed rang ga re snyung gi vdug 您什么病？
mgo na glo brgyab tsha ba rgyas ci dag byed gi vdug 头疼、咳嗽、发烧。
khyed rang tsho pha gir phebs nas phyag las hur thag gnang rog gnang ma gnang na ngas bsgrigs pa yin tsang rjes ma nga ngo tsha po byed gi red

你们去那儿以后请好好干。不然，因为是我安排的，以后我脸上就不好看了。

thon mi sam bho ta dang phru gu mang po cig lam kha la kha shas shi pa dang kha shas rgya gar la slebs nas tsha ba gis[①] med pa byas pa red

吞弥三保扎和很多

so lo vdis ngar kha zhe po cig tshig byung da nga shi grabs shi grabs byed gi vdug 这辣椒可辣着我了，我快（辣）死了。

造成

khyed rang gi sen mo nag po chags vdug gang de gso rlung ma vdang tsang byas pa red 你的指甲黑了吧？那是缺氧造成的。

---

① tsha bas，但是在拉萨话中是 tsha ba gis。

khong la snyung gzhi ga re phog vdug 他得了什么病？
sa mthor sa chu ma vphrod tsang byas pa red na tsha se gai① ma red
高原反应，不是什么病。
voo tsi ngar har gong ni gcig yai med 哎呀，我根本不要慌。
va tsi har gong yod dgos byung da gin a lai gam bu gcig po ldab gcig tsam cig mar bcag song nga khyed rang gis har gong skyon tsang byas pa red
哎呀，（你）当然要慌。刚才那个豌豆荚一样就降了差不多一半吧，就是你要了谎嘛。

合计
da khyon kha bco lngai rtsis ra cig byed gi vdug 合起来一共是15方（布）。
da vdi gyad gang ga bsdoms nas rdo tshad nyis brgya man tsam cig vthob gi yod pa vdra
这些总共合起来差不多200来品（银子）。
lags red da vdi vdras rang byed gi yod pa vdra 是的，恐怕得这么多。
是
nga stod thung khra khra byas pa gon yag la dga po yod 我喜欢穿花上衣。
a ce phu yod nag po byas pa de mthong byung ngas 看见那个穿黑长衫的女人了吗？
khyed rang gi rtsa la rgya se thiu rgya smug yag po de vdras yod pas
你这儿有那种带紫花的好金丝缎吗？ lags yod 有。
thiu rgya smug ga vdras red thiu de yang rgya smug rgya thing thing de min pai dmar sang sang de byas na yag po mi vdug byas tsang ngar rgya smug yag po cig dgos yod
紫花是怎样的？花如果不是亮紫色而是红不拉几的不好，我要好的紫（花）的。

上列各项意义只是根据有限的材料得出来的，随着材料的增多，可能会发现不自主动词 byed 还有更多的意义。

从自主用法到不自主用法，这是动词 byed 意义上的一大发展。除此而外，在长时间的历史发展过程中，byed 还演变出了虚化的用法，用作助词、连词。这种虚化的用法，时间上不论是过去、现在还是将来，一律用过去形式 byas，而且总是读轻声。

byas 用作助词，帮助前面的词语修饰后面的动词。

---

① gai 是纯口语词，意思是"什么也"。

1. 加在形容词、副词、名词（或名词性短语）、代词上，表示方式、状态；形容词、副词也可以直接修饰动词，而名词、代词修饰动词必须有助词的帮助

nga skyid po byas bsdad pai sgang la dug sbrang cig vphur yong pa red
我待得好好的忽然飞来一只蚊子。

slob grwa ba gis[①] slob tshan vdi rgyun ring po byas sbyangs pa red
这一课学生练习了很长时间。

mo rang gis a mas mngags pa nang bzhin oo lags la yag po byas lta gi yod pas ma tshad khang pai nang lai sngon ma nang bzhin gtsang ma byas bsdad yog red
她不但按妈妈说的好好照顾着弟弟，房间里也跟原来一样干干净净的。

khos vdug se byas nga ha go pa red 他就是这样知道了我。

khos khog mai nang gi sgo nga tshang ma re re byas nas bton——sgo nga tshang ma re re byas bzas nas chang de yai rgyags tshad btungs pa red
他把罐子里的蛋一个一个地全都拿出来，——蛋一个一个地全都吃了，酒也喝了个够。

nga vdi bag khe tshong ba gzhan dag de tsho nang bzhin byas zhe drags har gong brgyab ci dag byed gi min
我这人可不会像这儿别的那些做生意的那样漫天要价。

par der phar bltas tshur bltas byas nas gcig lab byas bsdad pa red
把那照片瞧来瞧去然后就自言自语了起来。

nam rgyun gdan sgang la sdod dus phar bsnyes tshur bsnyes byas bsdad chog gi ma red
平时坐在垫子上不许左依右靠的。

skad cha shes pa tshang ma vtsher po ma byas pa byas shod dgos gi vdug
所知道的话都得痛痛快快地说出来。

da nga ras lnga brgya sprad pa de ni skyag rdzun rgyun nas med pa byas dngos gnas drang gnas zhus bzhag yod
我花了五百那完全不是瞎说。

2. 表示原因

thon mi sam bho tas bzos pai bod yid de min pai zhang zhung gi rma ris zer yag de cha ma tshang pa byas a ni vdi yin tsang thon mi sam bho tas yi ge de cha tshang po cig bzos pa yin zer gi yog red

---

① 书面语应是 slob grwa bas。

据说，不是屯米三保扎创制的叫作 rma ris 的文字不完备，屯米三保扎使之完备起来（而成为现在的藏文）。

rang slob grwa ba red pa kha la ma nyan pa byas rgan lags khong tshor sku las bzos song

你是学生吧，不听劝，叫老师他们受累了。

a ni skyid po ma byung pa byas bsam blo btang btang pa byas yong

不愉快，就会东想西想。

以上两种用法，如果 byas 后面加上连词 nas 或 byas，就会恢复它原来作为动词的功能，而且声调也不再是轻声，而是读原来动词 byas 的声调。

3. 表时间的开始

bod kyi yi gei phud de srong btsan sgam por phul de vdi nas byas bod kyi yi ge de gsar gtod byas pa yin zer gi vdug

据说把新制定的藏文的样本献给松赞干布，从此就算是正式创制出了藏文。

tshes pa gcig nas byas nyi ma lnga nas bdun gyi bar la lo gsar gtang gi red

从初一开始五到七天过年。

khong nga tshoi vdir phebs nas byas las kai dka las dang vtsho ba goms gi med pa ma red dang

不是自他来到咱们这儿工作太累生活上不习惯吧。

4. 用于列举

这种用法，所涉及的各项可以都列出，也可以只列出一项；可以几项后都用 byas，也可以只用于其中的第一项。

vdir gruu tsi dkar po kha lnga byas phyur khu mdog kha do dang kha phyed byas sngo nag kha do kha phyed byas lags red dang

好的。这儿是白色的绸子 5 方，浅绿色的两方半，深蓝色的两方半，对吧？

zhogs pa gcig po thad slob grwa ba byas sku mched byas mnyam po rub rub byas mi lnga drug cig yog red

早晨一个人去，学生、亲戚聚在一起，有五六个人。

tshos gzhi de ngar gtan gtan zhu yag med ljang gu byas dmar po byas a ni sa mdog ra cig med groo vdi gyad byas a ni dkar po nag po ra cig

颜色我还真说不准。可能有绿的、红的、类似土色的，这样一些。还有，类似白的、黑的。

khos kha par ang grangs byas gang ga ngar bzhag pa red

他把电话号码等都给我留下了。

phyogs gcig nas son dang rmon pa ma rag pa byas phyogs gcig nas zhing pa bran g-yog bdag poi khral rgyugs ma tshar par sdod dgos red

一方面，没有种子，无力耕种；另一方面，还得给农奴主没完没了地支差。

bod rigs kyis rgyal rtse dang gzhis ka rtsei thang chen po byas　rtsed thang gi thang chen po　skyid chui rgyud kyi lha sa nyang chui rgyud kyi kong po nying khri thang chen po ci dag la yod pai sa cha ga sa ga la zhing las thon skyed byed gi yog red　byas tsang sa cha de gyad la bod ljongs kyi vbru mdzod zer gi yog red

藏族在江孜—日喀则平原、泽当平原、拉萨河流域的拉萨、尼洋河流域的工布林芝平原等各地进行农业生产，所以那些地方被称作西藏的粮仓。

除了用作助词，虚化的 byas 还用作连词，用以连接两个动词（前一动词必须用"过去式"）表示以下几种不同的意义。

1. 时间上先后的两个行为动作

khos thag pa des mi de yag thag chod bsdams lcags kyi skam pa des zin lcags kyi tho ba des brdungs byas a ni shod der btags bzhag pa red.

他把那人用绳子绑得结结实实，用铁铐子铐上，还用铁锤打了一通，然后拴在了楼下。

bu des spreu de thag pas yag thag chod bsdams byas rgal par khyer yong pa red.

那男孩用绳子把那猴子捆好背了过来。

khyed rang tshur phebs byas ga tshad phebs song
（您）回来多长时间了？

slebs byas nyi ma kha shas las phyin ma song　回来才几天。

sngan la sku zhabs lags yar phebs byas khang par cig gzigs da　先生请先上去看一下房子。

ngas mar babs chog shing sdong ma gcod rogs byis zer labs byas mar babs yong pa red

"我下来，别砍树"，说罢就下来了。

连词 byas 可以与这种用法的连词 nas 换用，在稍长的句子里二者可以交替使用。例如：

de dus vbrog pas sha mar dang bal ko ba dang pags pa　rtswa sman sogs kho rang tshoi thon khungs de tsho khyer nas zhing las sa khul la phyin byas brje tshong rgyag gi red

到时候牧民们带上肉、酥油、羊毛、皮革、毛皮、草药等他们的那些特产到农区去交换。

spo bo lags khong gis phyu pai phu thung gis mig chu phyis nas lam sang phru gu nang bzhin gad mo bgad de nas yang sa zhing lag khyer la yang se vphur vphur btang nas sa zhing lag khyer sgang gi par la mig bltas bltas par bsdad byas gcig lab brgyab nas vdi vdras se shod gi yog red

老爷爷他用长袍袖子擦了擦眼泪，马上又像孩子一样笑了起来。然后又把土地证摸了又摸，盯着土地证上的照片看来看去，自言自语地这样说了起来。

2. 有时连词 byas 前后两个动词所表示的意义之间有因果关系

这种用法，在有的例子里还能看出时间上的先后。

gzhon nu kho dga thag chod byas rtag par lha mo mnyam du zhing khai nang la las ka byas dus thog la rtswa bkog lud brgyab nas g-yog yag po byed gi yog red

那青年非常高兴地经常和仙女一起在田里劳动，按时除草、施肥，用心照料。

dang po byas na lo phyed tsam sdod dgos bsams byung yin na yang gnam gshis tsha ba che thag chod byas bsdad thub yag mi vdug

最初想住个半年左右，但是天气实在太热了，住不下去。

thengs cig dmag mi cig dmag rgyag dus gzugs po la mda zug byas rmas pa red

有一次打仗的时候一个士兵中箭受伤了。

bu de gnyis kyis me tog dmar po de chang mai bu mo de la yug tsam byas pa da ga bu mo de spreu la phyin pa red. a ni a ma zhed thag chod byas bu mo mi rang yong ba byed rogs gnang zer zhu ba zhe drags vthen pa red

那俩男孩把那红花朝那卖酒妇的女儿晃了一下，那女娃就变成了猴子。这下子妈妈可吓坏了，使劲地央告说："请把闺女变成人来吧"

3. 连词 byas 前面的动词（或短语）表示的是后面行为动作的方式、状态

da rang zhogs pa yar langs pa da gar mgo yur vkhor ba dang skyug pa skyug grabs byed gi vdug yin na yang skyug thub gi mi vdug skyug mer langs byas sdod gi vdug

今天早晨一起来就头晕要吐，但是又吐不出来，总觉得恶心。

da nga log vgro ran tsang har gong ci dag rgyun nas med zhe drags khe po byas byas phul yod

我该回去了，一点儿也没要谎，（这）卖得很便宜了。

de dus kho gnyid khug byas bsdad yog red 那时他睡着了。

ngai bu mo rgan pa chung dus nas g-yog po rgyugs nas bsdad pa red bu mo chung ba sa zhing btab nas bsdad pa red ngai bza zlas chu vkhor gyi las ka byas bsdad pa red ngas nang las btang byas sdod gi yod
我大女儿从小就做仆人，小女儿种地，我老婆管水磨，我干家务。

nga nam rgyun gnam grur bsdad byas yong gi yod 我平时都是坐飞机来。

rtsed mo rtse yag de tsho yai rtsig khug la vbrangs byas bzhag bzhag yog red 玩具也都码放在墙角。

zam pa brgyab yag gi vgro song btang yag gi dngul dang ci dag dgos red pa a ni bu mo bcu zer yag cig gis lha mo vkhrab gzhas btang byas byas slong gag phyin a ni vdii dngul vdis zam pa brgyab pa yin zer
建桥开销需要的钱什么的，据说是十个女孩子以演藏戏、唱歌的方式募集款项，用以建桥。

上面介绍的动词 byed / byas，不论是自主的还是不自主的，都不读轻声，而用作助词、连词的 byas，都读轻声，似乎是做虚词读轻声，做实词不读轻声，界限分明。实际并不是这样，从句法关系上看，有些读轻声的 byas 还是动词，并未虚化。这种读轻声的动词，时间上不论是过去、现在还是将来，也都用过去式的 byas。例如：

sngon gyi de kun dga lags kyi zhal par ang grangs byas gzhug gi de rta mgrin lags kyi zhal par ang grags red
前面那个是贡嘎先生的电话号码，后面那个是丹真先生的电话号码。

khoi pa pa rgya mi byas a ma khams mo vdra ba vdug gang
爸爸是汉人，妈妈好像是康巴吧？

nga tsho yang min na slob sbyong byas yang min na lus rtsal byas khrom la vkhyam phyin chog gi ma red
咱们要不就学习，要不就锻炼，逛街不行。

mi tshos lo gsar gyi gra sgrig las ka tshang ma tshar ba byas rang rang khyim tshang gi cha rkyen la dpags nas cha sgam gyi sgang la sder kha bcu sder dang brgyad sder drug sder ci dag sgrigs byas dei g-yas g-yon la shing tog sna min sna tshogs sgrig gi red
人们把过年的准备工作都做好了，根据自家的条件在柜子上摆上或十层或八层或六层的供品盘，左右再摆上各种水果。

vdzoms vdzoms la ping yai byas gau yai byas byed yag cig yong gi vdug gang 有时候会有既是护身宝盒又可以当别针用的吧？

sngon ma grwa pa kha shas dgon pai nang la slob sbyong byas dpe cha ci dag yag po zhe drag byas da yang sum cu pa bslabs ma myong ba vdi vdras vdug gang　de tshos yin nai yin gcig min gcig sum cu pa slob dgos gi vdug

以前有些喇嘛在寺庙学习、努力读经等，可是有没学过《三十颂》的吧？就是他们，也一定要学习《三十颂》。

slob sbyong byed dus slob sbyong byas　dus tshod vphrog brlags tsang nas btang rgyu yog ma red

学习的时候就学习，千万不要把时间浪费了。

在藏语中，声调读为轻声，可能是实词虚化在语音上的反映。前面讨论的助词、连词 byas 就是都读轻声，也没有形式上的变化；动词 byed/byas 相反，有形式变化，不读轻声。而上列各例中做动词用的 byas 读轻声，没有形式变化，这样，它在功能上是动词，形式上却与虚词 byas 相同，这是不是它又一种虚化的过渡？

我们写这篇短文，主要是想探讨一下藏语虚词中 byas 的来源。由于藏语语法研究还有待深入，与此文相关的一些问题还不清楚，材料也有限，这里所做的只是一个非常初步的探索。

注释：

[1] 中央民族学院藏语教研组教材。

[2] 张琨、Betty Shefts CHANG：《西藏口语语料》，台湾"中研院"历史语言研究所 1978 年版。

[3] 米玛：《西藏戏剧曲艺选》，西藏人民出版社 1985 年版。

[4] 土丹旺布等：《拉萨口语会话手册》，中央民族大学出版社 1995 年版。

The Development and Grammaticalization of Tibetan Verbs "Byed"

Zhang Jichuan

[Abstract] The usage of verb "byed" in Tibetan language is very flexible, however, its meaning is blurring. This paper, through a large number of examples, is to describe various functions and usages of verb "byed".

[Key words] Tibetan; Grammaticalization of Verbs; Byed

敦煌吐蕃汉藏对音研究·绪论[①]

周季文

[摘要] 本文以敦煌写卷中的"注音本"和"译音本"为主要研究对象，梳理了相关的研究成果，指出了具体的研究步骤和研究方法，归纳出敦煌藏语的声韵系统，制作成《敦煌藏—汉字音对照表》和《敦煌汉—藏字音对照表》。

[关键词] 敦煌；吐蕃；汉藏对音

1 研究对象与范围

敦煌石窟，举世闻名。在敦煌石窟群体中的代表窟群莫高窟（千佛洞）第 16 窟中的藏经洞（今编号为第 17 窟），曾经珍藏了将近千年的五万余件六朝、隋、唐以至宋代的写本和木刻本及各类文物。其内容涉及中国古代的政治、经济、军事、历史、哲学、宗教、民族、语言、文学、艺术、科学技术等，还涉及通过丝绸之路东西文化交流的许多方面。写本和刻本使用的语言文字，除汉文外，还有藏文以及古代西域语言。

从藏经洞取出来的藏语写卷中，有两种比较特殊的卷子。一种是在一张卷子上有汉藏两种文字，一个汉字旁边有一个藏字（藏文音节），是用来给汉字注音的。汉字都是竖行直写，但藏文的书写形式有二：一是藏文写在汉字左边，头朝左（如《千字文》）；二是藏文写在汉字右边，头朝上（如《妙法莲华经普门品》）。二者都称为"注音本"（或"对音本"）。一种是卷子上全是藏文，但藏文本身没有意义，全文都是从汉文音译的（如《般若波罗蜜多心经》），称为"译音本"（或"音译本"、"音写本"）。"注音本"和"译音本"的唯一差别，就是前者的原件上汉藏两种文字都有，（在本书《语料》中汉文排在上方）；后者的原件上只有藏文没有汉文，汉文是研究

[①] 笔者按：本文系拙著《敦煌吐蕃汉藏对音研究》书稿的开头部分，出版之前，敬请同行专家和广大读者指教。

者添加的，（在本书《语料》中藏文排在上方）。由于其汉文是经过不止一人的认真考证和研究后添加上去的，虽然不排除仍有错误，但总的说来，对音是完全可靠的。作为研究材料，"注音本"与"译音本"具有同等价值。这两种对音材料，对于研究古代汉语的语音、汉语史、汉语方言和音韵学，研究古代藏语的语音、藏语史和藏语方言，都是极为宝贵的材料。因此，近八九十年来，中外有关学者对此产生了极浓厚的兴趣，进行了艰苦细致并卓有成效的研究。

本书研究的对象主要是敦煌写卷中的"注音本"和"译音本"。同一著作在敦煌写卷中有汉藏两种文本，藏文是从汉文翻译过来的（如《孔子项橐相向书》），藏文本中的音译词和与之相对应的汉文不是同时出现在一起，只能归入"译音本"一类。有的藏文写卷中含有不少汉语音译词（如《藏汉对照词语》），同样归入"译音本"。《唐蕃会盟碑》的汉藏两种碑文刻在同一通碑上，其中的音译词不是逐字对照排列，所以只能归入"译音本"一类。在译音上有一特殊情况，就是唐朝君臣的职称与姓名等都是汉译藏，吐蕃王臣的职称与名字等都是藏译汉。本书之所以将《唐蕃会盟碑》作为研究对象，主要是它的出现时代与敦煌藏文写卷同时，而且有确凿的年代，可以作为时间的坐标。

2 迄今研究概况

过去研究过这些材料的人主要有：

伯希和（P. Pelliot）与马伯乐（H. Masperro）曾经引用过对音本《千字文》一部分（1920年）。

羽田亨写过《汉蕃千字文的断简》（1923年），公布过原件的照片（1926年）。

托玛斯（陶慕士，F. W. Thomas）与柯乐逊（G. L. M. Clauson）将译音本《金刚经》比定，全部注出了相应的汉字（1926年）。柯乐逊将《阿弥陀经》比定，全部注出了相应的汉字（1927年）。柯乐逊还为《金刚经》与《阿弥陀经》各做了两个藏汉互见的索引。托玛斯用《大乘中宗见解》的译音本（ch. 9, II, 17号）和它的对音本（ch. 80. xi号）两种写本仔细校刊，把对音本里空白的藏音参照本书的重字跟译音本的相对字，大部分填补起来，做成一个实际连贯的本子（1929年）。

罗常培根据《千字文》、《大乘中宗见解》、《阿弥陀经》、《金刚经》和《唐蕃会盟碑》以及《开蒙要训》（汉字注音本）等材料，写出了《唐五代西北方音》（1933年）。这是第一部综合研究藏汉对音的专著。该书将汉藏对音材料与《切韵》比较,去推溯它们的渊源,然后再同六种现代西北方音比较,来探讨它们的流变。用科学的方法首次拟测出唐五代西北方音系统,成为历史描写方言学和西北方言语音发展史的重要著作,也是阅读敦煌写本的工具书。罗常培在写该书时,对前人处理有关材料中的讹误进行了订正,还委托唐虞为《大乘中宗见解》做了一个汉藏索引,把每字每音的第几行第几字都逐一注明,检索非常方便实用,也为严谨治学做出了典范。

托玛斯和翟理斯(翟林奈,Lionel Giles)合撰《一种藏汉词语写卷》(1948年)一文,刊布了《藏汉(藏文译音)对照词语表》写卷,并比定出部分汉字。

李盖提(Louis Ligeti)撰《藏文书写的敦煌汉藏词句考释》(1968年),对托玛斯和翟理斯的比定做了部分补充和订正。

黄布凡撰《敦煌〈藏汉对照词语〉残卷考辨订误》(1984年)和《敦煌〈藏汉对照词语〉残卷考辨综录及遗留问题》(1984年),经过深入研究,又作了进一步的订正。

以上三篇论文,是对同一写卷的逐步深入研究。

西门华德(Walter Simon)《藏译汉文文献释读》(1958年)一文中,介绍了《妙法莲华经》、《天地八阳神咒经》、《般若波罗蜜多心经》、《南天竺国菩提达磨禅师观门》、《道安法师念佛赞》、《寒食篇》、《杂抄》(《三皇五帝姓》)、《九九歌》(又称《九九表》或《乘法口诀》)等篇,用拉丁字母转写出一部分。

王尧的《吐蕃金石录》(1982年)第一节《唐蕃会盟碑》中,主要根据罗振玉的拓本,同时参校了几种其他拓本,录写了碑四面的全部汉藏碑文。藏文下面加注了拉丁转写。

周季文撰《藏译汉音的〈般若波罗蜜多心经〉校注》(1982年),除将该写卷全文比定出来之外,还作了《汉—藏索引》和《藏—汉索引》。在索引中,第一次给藏文加注了现代藏语的安多音和拉萨音。

高田时雄《中国语史研究(据敦煌史料)——九十世纪的河西方言》(1988年),是继罗常培《唐五代西北方音》之后的又一部综合研究藏汉对音的专著。该书正文分四章:一、序说;二、资料解说;三、音韵;四、语法。另有四个附录。附录一为《资料转写》,将其所用的14种资料全部转写出来。转写时汉文用宋体,藏文用拉丁字母。排印时按原件分行,行首数字表明为原件的第几行。对音写卷汉文排上方,藏文排下方;译音写卷藏文排上方,汉文排下方。都是一个汉字与一个藏文音节上下相对。附录三为《数据对音表》,将材料中出现过的1218个不同汉字的"切韵音"、

"河西音"跟写卷中的藏文对比。表中汉字的先后次序按切韵韵母次序排列。表后附有一个按切韵声母次序排列的索引。该书和罗常培的《唐五代西北方音》比较起来，所收材料种类与数量大为增加，所做的分析研究也更为深广。

高田时雄著《藏文写卷"长卷"研究》（1993 年），内容含《大乘中宗见解》、《南天竺国菩提达摩禅师观门》等多种文书，属音译本。高田氏将其藏文转写为拉丁符号，配以对音汉字。

周季文和谢后芳合著的《敦煌吐蕃汉藏对音字汇》（2006 年），也是一部综合研究藏汉对音的专著。该书汇集有对音本、音译本和含有音译词的文献 18 种，分别以汉藏对照和藏汉对照排列。该书统一了文字的字体：汉字用繁体字，藏文用印刷体；统一了转写符号：将几种不同系统的拉丁转写符号改用国际音标；统一了注音的符号：汉字的现代音用汉语拼音方案注出，中古音用传统音韵学的"声韵呼等调"注出音类，同时用国际音标注出构拟的音值；藏文用国际音标分别注出构拟的吐蕃时代的藏语古音音值与现代藏语的拉萨音和安多音的音位。根据这些材料，制成按汉语拼音次序排列的《汉—藏古今字音对照表》（含不同的汉字 1432 个）和按藏文字母次序排列的《藏—汉古今字音对照表》（含不同的藏字 1180 个）。

周季文和谢后芳合著的《敦煌吐蕃汉藏对音中的声母对比》一文，是本书初稿的一章，发表在《贤者新宴》（2007）上，用以征求意见。

华侃的《敦煌古藏文写卷<乘法九九表>的初步研究》一文，发表在《敦煌古藏文文献论文集》（2008 年）中。对 P. T. 1256 号注音本写卷《九九表》，加上了全部对音汉字（不同的汉字 11 个，出现 208 字次），编了《汉藏索引》和《藏汉索引》。根据藏文字体的特点，特别是全文共出现了 138 个元音符号 i，没有发现在吐蕃较早期常出现的反写的 i，认为这一手卷可能产生于吐蕃中期或晚期，即 8 世纪中叶或更后一些。

3 共同取得的研究成果

经过一代又一代研究者们八九十年的艰苦努力，共同取得的主要成果如下：

第一，确定历史年代为了能够利用这些材料作历史比较，必须确定材料产生的历史年代。

历史年代最为确定的只有《唐蕃会盟碑》，它立于唐穆宗长庆三年，公元 823 年。个别卷子有藏文题记，可以根据题记确定年代。例如《阿弥陀经》卷末有藏文题记，是河西节度押衙康某于虎年写的发愿文。此题记可以证明此卷写于9世纪后半期之归义军时期。有的藏文卷子的背面有汉文，汉文中提供的信息可以帮助。例如《金刚经》背面有唐乾宁三年（896年）的文书，可以表明此卷年代当在公元896年以后。又如《九九表》背面有刘司空文书。据考刘司空系指公元940年前后途经敦煌往中原朝贡的于阗使刘再升，故此文书年代当在公元940年前后。

藏文卷子本身上找不到信息的，还可以从有关抄经内容的其他卷子中找到。法藏吐蕃文文书P.T.999号藏文写卷记载："先前天子赤祖德赞之功德，在沙州以汉藏文抄写了佛经《无量寿经》，作为对臣民广泛的教法大布施。……鼠年夏六月初八日……从龙兴寺的经籍仓库中，取出《无量寿经》汉文一百三十五卷，藏文四百八十卷，总计六百一十五卷，散发给众人。"（见陈庆英：《敦煌藏文写卷P.T.999号译注》，《敦煌研究》1987年第2期，第72页）这表明在吐蕃赞普赤祖德赞统治时期（815—836年）沙州曾经组织部落百姓抄录了汉藏文的《无量寿经》。S.5824号文书记载敦煌行人、丝绵部落民户为经坊抄经人员提供蔬菜。经坊中的写经人员有汉人，也有吐蕃人。行人、丝绵两个部落存在时间在790—820年之间。（见陆离：《吐蕃统治敦煌时期的行人、行人部落》，《民族研究》2009年第4期，第85—94页）从这两份卷子的信息中，可以推测对音卷子中内容与佛教有关的卷子，很可能产生于抄经活动的同时，即在790—820年之间。而内容与佛教无关的则可能产生于较晚一些的年代。

英藏敦煌吐蕃文文书Ch.73, xv, 5号又详细记载了吐蕃统治晚期沙州三部落（阿骨萨、悉董萨、悉宁宗部落）民户抄写《大般若经》的情况。由该文书可以看出抄经者（"写经生"）的服劳役者的社会地位。当局虽然给抄经者提供食物，但抄经带有强制性质，规定了具体期限，在完成抄写之前，他们必须将两倍于纸张价值的牲畜、财物等作为抵押品存放于经卷收集官员茹玛巴（rub ma pa）处，抄经人不得反抗和抵制分派给他的抄经任务或者漫天要价。如若不从，本人和亲属将被送入监牢。在抄完后交差时，除清点抄好的经卷和剩余的纸张外，还要清理"损耗的残余物和写卷碎片"，才能归还当初抵押的牲畜和财物。值得注意的是清理"损耗的残余物和写卷碎片"这一细节，可以对藏经洞中为什么会"收藏"那么多的残卷、废纸、草稿和碎片之类的东西，做出一个合理的解答。

敦煌文献产生年代的下限，应该以藏经洞封洞的那一年最为可靠，但至今还找不到封洞年代的记载或证据，封洞年代也只能靠推断。封洞年代的推断又靠封洞原因的推断。封洞原因，比较普遍的说法是为了"避难"。避难主要有两种：

其一，避黑韩之难说。黑韩亦称黑衣大食，为唐宋时期崛起于中亚东部的阿拉伯国家，信仰伊斯兰教。北宋初年，黑韩势力向东扩张，1006年攻灭于阗（今新疆和田），并继续向东进军。因为于阗和敦煌有姻亲关系，当于阗陷没以后，大批于阗人东逃到敦煌，把黑韩王朝灭佛的消息带来，当时驻守敦煌的军、政、僧界官员，为防备以伊斯兰教为国教的黑韩王朝进攻，摧毁佛教文物，故而将其封藏起来。按此说封洞应在1006年以后不久。

其二，避西夏之难说。1036年西夏占领了敦煌以及整个河西走廊，并统治该地区达190年。藏经洞中出土卷本所题年号，最晚为宋初咸平五年（1002），且全洞卷本无一作西夏字者，故推测其封闭当在西夏占领敦煌及整个河西之前，莫高窟僧人为逃避西夏兵革的破坏，保护经卷，故将大批的写经和文物封藏于洞中，并在洞壁外加以绘像，以作伪装。按此说封洞应在1036年以前。

综合这两种说法，封洞应在1006至1036年之间。1036年可以作为藏文写卷的产生年代的下限。以"世纪"来表达，1036年应为11世纪初期。不过，据上述避黑韩之难的说法，封洞应在1006年以后不久；据上述避西夏之难的说法，则封洞也不会离1036年太近。因为西夏占领敦煌，不会是说到就到，必须早做准备。而且在当时的条件下，开凿出一个"窟中之窟"，需要时日。何况还要堵好洞口，抹好洞壁，绘好画像，做到上千年不被人发现，时间短了是办不到的。这样，如果将11世纪"初期"的少数年份略而不计，将藏文写卷的产生年代的下限定为公元10世纪还是可以的。

罗常培《唐五代西北方音》（1933年）将历史年代定为"唐五代"，为公元618年至959年，相当于7至10世纪。高田时雄《中国语史研究（据敦煌史料）——九十世纪的河西方言》（1988年）将历史年代定为"九十世纪"。都是将下限定为10世纪。但上限分别定为7世纪和9世纪。

周季文和谢后芳合著的《敦煌吐蕃汉藏对音字汇》（2006年）以吐蕃占领敦煌的时间（781年）为上限，以敦煌藏经洞封洞时间（1006—1035）为下限，将本书资料产生的年代，定为公元8至10世纪。本书仍维持这一观点。

第二，确定区域分布。

罗常培《唐五代西北方音》（1933年）将方言的区域分布定为"西北"，高田时雄《中国语史研究（据敦煌史料）——九十世纪的河西方言》（1988年）则定为"河西"。二者都是就汉语而言的，但所指范围的大小，显然差别不小。其所以如此，主要是划分区域时，并不完全以汉藏对音的材料为依据，而是参照了汉语史和汉语方言学的理论来推断的。

周季文和谢后芳合著的《敦煌吐蕃汉藏对音字汇》（2006年）将区域分

布定为"敦煌"，同时适用于汉藏两种语言。本书仍维持这一观点。

以上两点，即时空的定位问题，是历史语言比较中的关键问题之一，解决好才能使找出的语言发展、变化的规律具有实际价值。

第三，进行识读、转写、比定。

① 识读——研究藏文写卷，首先遇到的问题就是识读。因为你至少要认出它是什么字，才能谈得上研究。由于敦煌藏文写卷一般用的都是一种介于草书与楷书（印刷体）之间的吐蕃时代的特殊手写体，没有严格的规范；书写者水平不一，书写习惯不同，有时在印刷体中差得很远的不同字母，到了敦煌写卷中竟然会"差不多"。又由于写的是汉字的音，在藏文中没有意义，不能参照前后文来推断；有些汉字的音，用符合藏文拼写规则的字（音节或字母组合）无法表示，只好突破藏文的传统拼写规则，因而出现一些不符合藏文传统拼写规则的"怪字"。再加上原件残缺污损，年深日久，纸色加深且字迹暗淡，影印或复印出来，免不了还要增加一层薄雾。因此识读时难免产生讹误。为了保证材料的质量，迄今为止的研究者们经过识读再识读、订正再订正，使材料的质量达到最高水平。

② 转写——识读的结果，必须转写出来。过去藏文一般用拉丁字母转写，也有用国际音标转写的。后来由于印刷条件的改善，藏文使用楷体（有头字，印刷体）转写。（有的作者把用藏文楷体转写称为"摹写"，实际上并没有临摹的意思）用拉丁字母转写，由于没有统一的转写方案，不同的人对同一字母可以有多种不同的转写系统，致使将不同人转写的材料汇集一处时，阅读不便，作比较研究更为困难，甚至会引起误解。周季文、谢后芳的《敦煌吐蕃对音字汇》除了用藏文楷体转写外，还用统一的国际音标转写。这样做既可避免不同系统拉丁字母转写带来的矛盾，又可以用它基本上表示出藏文的古音。

③ 比定——对于藏文音译本写卷，遇到的一个大问题就是比定。即找到音译本的汉文原文，通过对比，一个个确定与之相对应的汉字。由于音译本大多首尾残缺，没有标题。（本书收集的各种文件中，除《般若波罗蜜多心经》和《南天竺国菩提达摩禅师观门》外，均无标题）即使通过部分识读，大体知道其内容属于佛经，而佛经篇幅庞大，卷帙浩繁，要从中确定与之相对应的某一篇章，其难度之大，可想而知。当找到原文之后，还要将不同的版本（译本、刻本或写本）进行比较，最后才能选定一种与音译本最接近的汉文原文，一个字（音节）一个字地对应排列起来。这一工作有些像"接力赛"，例如《藏汉对照词语》这一卷子，托玛斯和翟理斯1948年刊布以后，李盖提1968年作了修订，1984年黄布凡又作了两次修订。周季文、谢后芳在《敦煌吐蕃汉藏对音字汇》中还有个别修订。准确比定的

结果，使"译音本"的科研价值与"注音本"等同，使对音例字得到成倍增长。本书共收对音例字 9925 个，出自注音本的 2937 个，占 29.6%。出自译音本的 6988 个，占 70.4%，是前者的两倍多。

4 本书的研究目标

从迄今为止的汉藏对音研究情况来看，单一性课题研究较多，综合性课题研究较少。单一性课题研究的成果，在各人的论文都有所表述。有一点需要提出的是，有的题目的研究者众多，研究成果也非常丰硕，但涉及汉藏对音研究的成分极少（如《唐蕃会盟碑》）。单一性课题研究需要进一步深入和扩展，但是深入和扩展的空间不大。相对而言，综合性课题研究深入和扩展的空间要大得多。

罗常培的《唐五代西北方音》是综合性研究的第一部重要著作。他在《自序》中清楚地提出了他研究的努力方向是："利用这一批可靠的材料把它所代表的方音系统给拟测出来。"他说："我所以要重新整理这一批材料的观点是和前面几个人（按：指伯希和、马伯乐、羽田亨、财津桃溪、劳佛）不同的。因为他们不是零零碎碎的引用，就是缺乏历史的起点跟切近的参证；好像还没有一个人能穷源竟委的利用这一批可靠的材料把它所代表的方音系统给拟测出来。我这一本书是打算朝着这个方向努力的。"

罗先生在他的《自序》结尾时说："我因为有几种期待中的材料还没完全采进去，总不免有点儿'半折心始'的感觉！这只好等将来有机会再作补编了。"这几句话给了笔者深刻的印象，促使笔者写成了第一篇研究藏汉对音的论文《藏译汉音的〈般若波罗蜜多心经〉校注》（1982 年），也激励笔者和谢后芳坚持长期积累和整理资料，合著成《敦煌吐蕃汉藏对音字汇》（2006 年）。此后，我们即着手编写本书——《敦煌吐蕃汉藏对音研究》。2007年，我们曾经将初稿的一章以《敦煌吐蕃汉藏对音中的声母对比》为题，发表出来以征求意见。

本书的研究的目标是：利用本书收集到的汉藏对音材料，归纳出它们所反映的敦煌藏语和敦煌汉语的声韵系统来。这一目标，是在研究过程中逐步明确起来的。总的说来，本书的研究目标和罗先生提出的"利用这一批可靠的材料把它所代表的方音系统给拟测出来"，大方向是一致的。但具体说来，存在两点重大差别。

第一，罗先生提出的"方音"，没有明确语种，但实际上论述的只是汉语一种。本书提出的是藏语和汉语两种。因为从对音的实际来看，汉藏是对等的。

第二，罗先生提出拟测的"方音系统"，应该是包括声、韵、调三方面在内语音系统。本书只提归纳"声韵系统"，不谈声调。因为藏文没有声调符号，在汉藏对音材料的藏文上看不出声调来。而且从藏语声调产生和发展的历史情况来看，当时敦煌藏语声调可能还没有产生，即使产生也不过是在萌芽阶段，要归纳出声调系统几乎是不可能的。

5 本书的研究步骤

本书的研究目标有二：一是归纳出敦煌藏语的声韵系统，二是归纳出敦煌汉语的声韵系统。先实现哪个目标，也就是先迈哪一步的问题。我们选择的是前者，即先归纳出敦煌藏语的声韵系统。因为汉语方面已经有确定的声韵母构拟音值，从语音对等的例字中就可以确定藏语的声韵母音值，从而归纳出藏语的声韵系统来。反之，如果先归纳汉语的声韵系统，由于藏文虽是拼音文字，但只能表示音类，不能完全表示音值。用国际音标转写的藏文系统只有一部分字母能表示音值，有的一个字母可以在不同的环境下代表不同的音值，例如：字母 འ ɦ，在浊塞音字母 གg、དd、བb 前面可以代表鼻冠音 ŋ-、n-、m-；在送气清音 ཁkh、ཆch、ཐth、ཕph、ཚtsh 前面可以不发音；在零韵尾的元音韵母后面也不发音。对待这种情况，罗常培先生在他的《唐五代西北方音》的《自序》中不无感叹地说："我们虽然不承认从这几种材料只能得到'大部分想象的结论'，然而对于哪些是当时的实际语音，哪些是藏文的替代音，可得要很好仔细地辨别清楚：这一点在全部工作的效率上关系很重要的。"（p.Ⅲ）这些问题没有来得及很好解决，也许是他没有完全实现当初设想"利用这一批可靠的材料把它所代表的方音系统给拟测出来"（p.Ⅱ）的愿望的主要原因。我们采用先归纳藏语声韵系统这一步骤，确定了藏文音值，为其他各个步骤打下了基础。

归纳敦煌藏语的声韵系统时，先归纳声母系统，后归纳韵母系统。然后根据所构拟的敦煌藏语声母和敦煌藏语韵母，结合成构拟出的敦煌藏语音节音，与古汉语字音对照，制作成《敦煌藏—汉字音对照表》。表中字条按藏文字母次序排列，共藏文音节 1169 个。

归纳敦煌汉语的声韵系统时，先归纳声母系统，后归纳韵母系统。然后根据所构拟的敦煌汉语声母和敦煌藏语韵母，结合成构拟出的敦煌汉语音节音，与古汉语字音对照，制作成《敦煌汉—藏字音对照表》。表中字条按汉语拼音次序排列，共汉字 1432 个。

6 本书的研究方法

本书的研究方法基本上就是方言调查的方法。要归纳出一个方言的音位系统和声韵系统，必须有这样一个地方一定数量的语音材料为根据。这种材料一般来自方言调查，是一个"记音人"根据调查提纲向一个当地土生土长的"发音人"提问后，将发音人的回答用国际音标记录下来的。将这种材料归纳出音位系统和声韵系统，就是某一时代某一地区的语言或方言的音位系统和声韵系统。一份材料只能归纳出一个音位系统和一个声韵系统。本书的材料，与一般方言调查得来的材料大不相同，用来归纳出一个音位系统和一个声韵系统，必须解决存在的两大问题，一是标音符号不统一，二是例字"一对多"。

① 统一标音符号——汉藏对音的原始材料所用的标音符号有两种，藏文和汉字。藏文是拼音文字，但拼写规则比较复杂，从字形很难看清一个音节的辅音和元音、声母和韵母；汉字不是拼音文字，一个汉字就是一个音节，从字形就看不出一个音节的辅音和元音、声母和韵母。直接通过藏文和汉字这两种符号进行汉藏对音比较，归纳及描述出敦煌藏语和敦煌汉语的语音规律，几乎是不可能的。因此，一般从事汉藏语音的研究工作者，将藏文字母转写为国际音标或拉丁字母，将汉语音韵学中声韵母的代表字用国际音标构拟出来，对比时，都以音素为单位，都用国际音标，分析、归纳和表述畅通无阻。本书采用以国际音标统一标音符号的原则。现将藏文的国际音标、拉丁字母与汉字3种转写符号对照列表如下。

辅音表

藏文	ཀ	ཁ	ག	ང	ཅ	ཆ	ཇ	ཉ	ཏ	ཐ
国际	k	kh	g	ŋ	tɕ	tɕh	dʑ	ɲ	t	th
拉丁	k	kh	g	ng	c	ch	j	ny	t	th
汉字	见	溪	群	疑	章	昌	船	书	端	透
藏文	ད	ན	པ	ཕ	བ	མ	ཙ	ཚ	ཛ	ཝ
国际	d	n	p	ph	b	m	ts	tsh	dz	w
拉丁	d	n	p	ph	b	m	ts	tsh	dz	w
汉字	定	泥	帮	滂	并	明	精	清	从	0
藏文	ཞ	ཟ	འ	ཡ	ར	ལ	ཤ	ས	ཧ	ཨ
国际	ʑ	z	ɦ	j	nʐ	l	ɕ	s	x	ʔ
拉丁	zh	z	v	y	r	l	sh	s	h	a
汉字	禅	邪	0	余云	日	来	书	心	晓	影

元音表（韵母转换时产生的元音 ə、ɛ、ɐ、ɑ、ɒ未列入）

藏文	ཨ	ཨི	ཨུ	ཨེ	ཨོ
国际	(ʔa)	i (ʔi)	u (ʔu)	e (ʔe)	o (ʔo)
拉丁	a	i	u	e	o
汉字	麻马骂	脂旨至	模姆暮	支纸寘	鱼语玉

藏文转写成国际音标，要注意元音 a 的用法。因为藏文的辅音字母作基字，不带元音符号时都带有元音 a，所以转写时要在辅音后面加 a，例如 ཁ་、ཁབ་ 要转写为 kha、khab，不能转写为 kh、khb。还要注意 ཨ 的转写法，因为藏文字母 ཨ 既能做辅音字母（30 个辅音的最后一个），又能做元音符号（5 个元音的第一个），所以做辅音时要转写为辅音ʔ，后面加 a，例如 ཨ་མ་、ཨང་གི་ 要转写为 ʔa ma、ʔaŋ gi，不作 a ma、aŋ gi；做元音时则不用辅音ʔ，直接写元音，例如 5 个基本元音转写为 a、i、u、e、o。不作ʔa、ʔi、ʔu、ʔe、ʔo。

② 取舍例字——本书用来归纳声韵系统的例字，来自 18 种来源不同的材料。因此列表来作汉藏对比时，大都是同一藏音与之相等的汉音不止一个，同一汉音与之相等的藏音也不止一个，这一现象可称为"一对多"。"一对多"的产生，有时空两方面的原因。时间方面，前后跨度达二百余年，由于历史演变而产生前后之间的差别。空间方面，记音材料的份数多，发音人、记音人的人数也多。敦煌既是佛教圣地，又是丝绸之路上的商业中心，敦煌的居民流动性很大，外来人口多而复杂。发音人、记音人中的藏族可能来自现在的西藏、青海、甘肃、青海、云南、四川等地区，汉族则可能来自全国各地。他们的发音和记音，都免不了受其家乡话的影响，记录下来的不可能完全一致。产生"一对多"原因，与汉藏两种文字的一个共同特点有关，就是"形音"二者中之"形"是固定的，超越时空。而"音"则是不确定的，一个字的音可以因时（古今）因地（方言区）而有所不同。产生"一对多"另一原因，就是原件可能有错。由于有一部分记音人可能是服劳役的"抄经生"，汉藏文水平较低，书写不一定规范，误差较多。即使执笔人是汉藏文水平很高的高僧，有时也难免出现笔误。多方面的原因，增加了"多"的数量。

用"一对多"的例字，只能归纳出多个声韵系统。要归纳出一个声韵系统，只能从"多"中选用一种，取例字数最多的，舍掉其余，将"一对多"化成"一对一"。这样做，才能使归纳出来的声韵系统只有一个，并具有代表性，代表语音发展的主流。本书采用的就是这种方法，下面举 4 个例子：

例1. 古汉语声母章 tɕ，与之相对的敦煌汉语声母有 7 种，其中对 tɕ 的例字为最多。取 tɕ 而舍其他。

古汉声	敦汉声 7	对音例字 51
12 章 tɕ	tɕ	之支枝祇指纸至诸 ɞˑtɕi/之诸 ɞtɕi-tɕə₂/者 ɞtɕa-tɕa₁/诸 ɞtɕu/诸 ɑɕfitɕu/主 ɞˑtɕo-tɕu₃. 周照 ɞɡˑtɕifiu/周 ɞɡˑtɕifiu/周 ɑɡˑtɕufiu/招昭照咒 ɞɡˑtɕefiu-tɕəu₄. 招 ɑɡˑtɕafiu-tɕau₁. 粥 ɞtɕug-tɕuk₁. 烛 ɞtɕwag-tɕuak₁. 只 ɞˑtɕir-tɕet₁. 执 ɞtɕib-tɕəp₁. 蒸 ɞɡˑtɕin-tɕəŋ₁. 证 ɞɡˑtɕin-tɕəŋ₁. 正政 ɞɡˑtɕeŋ-tɕəŋ₁. 障种 ɞɡˑtɕaŋ-tɕaŋ₁. 终锺种众 ɞɡˑtɕuŋ-tɕoŋ₁. 振 ɞɡˑtɕin-tɕen₁. 毡毡 ɞɡˑtɕan-tɕan₁. 颠 ɞɡˑtɕwan-tɕuan₁. 咸 ɞɡˑtɕim-tɕiem₁ (24)
	dʑ	之至 ɞˑdʑi/之 ɞdʑi-dʑə₂. 主 ɞdʑu-du₁. 者 ɞdʑa/者 ɞɑdʑafi-də₂. 主 ɞdʑu-du₁. 止 ɞˑdʑe/ 纸 ɞɑdʑefi-dei₂. 昭咒 ɞɡdʑifiu/照昭 ɞdʑefiu-dəu₂. 执 ɞɡˑdʑib-dʑəp₁. 掌 ɞɡˑdʑoŋ-duŋ₁. 证 ɞɡˑdʑiŋ-dəŋ₁. 正 ɞdʑeŋ-dəŋ₁. 众种 ɞdʑuŋ-doŋ₁. 震 ɞɡdʑin-den₁. 专 ɞɡdʑwan-duan₁ (17)
	tɕh	之诸 ɞtɕhi/诸 ɞtɕhi-tɕhə₂. 折 ɞtɕhed-tɕhet₁. 终种众 ɑɡˑtɕhuŋ-tɕhoŋ₁ (4)
	ɕ	种 ɞˑɕeŋ-ɕeŋ₁. 振 ɞɕin-ɕen₁ (2)
	tsh	指 ɞˑshi-tshə₁. 毡 ɞɑtshan-tshɑn₁ (2)
	ɲ	种 ɑɡɞfidzuŋ-noŋ₁ (1)
	t	砥 ɞˑti-tə₁ (1)

例2. 古藏语声母 ɞtɕ，与之相对的敦煌藏语声母有 13 种，其中对 tɕ 的例字为最多，取 tɕ 而舍其他。

古藏声	敦藏声 13	对音例字 72
30 ɞ tɕ	章 tɕ	者招种障毡毡支枝纸祇指至之诸照周蒸证振执蒇只粥终众钟招昭咒正政主 (32)
	知 ʈ	知智致猪置征镇竹中朝 zhao¹ 贞帐 (12)
	澄 ɖ	赵着长迟持除纣尘畜兆 (10)
	昌 tɕh	绰鸱齿嗔 (4)
	精 ts	即则绩将 (4)
	清 tsh	睢促 (2)
	禅 z	成属 (2)
	庄 tʃ	真 (1)
	崇 dʒ	崇 (1)

续表

古藏声	敦藏声 13	对音例字 72
30ɕ tɕ	端 t	登（1）
	从 dz	从（1）
	溪 kh	杞（1）
	船 dʑ	乘（1）

例 3. 古汉语韵母脂 i，与之相对的敦煌汉语韵母有 4 种，其中对 ə 的例字为最多，取 ə 而舍其他。

古汉韵	敦汉韵 4	对音例字 18
1 脂 i	ə	k 饥 j 夷 tɕ 迟祇鸱 tɕʰ 迟 ȵ 尼 l 尼 ts 资 p 悲 pʰ 纰 m 眉（12）
	ei	ɕ 尸 l 梨 b 枇（3）
	eə	ʔ 伊 b 毘（2）
	iei	b 毘（1）

例 4. 古藏语韵母 ɕi，与之相等的敦煌藏语韵母 23 种，其中对 i 的例字为最多，取 i 而舍其他。

古藏韵	敦藏韵 23	对音例字 182
1ɕi ɕj ɕjifi	脂旨至 i	[喉]伊[根]饥器₂起₂[面中]唯夷 砥祇指₂至₂致鸱迟₂视二₃[叶]师₂狮[尖中]尼地₂利₂[面前]资自₃死₃四₃肆次₂[唇]比眉美寐鼻悲嚭纰毘（35）
	脂至 wi	[根]季[面前]谁（2）
	暮 u	[尖前]做₃（1）
	支纸寘 ie	[根]绮祇疑₄仪义₄议₄[面前]支枝纸侈施₂是₃儿₂尔₂[唇后]知₃智₃离[尖前]髭紫₂此₂斯[唇]碑彼₂贲被嚭皮₂弥₂（28）
	之止志 eɿ	[喉]意₂[根]祀箕喜₃欺其₆起疑己[面中]以₄[面前]之₅值置治痴持₂齿时₄始₂史使事₄恃侍₂士₂市而₂耳₂杞贻已₂意异₂[唇后]你尼李₂厘里理₂吏治使子₃字₂慈₃兹籽思₂似祀嗣（51）
	鱼语御 ɿo	[喉]于[根]车居据巨去₄语₂所₂[面中]与与₂誉[叶]楚疎鼠[面前]诸₄处₄黍庶如₂汝₂[尖前]猪除₃[面中]女₂（23）
	齐霁 iei	[尖前]帝提[唇]迷（3）
	微尾未 iəi	[喉]衣₂依₃[根]机几既气希虚₂（8）
	微未 iwəi	[根]贵魏[唇]肥味₆非₄诽微（7）
	皆 iɑ	[唇]排（1）
	佳 ai	[根]崖（1）

续表

古藏韵	敦藏韵 23	对音例字 182
ǐəi ǐəj ɐɨ·ifi	咍 ɒi	[喉]哀（1）
	尤 ǐəu	[唇]不（1）
	职 ǐək	[尖]即（1）
	昔 ǐɛk	[面中]亦₂易[面前]释（3）
	屑 iet	[尖前]切（1）
	质 ǐĕt	[喉]一₃[尖前]七[唇]鞞₂蜜（4）
	业 ǐɐp	[根]劫（1）
	青 ieŋ	[根]经₂[唇]冥（2）
	清静劲 ǐɛŋ	[尖前]精净[唇]名₂（3）
	庚 ɐŋ	[叶]生₂[唇]明（2）
	先 ien	[唇]蝙（1）
	真 ǐĕn	[喉]因[尖中]邻（2）

通过例字的选择，突破"一对多"这一难关，从而走向通往只归纳出一个声韵系统的康庄大道。破关的"法宝"就是"统计法"：一例一例、一项一项统计比较，筛选出多数，确定语音发展演变的主流，做出过硬的结论。

"一对多"的问题，还出现在不同阶段的程序中。例如声母辅音的清与浊相互转换、送气与不送气相互转换，在敦煌藏文写卷中是一普遍现象，但转换是否完全自由，转换方向是否有主有次，只有通过统计，确定主流，才能正确回答。又如韵母元音的相互转换、舌位的央化不央化、韵尾的相互转换等，都有类似的问题，也只有通过统计，确定主流，才能正确回答。统计工作枯燥烦琐，费力费时。但是，"功夫不负苦心人"，到收获时自然得到快乐。

编者按：周季文老师这本书《敦煌吐蕃汉藏对音研究》已经撰写多年，近期即将完稿。这部分是该书的绪论部分，周老师愿意我们刊载，以便听取同行意见。特表示致谢。

The Introduction of the Sino-Tibetan Transliteration of Dunhuang During the Tubo Period

Zhou Jiwen

[Abstract] Based on the Dunhuang literature of the Sino-Tibetan Transliterationas as the main research object, This paper mainly reviews the achievements related to this research retrospect, points out the steps and methods of this research, sums up the phonology of Dunhuang Tibetan, and makes the comparison tables of Tibetan-Sino and Sino-Tibetan of Dunhuang during the Tubo Period.

[Key words] Dunhuang; Tubo Period; Sino-Tibetan Transliteration

西藏洛扎吐蕃摩崖石刻的语法特征及翻译

江 荻

[摘要] 本文逐行逐字分析洛扎吐蕃摩崖石刻盟誓文本，归纳出古藏语部分语法特征和书写特征并在语法分析基础上，重新释读摩崖文本的内容，矫正了前贤翻译中的不足，给出了新的中文译文。

[关键词] 摩崖石刻；吐蕃；语法分析；汉译文

1 背景和研究方法

洛扎石刻发现于山南县得乌穷村前的得乌穷河东岸的崖壁上。最早发布该崖壁文字的学者是巴桑旺堆[1]，他对崖壁文字做了注解并译成汉语，此后，李方桂、柯蔚南依据巴桑旺堆公布的资料做了重校、注释与英译[2]。鉴于巴桑旺堆未提供石刻抄本或摹本，霍巍和新巴·达娃扎西论文提供了实地拍摄清晰照片，并将资料与巴桑旺堆的转写文本对照，确定了新的文本以及新的译文[3]。

比较巴桑旺堆、霍巍中文译文和李方桂的英文译文，内容不完全相同，部分翻译似有可商榷之处。按后出转精之常理，本文以霍巍文本为对象，剖析该资料的古藏语语法特征，并借重语法分析重新翻译全文。本文的语法分析采用隔行对照化方式对词语和语法现象进行标注，适合读者参与分析或理解文本内容。

2 全文语法分析和标注

btsan pho [1]	lha sras	gy-i	zha [2]	sngar [3]		lde sman ldevu cung
btsan pho	lha sras	gi	zhabs	snga	la	lde sman ldevu cung
赞普	王子	GEN	腿（Hon）	前面	LOC	德门得乌穷

བློ་བ	ཉེ་ཉེ	.	སྐུ	དང	ཆབ་སྲིད	ལ	འཕེན་ཕའི [5]	
glo ba	nye nye [4]	.	sku	dang	chab sr-id	la	vphen phav-i	
glo ba	nye ba		sku	dang	ch ab sr-id	la	vphen pa	gi
心意	亲近		身体	和	王政	ALA	发愿 NOM	GEN

རྗེ	བླས		དཀའ་བ་བྱེད་བྱེད	ནས	བཀས		གནང	བ	
rje	blas		dkav ba byed byed	nas	bkas		gnang	ba	
rje	bla	gis	dkav ba byed byed	nas	bka	gis	gnang	ba	
首领	誓言	INS	克难	并	法令	INS	做 HON	NMZ	

ལྡེའུ་ཅུང	གི	ཕ	ལོ་སྣང	གི	བུ་ཚ	འཕེལད		རྒྱུད	
ldevu cung	g-i	pha	lo snang	gi	bu tsha [6]	pheld [7]		rgyud [8]	
ldevu cung	gi	pha	lo snang	gi	bu tsha	vphel	-d	rgyud	
得乌穷	GEN	父亲	洛桑	GEN	儿孙	繁殖	-N	世系	

ནམ་ཞར	སྲིད	གཡུང་དྲུང	དང	མཚུངས་ཕ	དང	ཁོལ		
nam zhar	sr-id	g-yung drung	dang [9]	mtshungs pha	dang	khol		
nam zhar	sr-id	g-yung drung	dang	mtshungs pa	dang	vkhol	-ed	
任何时候	政权	雍仲（万字）	ITP	一样	和	奴役	PST	

ཡུལ	ལས་སྩོགས་ཕ	མྱི	དབྲི	མྱི	སྙུང	བ	དང	
yul	las stsogs pha [10]	my-i	dbr-i	my-i	snyung [11]	ba	dang	
yul	la sogs pa	mi	vbri	mi	snyung	ba	dang	
地方	等等	NEG	减少	NEG	减弱	NMZ	COR	

ལྡེའུ་ཅུང	གི	མཆད	གྱི	རིམ་གྲོ	བླ	ནས	མཛད	(ད)ེ [12]
ldevu cung	g-i	mchad	gy-i	r-im gro	bla	nas	mdzad	(d)e
ldevu cung	gi	mchad pa	gi	rim gro	bla	nas	mdzad	te
得乌穷	GEN	墓地	GEN	祭奠	誓言	按照	做（HON）	并

ནམ	ཅིག	དབོན་སྲས	གང	གི	རིང	ལ	རལ	ཡང	བླ	ནས
nam	c-ig	dbon sras [13]	gang	g-i	ring	la	ral	yang	bla	nas
nam	ci	dbon sras	gang	gi	ring	la	ral	yang	bla	nas
时候	任何	子孙	哪个	GEN	期间	LOC	残破	也	誓言	COR

བྱོང་སྡེ		བཅིག	ཕར	གནང ¹⁴	།	ོ	.	ལྡེའུ་ཅུང	གི	ཕ
stong sdes		bts-ig	phar	gnang¹⁴		o	.	ldevu cung	g-i	pha
stong sde	gis	rtsig	par	gnang		(g)o		ldevu cung	gi	pha
东岱	INS	建造		做（HON）		IND		得乌穷	GEN	父亲

བོ་སྣང	གི	བུ་ཚ	འཕེལ		རྒྱུད	ཕུ་ནུ	[ ]	[ ]	ཅིག	ཕ་ཡི་བ
lo snang	gi	bu tsha	pheld		rgyud	phu nu	[ ]	[ ]	cig	pha yag(?)
lo snang	gi	bu tsha	vphel	-d	rgyud	phu nu			nam gcig	pha yi pha
洛朗	GEN	儿孙	繁殖	-N	世系	兄弟			任何	祖先

ལ	གྱོད་ཅགས	ཤང	ན¹⁵	[ ][ ]		གྱོད	ཅི	ལ	ཆགས	གྱང	ན
la	gyod cags	shang	na¹⁵	[ ][ ]		gyod	ci	la	chags	gyang	na
la	gyod chags	shang	nan			gyod	ci	la	chags	gyang	la
ALA	灾祸	?	处罚			争讼	任何	LOC	发生		

ཅིག	གིས	[ ][ ][ ]	དབུ་སྙུང་གནང	དང ¹⁶	རྐོང་ཀར་པོ	ལྷ་བརྩན	སྤུན
c-ig	gis	[ ][ ][ ]	dbu snyung gnang	dang¹⁶	rkong kar po	lha brtsan	spun
gcig	gis		dbu snyung gnang	dang	rkong kar po	lha btsan	spun
			发誓	和	贡格布	赞普	亲戚

མཚན	དང	[ ]	བློན་པོ	དང	བུ	བཞི	ཞང་ལོན ¹⁷	གི	བྲོ་བའི
mtshan	dan	[ ]	blon pho	dang	bu	bzhi	zhang lon¹⁷	gi	bro bavi
mtshan	dang	…	blon po	dang	bu	bzhi	zhang lon	gi	bro ba	gi
名字			大臣	和	儿子	四	娘舅大臣	GEN	誓言	GEN

གཙིགས	ཀྱི	སྒྲོམ་བུ	ན་ནི ¹⁸	།	།	ཕྱག་སྦལ	དུ	བཟུང	ངོ ¹⁹	།
gtsigs	kyi	sgrom bu	n-i¹⁸	.		phyag sbal	du	bzung	ngo¹⁹	
gtsigs	gi	sgrom bu	ni			phyag sbal	la	vdzin	-ed	
盟誓（记录）	GEN	小匣	PAP			洞窟	LOC	拿	PST	IND

3 词汇和语法注解

（1）吐蕃时期的藏文拼写尚未经历完整的规范，部分拼写形式反映出吐蕃时期的一些藏语特点或书写特点，例如送气与不送气辅音交替、清音和浊音交替、反写元音、后加字下置等。本文བཙན་པོ་（btsan pho）规范形式为བཙན་པོ（btsan po），部分ི（i）为反写ྀ（-i）（原因可参见周季文，2009）。有关这方面的研究请参见罗秉芬、安世兴（1982），本文不复赘言。

（2）ཞ་སྔ་（zha snga）"尊前，驾前"是吐蕃时期古藏语用法，ཞ（zha）可看作ཞབས（zhabs）"腿"的早期形式，该词现代可作为敬语标记添加于其他名词前，例如：ཞབས་པུས（zhabs pus）"膝盖"。此处ཞ（zha）作为实体名词，但却是隐喻用法，ཞ་སྔ（zha snga）表示"面前、跟前"，我们可以将此时的表敬语词汇看作敬语前缀形成阶段。藏语其他身体部位实词也有类似情况，例如སྐུ（sku）"身体"，现代也常作为敬语标记。

（3）这篇石刻是较为典型的盟誓格式，包括发愿和封赏保证。石刻的制作人是地方首领德门得乌穷，因此发端语先是发愿，发愿对象是国王赞普，发愿人是德门得乌穷及其亲属，发愿内容一般是表明发愿人心迹的誓词。发愿行文遵守一定格式，首句"天神之子赞普尊前"也是通行格式，敦煌古藏语发愿文就有大量这类格式（黄维忠，2007:84），例如："赞普吾东丹尊前，吾辈身语意纯洁，恭敬顶礼。"

བཙན་པོ	ཨུའི་དུན་བརྟན	གྱི	ཞ	སྔ	ནས	དང	བདག་ཅག	རྣམས
btsan po	wuv-i dun brtan	gy-i	zha	snga	nas	dang	bdag cag	rnams
赞普	吾东丹	GEN	足	前	LOC		吾辈	们
ལུས	དང	ངག	ཡིད	དང་བས	གུས་པར	ཕྱག	འཚལ་ལོ	
lus	dang	ngag	y-id	dang bas	gus par	phyag	vtshal	lo
身	和	语	意	清净	恭敬		顶礼	IND

也就是说，先提出发愿对象，随后带出发愿人，后面则是发愿内容。发愿内容一般情况应该是以誓言表达对发愿对象的忠诚、发愿人的责任和义务。考察巴文、霍文和李文，似乎有叙述过往政绩之意，不甚符合发愿文格式。

（4）ལྡེའུ་ཅུང་གློ་བ་ཉེ་ཉེ（ldevu cung glo ba nye nye）是形容词谓语句，但应注意，形容词之后不带现代常见的谓语体貌——示证标记，有可能吐蕃时期尚未形成体貌示证范畴。这个句子的另一个语法特点是形容词ཉེ（nye）采用了重叠形式，也即重叠形式可做谓语，这一现象现代也不常见。

（5）巴文、李文和霍文都记录了དཕེན་ཕ（dphen pha），李方桂[7]（第313页）认为该词是དཔེན་པ（dpen pa）的异体，释为"有益的、有用的"，霍文将该短语译作"为利赞普之身与政"。进一步我们注意到，李文[7]（288页）把རྗེ་བླས（rje blas）解释作"大概是一种高官官职"，柯蔚南[7]（288页）释作"义务、职责"。按照李文英译和霍文汉译，表示属格关系的 གི (gi（[འཕའི་] (phav-i)]) 很难在语法上与下文联系起来。我们认为，འཕེན་པ (dphen pha 应辨识为 འཕེན་པ (vphen pha)，从霍文发表的石刻照片来看，ལ (la)字后面有较大空间，笔画上隐约能看出前置音是 འ (v-)的可能。འཕེན་པ (vphen pa)的意思是"投，射"，《格西曲扎藏文大辞典》里 འཕེན་པ་གཏོང (vphen pa gtong)有"发愿"的意思[8]。同样，根据格西曲扎词典，属格标记 གི (gi)后面的 རྗེ (rje)这个词是家族或家庭之主或尊者、师长之意，这里显然用作对前文德门得乌穷的呼应，是一地之主、地方首领的意思。因此，这句话可能是"向（赞普）尊体和王政发愿的（地方）首领……"之意。

语法结构上，སྐུ་དང་ཆབ་སྲིད་ལ་འཕེན་པའི་རྗེ (sku dang chab sr-id la vphen phav-i rje)短语作为主语，པ (pa(< འཕ pha))是名词化标记，整个动词短语带领属格标记充当 རྗེ (rje)的定语修饰语。这句话后半句 བླས་དཀའ་བ་བྱེད་བྱེད་ནས་བཀས་གནང་བ (blas dkav ba byed byed nas bkas gnang ba)是两个动词短语并列的谓语结构，包括相同的排比格式。李方桂[7]（233 页）将 བཀས (bkas)解释为"以法令的方式"，即 བཀའ (bka [N])法令+ས (-s [INS])工具格，后接动词 གནང་བ (gnang ba)。鉴于两个短语结构之间采用 ནས (nas)并列词，可以推断并列的前一个短语具有相同的结构，即 བླ (bla [N])言语+ས (-s [INS])工具格，为此可以判断 བླས་དཀའ་བ་བྱེད་བྱེད (blas dkav ba byed byed)和 བཀས་གནང་བ (bkas gnang ba)都是 NP+INS+VP 结构（名词短语+工具格+动词短语）。词汇上，བླ (bla)具有两个主要意思："言语"和"神魂"，此处显然是前者，即回指上文的发愿，可译作誓词或誓言。

（6）ཚ (tsha)原表"侄子、孙子"之意，例如：ཚ་པོ (tsha po)侄子，孙子，ཚ་མོ (tsha mo)侄女，孙女，བུ་ཚ (bu tsha)表示"儿孙"后嗣之意。有意思的是，ཚ (tsha)还可添加集合意义后缀（集合化）-ན (-n)表示亲族、亲类：ཁུ་ཚན (khu tshan)叔辈，པ་ཚན (pha tshan)父系亲属。

（7）ཕེལད (pheld)是古藏语写法，后规范为 འཕེལ (vphel)"增长，繁殖，繁衍"，不自主动词，添加词缀转化为名词：འཕེལ་ཁ/འཕེལ་ཀ (vphel kha/vphel ka)"繁衍"。本文 བུ་ཚ་ཕེལད་རྒྱུད (bu tsha pheld rgyud)"子孙后代"是一种固定用法，形态上，ད (-d)是古藏语里独特的黏着性名词化词缀，使动词 འཕེལ (vphel)转化为名词，作为 རྒྱུད (rgyud)的修饰语构成复合词或短语 ཕེལད་རྒྱུད (pheld rgyud)"后代"。不过，现代藏语里多用其他方法表示这个意思，例如：པ་ཚ་བུ་རྒྱུད (pha tsha bu rgyud)或 བུ་རབས་ཚ་རྒྱུད (bu rabs tsha rgyud)。

（8）这一段应是石刻制作人叙述赞普对得乌穷家族的承诺或盟誓的内容。第一句是赞普作为发愿人向发愿对象所说的发端语：得乌穷之父洛朗的子孙后代（们）！之后则是发愿内容：在任何时候，（你的）政权像雍仲一样（永固），（你）管辖的地方不减不削……

(9) སྲིད་གཡུང་དྲུང་དང་མཚུངས་པ་(sr-id g-yung drung dang mtshungs pha)句中的 དང་(dang)不是并列连词，而用作互动格标记，这种句法结构现代常用，译作"政权像雍仲（万字）一样（永固）"。

(10) ལས་སྩོགས་པ་(las stsogs pha)是古藏语书写形式，其中 སྩོགས་(stsogs)在9世纪的文字厘定中明确规范为 སོགས་(sogs(sts- s))。详情可参考罗秉芬等[5]。

(11) མྱི་དབྲི་མྱི་སྙུང་བ་(my-i dbr-i my-i snyung ba) "不减（少）不削（弱）"，这个短语是藏语一种习惯用法，两个并列否定形式之间不添加并列词。例如：མི་བྱམས་མི་སྐྱོང་(mi byams mi skyong)不仁不义，ཉེ་མིན་རིང་མིན་(nye min ring min)不即不离，ཆེ་མིན་ཆུང་མིན་(che min chung min)不大不小。

(12) 石刻的 མཛདེ་(mdzade)应为 མཛད་དེ་(mdzad de)，下文还有 གནངོ་(gnango)应为 གནང་གོ་(gnang go)等缩写形式。从古藏文至现代藏文，缩写格式一直存在，即两个音节连写为一个形式，中间不带分音点，而且前一音节字的韵尾与后一音节字的基字只写一个。此处的缩写证明缩写格式起源于吐蕃时期，后来在木刻雕版中传承下来。

(13) དབོན་སྲས་(dbon sras) "子孙、后嗣"是较为独特的复合词，能构成含有承继关系的集合名词。དབོན་(dbon)表示"侄、甥、孙"之意，སྲས་(sras)有"儿子、弟子"的意思，前者集成为"后嗣"意思，后者衍生出"子弟、继承人"意义，例如 ཡབ་སྲས་(yab sras) "父子、师徒"，གསུང་སྲས་(gsung sras) "弟子、徒众"。这种构词方法后世方言中没有获得明显发展。

(14) 吐蕃时期，藏语在语音极度变化状态下，动词的三时一式体系遭到很大破坏，因此逐渐发展出其他表示时态和后世体貌范畴的新结构[9]。又由于翻译佛经的需求，书面上也发展出一种弥补动词时态不完整的结构，即 V+par+LV，其中 V 是实义动词，LV 是轻动词或表时动词[10]，例如"做"：现在时：བྱེད་(byed)，未来时：བྱ་(bya)，过去时：བྱས་(byas)，"打"：现在时：གཏོང་(gtong)，未来时：གཏང་(gtang)，过去时：བཏང་(btang)等。V 多数失去了形态变化，则用 LV 的时态形式表示。本句 བཙིག་པར་གནང་(bts-ig phar gnang)的 LV 采用了敬语动词，表示未来时态。

(15) 此句李文的文本有很大不同，摘录如下"ཕུ་ནུ་ནམ་ཅིག་ཡང་བཀའ་གྱོད་གྱི་གཙིགས་ཤན་ /---དབུ་སྙུང་གནང་བ་དང་རྐོང་ཀར་པོ་ལྷ་བཙན་(phu nu [nam] cig yang bkav gyod [gyi] gtsigs shan /--- dbu snyung gnang ba dang rkong kar po lha btsan -- s -"。其中方括号内容是李文依据意思补出来的。鉴于霍文依据照片判断，我们仍然以霍文为准。李文语义上给 ཕུ་ནུ་[ནམ་] ཅིག་(phu nu [nam] cig)补出一个 ནམ་(nam)，即 ནམ་ཅིག་(nam cig) "任何时候"，我们基本赞同，也符合语法结构。霍文 པ་ཡག་(pha yag)，之后标出"（？）"，说明存疑。我们再次仔细辨认照片，认为此处应为三个音节 པ་ཡི་པ་(pha yi pha)，该词格西曲扎词典汉文注解为"祖父"

藏文注释为 མེས་པོ་(mes po)，即"祖先"。霍文ཅྱོད་ཅགས་(gyod cags)有误，应辨识为ཅྱོད་ཆགས་(gyod chags)，《藏汉大词典》[11]译为"口角是非，祸事，不幸"。ཞང་(shang)这个词霍文未予提及，但在此前误加了一个脱落记号，应该是没有的。李文认为ཞང་(shang)是ཤན་(shan)"不同，区别"，本文暂且接受。ཞང་(shang)之后的音节字霍文误识为ན་(na)，实际应是ནན་(nan)"处罚，斥责"。为此，这句话大概意思是：兄弟……任何时候给祖先带来灾祸，分别处罚…。

（16）…ཅྱོད་ཅི་ལ་ཆགས་གྱང་། ན་ཅིག་གིས་[][][]དབུ་སྙུང་གནང་དང་（[][][] gyod ci la chags gyang, na cig gis [][][] dbu snyung gnang dang），这一段脱落较多，仅从已识别字面来推测，大意是：有任何争讼发生，……发誓。

（17）རྐོང་དཀར་པོ་(rkong kar po，贡格布)是这篇石刻除得乌穷家族之外唯一提到的人名，显然是代表赞普来参加盟誓的大臣，也说明赞普本人未参加这次盟誓。据霍文（转自王尧）[12]指出，这个贡格布可能就是工布小邦王子，当然是可以代表赞普的大人物。从语法上看，有四个并列指人的主语修饰语，རྐོང་དཀར་པོ་(rkong kar pho，贡格布)，ལྷ་བཙན་སྤུན་མཚན་(lha brtsan spun mtshan，赞普亲属名字)是赞普一方的代表，中间用དང་(dang)"和"（霍文误作དན་, dan）分开得乌穷家族的人，བློན་པོ་([] blon pho，大臣)，བུ་བཞི་ཞང་ལོན་(bu bzhi zhang lon，四子娘舅官员)，前者应该是得乌穷家族掌门人，盟誓的主人，后者是得乌穷家族娘舅方面的亲属。值得指出的是，巴文和霍文此句译作"天神赞普之亲属贡格布王"，这明显不符合藏语语法规则。

（18）ནི་(n-i/ni)是主语的话题标记，这种语法现象在当代拉萨话极为普遍，由此可看出其源头远在吐蕃时期已经形成。

（19）古藏语陈述句一般带陈述语气词，例如གོ, ངོ, དོ, བོ, མོ, སོ་(go, ngo, do, bo, mo, so等。现代藏语书面语现在仍有陈述语气词，但口语中基本消失。详情参见江荻[13]，周季文[14]。

4 全文翻译

天神之子赞普尊前，德门·得乌穷心意虔诚，（作为得乌穷家族首领）向尊体和王政发愿，凭此（发愿）誓词克服万难、令行禁止。

德门·得乌穷的父亲洛朗的子孙后代（们）：在任何时候，（你们）政权像雍仲一样（永固），（你们）管辖的地方不减不削。得乌穷的墓地的祭奠按照誓言抚恤，无论哪代（赞普）后裔（掌政）期间，墓地破损也按照誓言由东岱修缮。得乌穷的父亲洛朗的子孙后代，兄弟……任何时候给祖先带来灾祸，分别处罚……。有任何争讼发生，……发誓。

（现将）……贡格布、赞普亲属的名字和……大臣、四子娘舅官员的誓词的盟誓记录的（存放）匣子收藏于洞窟。

5 附录

巴桑旺堆的汉译文[1]：

天神之子赞普驾前，德门得乌穷忠贞不贰，对赞普的身与政，曾作殊胜德功。为此诏敕曰：为得乌穷之父洛朗之子孙蕃衍，若社稷之永固，其所属奴户、封地决不减少；得乌穷之营葬应法事优隆。在任何赞普后裔掌政期间，其墓如有毁坏，由东岱专事修建。为得乌穷之父洛朗之子孙蕃衍□□□□□□□□□立盟誓。天神赞普之亲属贡格布王，□□□□臣以及四子舅臣均参与盟誓。誓文另置于密室。

霍巍和新巴·达娃扎西的汉译文[3]：

天神之子赞普驾前，德门得乌穷忠贞不二，为利赞普之身与政，呕心沥血、业绩卓著。为此诏敕曰：得乌穷之父洛朗子孙后代，其权势犹如"雍仲万字"般永固。其所属奴隶及封地等绝不减少；得乌穷之丧葬应法事优隆。在任何赞普后裔掌政期间，其墓若有毁坏，由东岱专事修缮。得乌穷之父洛朗子孙后代，若有兄弟□□祸事□□□不管闯何等祸事，仅于□□立盟誓。天神赞普之亲属贡格布王，□□□臣以及四子舅臣参与盟誓，誓文置于龛内藏之。

李方桂和柯蔚南的英译文[2]：

1—2. That which was granted, upon Lde-sman Ldevu-cung's having been continuously loyal to the btsan-po, Son of the Gods, and having continuously performed beneficial and difficult service for our person and government:

2—5. As to the sons or m ale descendants of Lo-snang, the father of Ldevu-cung, their prerogatives, which are like the eternal g-yung-drung, and their land holdings, etc. shall not be decreased or diminished. And the sacrifices at the tomb of Ldevu-cung shall be handled by the authorities; and if ever in the time of any of the (grandsons:) descendants (the tomb) should be damaged, it will be rebuilt by the authorities, i.e. by the Thousand District. It is so granted.

5—6. The sons or male descendants.... clansmen of the father of Ldevu-cung ever... determination of a sentence of punishment....

6—7. The container (?) for the texts of the solemn oath... which was granted and the sworn oath of Rkong Kar po; the god, btsan po... ministers and the four sons, the zhang-lons, was held in the treasury.

(英译汉：1—2 德门·得乌穷对天神之子赞普忠贞不二，为臣民和王朝的福祸劳苦功高。赞普特敕：2—5 为得乌穷之父洛朗之子孙后代繁衍生息，他们的特权如雍仲符一般永恒常在，其封地不减不削。后世王朝将祭奠得乌穷之墓地，如遇损毁之事，由千户所负责修缮。以此为敕。5—6 得乌穷的子嗣后裔及族人……任何时候……裁定量刑。6—7 该盟誓同贡格布的誓词，天神之子赞普……大臣、四子舅臣、尚户的誓词存放匣内藏于国库。)

注释：

[1] 巴桑旺堆：《新见吐蕃摩崖石刻》，《西藏研究》1982 年第 2 期。

[2] Li, FangKuei, W. South Coblin. A study of the old Tibetan Inscriptions. Institute of History and Philology Academia Sinica, Special Punblications No. 91. Nankang Taipei, Taiwan, 1987.

[3] 霍巍、新巴·达娃扎西：《洛扎吐蕃摩崖石刻与吐蕃西藏墓地的调查与研究》，《文物》2010 年第 7 期，第 56—62 页。

[4] 周季文：《论藏文的元音符号"-i"》，《东方语言学》第 6 辑，上海教育出版社 2009 年版，第 67—83 页。

[5] 罗秉芬、安世兴：《浅谈历史上藏文正字法的修订》，《民族语文》1982 年第 2 期。

[6] 黄维忠：《8—9 世纪藏文发愿文研究：以敦煌藏文发愿文为中心》，民族出版社 2010 年版。

[7] 李方桂、柯蔚南：《古代西藏碑文研究： 第十五章 文献XIII: 洛扎摩崖石刻》，王启龙译，西藏人民出版社 2006 年版。

[8] 格西曲吉扎巴：《格西曲扎藏文大辞典》，民族出版社 1990 年版。

[9] 江荻：《藏语拉萨话的体貌、示证及自我中心范畴》，《语言科学》2005 年第 4 卷第 1 期，第 70—88 页。

[10] 格桑居冕、格桑央金：《藏文文法教程》，四川民族出版社 2004 年版。

[11] 张怡荪主编：《藏汉大辞典》，民族出版社 1985 年版。

[12] 王尧：《吐蕃金石录》，文物出版社 1982 年版。

[13] 江荻：《面向机器处理的现代藏语句法规则和词类、组块标注集》，江荻、孔江平主编《中国民族语言工程研究新进展》，社会科学文献出版社 2005 年版，第 10—93 页。

[14] 周季文：《藏文阅读入门》，云南人民出版社 1998 年版。

The Grammatical Features of the Rock Inscriptions of the Tubo Period in Lho-Brag Tibet and Its Translation

Jiang Di

[Abstract] This paper analyzes, words by words, the rock inscriptions of the Tubo period at Lho-Brag of Tibet, and sums up several grammatical features and writing features. Based on the grammatical analysis, we reinterpret the contents of the inscriptions and make a new version of Chinese.

[Key words] The Rock Inscriptions; The Tubo Period; Grammatical Analysis; Chinese Translation

名著翻译

藏文标准转写方案

Turrel Wylie 著 李茂莉 江荻 译

藏族有这样一句谚语：
每个地方都有自己的方言；每个喇嘛都有自己的教义。[①]
也可以加上这么一句：
每位学者都有自己的转写方案。

也许还真没有哪种学术成就比藏文转写拉丁字母更易于证明学术的独立精神。从十几位藏语学者发表的作品随机抽样调查发现：他们的转写系统各不相同，使用了大量的撇号、变音符、希腊替代字母、大写字母和斜体字母（见表 1）。

有些转写方案晦涩难懂却又新奇有趣。举个例子，在乔玛（Csoma de Körös）[②]的文章中，软腭鼻音 *ng* 采用两种方式进行转写。它在词首位置呈现为带波浪符的 *n*，表示的是硬腭化鼻音而不是软腭鼻音。在词尾时它又转写成 *ng*。在该篇文章中，软腭摩擦音 *h* 和 *a-chung*[③]都转写成 *h*。*a-chung* 作为前置辅音不同于软腭摩擦音，写作斜体。但这是无心之举，因为文章中所

---

① 贝尔：《藏语口语语法》（Alipore, 1939），p. v.［译注］：贝尔(Sir Charles Alfred Bell，1870—1945)，英属印度藏学家。1905 年出版《藏语口语语法》(*Manual of Colloquial Tibetan*)和《英藏口语词典》(*English-Tibetan colloquial dictionary*. Calcutta: Baptist Mission Press, 1905)。

② 乔玛：《藏文残卷译本》，孟加拉亚洲学会杂志 I (1832), 自第 269 页起。［译注］：乔玛(Alexander Csoma de körös，1784—1842)，匈牙利人，现代藏学创始人。他为了寻找匈牙利民族的根源来到东方，在印度和西藏学习藏语和藏族文化，撰写大量藏学论著，语言方面编撰了《藏英字典》(*Essay towards a Dictionary*, Tibetan and English, Budapest: Akadémiai Kiadó, 1834/1984)和《藏语语法》(*Grammar of the Tibetan Language*, Budapest: Akadémiai Kiadó, 1834/1984)。

③ ［译注］：Wylie 把藏文第 23 个字母称为 a chung 实为一种错误观念。a chung 是藏文转写梵文长元音时书写在基字或下加字之下的符号，例如ཀཱ (gaa), ཀཱི (bii), 形状与第 23 个字母འ(v)相近，但字形较小。第 23 个字母可以作为基字、前加字和后加字，例如འོམ་ (oma), འཁོར (vkhor), མདའ (mdav)。吐蕃时期藏文创制人土弥·桑布扎的著作中还没有长音符的名称，是后世僧侣翻译梵文时创造的，后人因该符号与第 23 个字母形状相似，故称之为 "འ་ཆུང་, va chung, 小འ་字"，即 "小第 23 个字母"。再后来，又因其读音变化或方言差异称为 "ཨ་ཆུང་, a chung"。可参见江荻《藏文识别原理与应用》，商务印书馆 2012 年版，第 28—29 页。

有的前置音都是斜体的。即便如此，词首或词尾的 *a-chung* 转写形式与软腭摩擦音的转写形式还是不能区分。

表1　　　　　　　　　藏文转写比较表

1	2	3	4	5	6	7	8	9	10	11	12
ka	-	-	-	-	-	-	-	-	-	-	-
kha	k'a	kha	kha	k'a	kha	kha	k'a	kha	kha	kha	k'a
ga	-	-	-	-	-	-	-	-	-	-	-
ṅa,-nga	ṅa	ña	nga	nga	ṅa	ṅa	ṅa	ṅa	ṅa	nga	ṅa
cha	ċa	ca	ca	cha	ca	ča	ca	ca	ca	ca	ca
chha	ċ'a	cha	cha	ch'a	cha	čha	c'a	cha	cha	cha	c'a
ja	ja	ja	ja	ja	ja	ǰa	ja	ja	ja	ja	ja
nya	nya	ña	nya	nya	ña	ña	ña	ña	ña	nya	ña
ta	-	-	-	-	-	-	-	-	-	-	-
tha	t'a	tha	tha	t'a	tha	tha	t'a	tha	tha	tha	t'a
da	-	-	-	-	-	-	-	-	-	-	-
na	-	-	-	-	-	-	-	-	-	-	-
pa	-	-	-	-	-	-	-	-	-	-	-
pha	p'a	pha	pha	p'a	pha	pha	p'a	pha	pha	pha	p'a
ba	-	-	-	-	-	-	-	-	-	-	-
ma	-	-	-	-	-	-	-	-	-	-	-
tsa	-	-	-	-	-	-	-	-	-	-	-
ts'ha	t'sa	tsha	tsha	ts'a	tsha	tsha	ts'a	ts'a	tsha	tsha	ts'a
dsa	dza	dsa	dza	dz'a	dza	dza	dza	dza	dsa	dza	dsa
wa	-	-	-	-	va	wa	-	va	wa	-	-
zha	ża	sha	zha	źhya	ža	ža	ža	ža	ża	sha	zha	ža
za	-	-	-	ża	za	-	-	-	-	-	-
ha	ᶜa	ḥa	'a	'a	ḥa	'a	ạ	'a	ḥa	'a	'a
ya	-	-	-	-	-	-	-	-	-	-	-
ra	-	-	-	-	-	-	-	-	-	-	-
la	-	-	-	-	-	-	-	-	-	-	-
sha	ṡa	ça	sha	sha	śa	śa	śa	śa	śa	sha	śa
sa	-	-	-	-	-	-	-	-	-	-	-
ha	-	-	-	-	-	-	-	-	-	-	-
a	'a	a	-	-	-	-	-	-	-	-	-

（Wylie藏文转写方案的来源）①

1. Csoma de Körös, Translation of a Tibetan Fragment, *Journal of the Asiatic Society of Bengal* I（1832），自269页起.（乔玛：《藏文残卷译本》）

2. Jäschke, Tibetan-English Dictionary (London, 1881). (叶斯开：《藏英词典》)②

3. Das, Tibetan-English Dictionary (Calcutta, 1902). (达斯：《藏英词典》)③

4. Francke, *A Lower Ladakhi Version of the Kesar Saga* (Calcutta, 1905). (弗兰克：《下拉达克本〈格萨尔〉》)

5. Hannah, *A Grammar of the Tibetan Language* (Calcutta, 1912). (《藏文文法》)

6. Bhattacharya, *Bhota-Prakāśa, A Tibetan Chrestomathy* (Calcutta, 1939). (《布札·波罗噶沙》藏文读本)

7. Roerich, *The Blue Annals*, 2 Volumes (Calcutta, 1949, 1953). (罗列赫编译：《青史》上下册)④

8. Tucci, *The Tombs of the Tibetan Kings, Serie Orientale Roma*, I (Rome, 1950). (《藏王陵》)

9. Nobel, *Suvanaprabhāsottama-sūtra*, 2 volumes (Leiden, 1944, 1950). [*Suvanaprabhāsottama-sūtra*（上下册）]

10. Yoshimura, *Tibetan Buddhistology* (Kyoto, 1953). (《西藏佛教史》)

11. Nebesky-Wojkowitz, *Oracles and Demons of Tibet* (The Hague, 1956). (《西藏的神谕与恶魔》)

12. Ferrari, *mk'yen brtse's Guide to the Holy Places of Central Tibet, Serie Orientale Roma*, XVI (Rome, 1958). (《钦泽旺布的卫藏圣地简介》)

藏文字母转写时会碰到很多不一致的地方，这里仅举了两例。本来可以列出更多的例子，但是本文的研究目的不是要列举它们，而是期望在以

---

① [译注]：这12种文献是Wylie转写方案的基本依据，分别对应表中1至12编号。

② [译注]：叶斯开（Heinrich August Jäschke，1817—1883）德国传教士，藏学的奠基者之一，著有《藏德字典》、《藏英字典》(*Tibetan-English Dictionary*, London 1882)和《藏文文法》(*Tibetan Grammar*, 1883)。

③ [译注]：达斯（Sarat Chandra Das, 1849—1917），印度人。曾任英国东印度公司的雇员，毕生从事藏学和佛学的研究。语言研究方面出版过《藏英辞典》：附梵文同义语，(Sarat Chandra Das, Graham Sandberg & Augustus William Heyde, *A Tibetan-English Dictionary, with Sanskrit synonyms*. 1st Edition - Calcutta, 1902)，《藏语文法导论》：附《悉都文法金刚明鉴》及《悉都讲义》(*An Introduction to the Grammar of the Tibetan Language: With the Texts of Situ Sum-tag, Dag-je sal-wai Melong, and Situi shal lung*. Darjeeling Branch Press, 1915)。

④ [译注]：罗列赫(George Roerich / 俄文名 Юрий НиколаевичРерих, 1902—1960)，苏联著名藏学家，莫斯科科学院东方研究所哲学部教授。1949年，他在藏族学术大师更敦群培的帮助下将重要历史文献《青史》译成英文。

后的发表物中消除它们。

考虑到越来越多的人对藏文研究感兴趣，目前真是很迫切地需要提出一种标准的藏文字母转写方案。为了能够促进藏文研究，使藏文的发展得以标准化，我们得要建立统一标准的独立的藏文字母转写方案。不得不承认的是，还没有哪一套转写方案既能准确反映藏文的正字法系统又能精确地表现它的语音系统。但是这种拼写和发音各不相同的情况在其他语言中并不常见，这些语言都采纳了标准转写系统。这篇文章讨论用于学术出版物的一套标准正字转写方案。

那么藏文转写方案的标准是什么呢？该标准应该尽可能简单并且能在标准打字机，即缺少变音符号的特定键盘上实现。无论手工还是机器，增加变音符都耗费学者的时间。更为重要的是它对排版者提出了同样的要求，可是他们并非总是具有学者那样追求精确性的热情，结果在出版时就经常出现没有添加变音符的印刷错误，其中最常见的错误之一是转写软腭鼻音 *ng* 的 *n* 字母上没有打点。

添加变音符号的正当理由是：它们不但可以表示音值，在语音转写时这些符号也是必不可少的。然而，在正字法转写方案中它们却是附加符号。任何转写方案都有最小复杂性的限制，超出该限制就可能浪费学者、排版者和读者的时间。值得庆幸的是，叶斯开①用过的那些符号，即用于前置音素的希腊替代符号 *g*，还有用于前置音的 *a-chung* 小圆圈这类外来要素目前尚未成为偏好，另外，一些学者仍在使用撇号的双重功能，用以区分送气和不送气，或者表示 *a-chung*。梵文转写送气音用 *h* 表示，消除了撇号的双重功能，使系统保留最小的复杂性。用撇号来表示词尾位置的 *a-chung*，如 *mda'* "箭" 是多余的，因为不带撇号 *mda* 也可以正确地复原。不过，即使超出了最小复杂性的制约，撇号的这种用法还是应该坚持按照一对一的转写比例保留。

本文最后要讨论的是词内字母大写化，这可能是最迂腐的做法。在藏文研究的早期阶段人们就想要区分前置音字母（译注：文字上为"前加字"）和真正的基本字母（译注：文字上为"基字"）②。上文提到 Csoma de Körös 1832 年发表的那篇文章，所有的前置音字母都印成斜体字，好在这样烦人的做法慢慢地被淘汰了。我们注意到那篇文章中专有名称的第一个词的第一个字母大写，即使是斜体的前置音字母也要大写。对于不连续的斜体前

---

① 叶斯开，藏英词典（伦敦，1881）。

② [译注]：这篇文章不仅涉及藏文，还涉及方言读音。故而译文不完全采用文字上的基字、上加字、下加字等传统文法术语。

置音（字母），大写化从词的第一个字母转移到所谓的"基本字母"，词内字母大写化由此肇始。

尽管有两种基本论点支持"词内字母"大写化，但是在实际操作时它们都不能保持理论上的有效性。按照词典编撰学观点，对读者而言，真正的基本字母大写化是根据这个字母可以在藏文词典中找到指定的词。如果读者非常熟悉使用藏语词典，不借助基本字母大写化查找词语就不靠谱吗？不管是否可行，使用大写字母似乎都只是一个假设。因为与词典使用相关的该项功能尚未跟读者说明。目前，对出版的转写材料调查显示，只有第一个词倾向于大写。举一个例子，近期推行基本字母大写化的出版物中[1]，有一篇是33页的转写藏文文本，只有一个字母大写，是第一个词的第一个字母。

对于 g.yu "绿松石"这样的基本字母 y 带前置字母 g 的组合词，实行大写化"基本字母"会产生不可接受的形式。例如，如果 g.yu 位于句首，那么 y 要大写，前置音字母 g 不大写，转写成 gYu。但是如果它不出现在句首，那么 g 和 y 都用小写形式，并且不用分隔符[2]隔开，使得它看上去好像 g 是基本字母，y 是下置音字母，被转写成了另一个词 -gyu。解决这种问题的办法之一是所有的词都大写。这个办法既费体力又造成视觉不适，人们就不会把它当回事。另外，不管是大写还是小写，合理的转写方案不会去考虑这样的问题。实际上，使用大写形式是为了迎合西方的习惯，藏文根本就没有大写字母这回事儿。

用词典编撰证明基本字母大写化可行否取决于对正字上的基本字母一致性的认定，这样的证明目前尚未具体实施。

语音学观点认为，基本字母应该在两种情况下大写，一是有发音依据时；二是与前置音字母区别，这些前置音字母在卫藏方言中不发音。对英语来说，这种"语音"大写化的应用会产生下面的拼写形式：*hOur*，*kNight*，*pNeumonia*，*pSychiatry*，*phTisic*。

以上两种观点都未见实施，因为只有文本或复合名称的第一个词大写。这就证实了读者熟悉藏文读音的假设。如果真是这样，还需要根据读音来大写吗？不考虑这种情况，只是尝试按照读音把每个单词都大写，结果只会徒劳无功。要表示 *bod* 这个词读 *pö*，*dbang* 读 *wang*，或者 *bya* 读 *chya* 等，哪个字母应该大写呢？以现实中发表的不一致例词为例，在所有情况下，都可以把罗列赫的下加字母 *l* 大写化看作语音基本字母，即 *gLo* （读

---

[1] Alfonsa Ferrari, 钦泽旺布的卫藏圣地简介（罗马，1958）。
[2] [译注]：此处"分隔符"是转写拉丁字母中人为添加的符号，与传统文法中音节之间的分音点不同。

Lo），只有一个例外，把 l 下加到基本字母 z 之后，如 Zla（读 Da）[①]。由于不能够大写一个藏文中不存在字母 d，就只能大写基本字母 z，这说明读者知道 zl 在一起读 d。这只是一个例子，本来还可以举更多的，但是再多的例子也只是为了证明基本字母按字母顺序大写比按读音大写更能做出合理的解释。

　　懂得藏文的读者没必要用大写形式，而那些不懂藏文的人可能就会发现这些大写形式随意编排，前后不一，毫无价值而言。因此人们对藏文的正确读音就会感到迷惑不解，也不知道怎么使用藏文词典。因为藏文的正字法系统和语音系统不一致，有时候我们会希望根据语音转写藏文。文字对于非专业者而言，坚持用 Bkra-shis-lhum-po 拼写 Tashilhumpo，或者用 Bla-ma 拼 Lama 就有点故弄玄虚了。另外，很多有关西藏的资料都是为非专业者准备的，这些资料只用语音转写。由于有时候不能复原正确的正字形式，对专业者来说这样的转写削弱这些著作的价值。比如 Chango，一个村庄的名字，在西方（出版的）地图上位于接近东经 100°30′，西经 31°30′的地方，根据正字法实际上是 Brag-mgo。每当需要用语音来转写词语的时候，我们建议在括号里加上正确的正字法，例如 "...in the village of Chango (Brag-mgo)..."

　　不管是正字法的基本字母还是读音形式的基本字母，词内字母任意大写都毫无意义，所有的大写形式都是多余的。有人建议，如果只是为了跟西方大写形式保持视觉上的一致性，无论前置字母还是基本字母，应采用乔玛最早大写第一个字母的办法。

　　总的来说，我们建议采用下面这个标准作为藏文正字法转写方案[②]。这个方案不用变音字符，将转写的复杂程度降到最小。

ཀ	k	ཁ	kh	ག	g	ང	ng
ཅ	c	ཆ	ch	ཇ	j	ཉ	ny
ཏ	t	ཐ	th	ད	d	ན	n
པ	p	ཕ	ph	བ	b	མ	m
ཙ	ts	ཚ	tsh	ཛ	dz		
ཝ	w	ཞ	zh	ཟ	z	འ	'a
ཡ	y	ར	r	ལ	l		
ཤ	sh	ས	s	ཧ	h	ཨ	a

----

①　罗列赫编译：（英文版）《青史》上下册（加尔各答，1949, 1953）。

②　[译注]：原文未列藏文字母。译文添加了藏文，以与拉丁字母转写对照。原文的行和列排列方式不变。

这个方案是多年前由华盛顿大学亚洲项目组成员设计的，个别地方提出了调整：如用一个点代替短横线用来转写带前置字母 *g* 的基本字母 *y*，这种做法是为了视角一致而调整的。当短横线把专有名词的各个成分连接起来，前置字母 *g* 和基本字母 *y* 之间的短横线就会把 *g* 隔开。例如转写 *Yar-'brog-g.yu-mtsho* 可能优于 *Yar-'brog-g-yu-mtsho*。这个修订方案与 René de Nebesky-Wojkowitz 较晚使用的方案基本一致，仅不同于他所实行的"词内字母大写"。本文不主张用这种形式，其中原由参见上文。

术语译名表

Active transitive 主动及物性
Direction 指示性、指示
Dental 舌尖音
Feminine 阴性
Future 将来时
Guttural 喉音
Imperative 命令式
Indo-European 印欧语
Masculine 阳性
Neuter subjective 中性主语
Objective 宾语
Palatal 硬腭音
Particle 虚词
Phonetic law 语音定律
Prefix 前缀
Present 现在
Prefect 过去
Pronoun 代词
Reflexive 反身代词
Sonant or mediae 浊辅音
Subjective 主语
Substantive 名词
Surd or tenues 清辅音

Tibetan 藏语
Vowel hamony form 元音和谐形式
WT 藏文

译自：Stuart N.Wolfenden:Outlines of Tibeto-Burman Linguistic Morphology, pp.12–69, 1929, London。